PARA DEVOCIONAIS INDIVIDUAIS e em FAMÍLIA DESDE 1956

Pão Diário

EDIÇÃO ANUAL

De: ______________________

Para: ______________________

Publicações
Pão Diário

ESCRITORES:
Adam R. Holz, Alyson Kieda, Amy Boucher Pye, Amy L. Peterson, Anne M. Cetas, Arthur L. Jackson, Cindy Hess Kasper, Dave Branon, David Charles Gomes, David C. McCasland, David H. Roper, Elisa Morgan, Estera Pirosca Escobar, James Banks, Jeff Olson, Jennifer Benson Schuldt, Jeremias Pereira da Silva, John Blasé, Juarez Marcondes Filho, Julie Schwab, Keila Ochoa, Kirsten H. Holmberg, Lawrence Darmani, Leslie Koh, Linda Washington, Lisa M. Samra, Luciano Subirá, Luiz Roberto Silvado, Marvin L. Williams, Mart DeHaan, Miguel Uchôa, Mike Wittmer, Monica Brands, Ney Silva Ladeia, Paschoal Piragine Junior, Patricia Raybon, Paulo Manzoni, Peter Chin, Poh Fang Chia, Remi Oyedele, Ruth O'Reilly-Smith, Samuel Mitt, Timothy L. Gustafson, William E. Crowder, Winn Collier, Xochitl E. Dixon

Tradução: Renata Balarini, Rita Rosário, Thaís Soler
Revisão: Dalila de Assis, Dayse Fontoura, Lozane Winter
Adaptação e edição: Rita Rosário
Coordenação gráfica: Audrey Novac Ribeiro
Diagramação: Lucila Lis, Denise Duck

Fotos das capas:
Família: *Família no parque* © Shutterstock
Paisagem: *Tailândia* © Shutterstock
Flores: *Orquídeas* © Shutterstock
Israel: *Deserto do Negev, Israel* © Shutterstock
Leão: *Animal Orphanage Road*, Nairobi, Kenya por Luke Tanis@saluken
Relógio: Freepick
Militar: © Shutterstock

Referências bíblicas:
Exceto se indicado o contrário, as citações bíblicas são extraídas da Bíblia Sagrada: Nova Versão Transformadora © Editora Mundo Cristão, 2016

PUBLICAÇÕES PÃO DIÁRIO
Caixa Postal 4190, 82501-970 Curitiba/PR, Brasil
E-mail: publicacoes@paodiario.org • Internet: www.paodiario.org
Telefone: (41) 3257-4028

DQ006 • 978-1-64641-100-9
JQ485 • 978-1-68043-322-7
JZ147 • 978-1-64641-001-9
L1468 • 978-1-64641-003-3
MP081 • 978-1-68043-323-4
PG914 • 978-1-64641-104-7
PL379 • 978-1-64641-002-6
QL180 • 978-1-64641-103-0
RC211 • 978-1-64641-105-4
SP128 • 978-1-64641-000-2

Portuguese ODB Edition

Sumário

Introdução

Temos um grande Deus, grandes planos e grandes projetos! E, para isso, pedimos as misericórdias e bênçãos de Deus diariamente. Oramos pedindo para que o Seu rosto brilhe sobre nós e que os Seus caminhos e a salvação da alma, que Jesus oferece a todos, sejam conhecidos em toda a Terra.

Agradecemos a cada um por dividir conosco a tarefa de distribuir os recursos bíblicos para transformar a vida de muitas pessoas em nosso mundo. Vemos Deus agindo em toda a parte e somos muito gratos por suas orações e doações de todo o tipo, as quais nos auxiliam a levar material evangelístico e de ensino bíblico às mãos de tantos leitores.

Participe e continue conosco na tarefa de assegurar que a sabedoria transformadora que encontramos na Palavra de Deus se torne cada dia mais acessível e melhor compreendida a todos que pudermos, de alguma forma, alcançar.

DOS EDITORES

MILITARES

Queremos ajudar quem nos ajuda!

Para expandir o reino de Deus, distribuímos o *Pão Diário* Edição Militar para funcionários civis e militares das repartições que prestam serviços à nação nos quartéis, colégios e escolas militares, academias, hospitais, capelas, residências funcionais, acampamentos, presídios e/ou "xadrez" militares, viaturas, navios, aeronaves de todas as Organizações Militares, Unidades, Subunidades. Continuamos no propósito de levar o conhecimento e a orientação dos valores bíblicos aos destacamentos das Forças Armadas e Auxiliares (Polícia Militar e Bombeiro Militar).

Em parceria com esses nossos *ajudadores*, publicamos cinco folhetos de fácil leitura e compreensão com temas específicos de evangelismo sobre valores bíblicos que podem ser aplicados no contexto do trabalho que exercem: *As 4 Leis espirituais, Ele deu a própria vida, Não matarás, Quem é Jesus para você?, Um servo de Deus.* Desejamos ser os portadores da esperança e do encorajamento aos nossos irmãos e irmãs em Cristo que servem com as forças de proteção e segurança aos cidadãos em nosso país.

POPULAÇÃO INDÍGENA

Uma das maneiras de preservar os valores e tradições da língua nativa é divulgar a cultura de um povo. Para isso, contribuímos com a montagem e divulgação de um filme sobre a cultura do povo Caiuá, índios estabelecidos principalmente no Mato Grosso do Sul. O Coral da Escola Mita Rory gravou um CD e DVD, em Curitiba, com músicas em sua língua. O DVD Mita Rory representou o Brasil no Festival de Cannes em passado recente e, ao divulgarmos sobre esse grupo ao mundo, concomitantemente ajudamos na manutenção da escola e na preservação da cultura dessa tribo. Acesse os projetos no site www.MitaRory.org e participe.

A renda desse produto também está sendo utilizada para reimprimir mais 10.000 cópias do devocional *Pão Diário* com canções em Caiuá, meditações, bem como artigos de encorajamento sob a perspectiva da Palavra de Deus.

Temos planos de alcançar novas tribos: os Quechua e os Aimará no Peru, Chile e Bolívia. Outros povos da África também estão sendo alcançados com o ensino da Palavra de Deus. Contamos com as suas orações para que eles, e muitos outros, venham a conhecer o amor e a salvação que temos em Jesus Cristo.

ESCOLAS, HOSPITAIS E PRISÕES

Centramos nossos esforços em disseminar os valores cristãos às crianças e jovens na rede escolar pública e privada. Queremos compartilhar a sabedoria transformadora da Bíblia com alunos de todas as idades. Com a ajuda de professores, gestores escolares, capelães, e voluntários já alcançamos mais de 100.000 estudantes em 300 escolas do Brasil e 200.000 estudantes no Caribe, Peru e Honduras.

Para impactar a vida das crianças com o amor de Cristo, difundir os valores cristãos e ajudar cada uma a descobrir o propósito de Deus para a sua vida, o livro *A rainha Ester* foi traduzido para o espanhol e inglês. Em parceria, pudemos colocar um exemplar nas mãos de 20.000 crianças no Brasil, Peru, Honduras e Quênia.

Continue a orar e a doar enquanto levamos adiante a tarefa de anunciar o evangelho aos jovens corações. Queremos alcançar ainda mais escolas e novos voluntários em nosso país. Com esse livro, estamos nos empenhando em disseminar os valores bíblicos e alcançar os países do Caribe e as Guianas.

Na área hospitalar, com o apoio individual de 150 voluntários, visitamos 82 hospitais, levando o conforto e encorajamento para cerca de 20.000 pacientes.

No ministério prisional, por meio dos devocionais *Pão Diário*, capelães e voluntários levaram a Palavra de Deus para 90 presídios, incluindo os 4 de segurança máxima, alcançando cerca de 10.000 presos.

Vemos muita necessidade em expandir a mensagem transformadora da Bíblia para muitos povos. E queremos equipar com recursos adequados os pastores locais, líderes e professores para que estes possam ensinar e discipular suas congregações com recursos impressos, vídeos e materiais online que enfoquem o evangelismo para adultos e crianças.

Pão Diário
ESPERANÇA E FORÇA
em tempos
DE DOENÇA
Pão Diário
LUKAS

AO REDOR DO MUNDO
Alguns de nossos projetos:

Ministérios Pão Diário, por meio de capelães, distribui anualmente 120.000 devocionais para os soldados das forças internacionais da OTAN (Organização do Tratado do Atlântico Norte).

Em Chennai, Índia, cerca de 10.000 estudantes do Ensino Médio foram alcançados com a mensagem do Amor Verdadeiro.

Nos Estados Unidos, 700.000 prisioneiros, de um universo de mais de 2 milhões receberam o encorajamento nas páginas do devocional *Pão Diário*.

Ore conosco para que pessoas de todas as nações possam se conectar mais facilmente conosco em busca de encorajamento e conhecimento das Escrituras.

TESTEMUNHOS

As suas orações fazem a diferença!

Tenho crescido em meu conhecimento e vocabulário bíblico e aprendido a conhecer o Senhor de maneira mais profunda, para realmente entender o Seu amor por mim e meu amor e fé nele. A Palavra de Deus tem me transformado interiormente e vejo isso em minhas interações com os outros. Agradeço a Deus por todos vocês e oro pelo sucesso contínuo em abençoar a vida de tantos que querem viver em Sua presença. J.W.

A morte repentina de meu marido me deixou sem esperanças, sem propósito ou direcionamento. Eu tinha apenas 38 anos. Vendo o meu desespero, minha amiga de infância entregou-me um exemplar do devocional Pão Diário. *Deus usou as reflexões para me preparar para a minha caminhada ao Seu lado. Todas as manhãs, Ele me encoraja e me prepara para os desafios diários.* BARBARA

O devocional Pão Diário *tem sido uma bênção para mim por muitos e muitos anos, pois minha família e eu enfrentamos momentos difíceis devido a doenças, dificuldades financeiras e mortes. As reflexões diárias confirmam a sabedoria da Palavra de Deus como devemos confiar nele em meio às tempestades.* AVERY

Temos um ministério de evangelismo entre pessoas em situação de rua. Auxiliamos com alimentos, produtos de higiene pessoal e roupas e distribuímos recursos bíblicos. Os devocionais abrem oportunidades para orarmos e simplesmente falarmos com inúmeras pessoas. PATRÍCIA

TEMOS UM PRESENTE PARA VOCÊ

Para atender as necessidades de fundamentação bíblica dos nossos leitores oferecemos o livro *Pensando sobre...* de Mart DeHaan que aborda diversos temas da vida contemporânea à luz da Palavra de Deus. Para baixar a edição eletrônica gratuitamente, escaneie o QRcode ou acesse o link: paodiario.org/presente.

Novo ano, novas prioridades

Sempre quis aprender a tocar violoncelo, mas nunca tive tempo de me matricular num curso. Ou, melhor dizendo, nunca arranjei tempo para isso. Pensava que, no Céu, eu provavelmente dominaria esse instrumento. Nesse meio tempo, queria concentrar-me em usar o meu tempo para servir a Deus das formas como Ele me chamou a fazer.

LEITURA:
Eclesiastes 9:4-12

Tudo que fizer, faça bem feito... v.10

A vida é curta, e muitas vezes nos sentimos pressionados a usar o máximo do nosso tempo na Terra. Mas o que isso realmente significa?

Ao contemplar o significado da vida, o rei Salomão nos deixou duas recomendações. A primeira é que devemos viver da forma mais significativa possível, o que inclui aproveitar as coisas boas que Deus nos permite experimentar na vida, tais como comida e bebida (v.7), roupas elegantes e perfume (v.8), casamento (v.9) e todos os dons de Deus, os quais podem incluir aprender a tocar violoncelo!

A segunda recomendação tem a ver com o fazer bem feito (v.10). A vida é cheia de oportunidades, e sempre há algo mais a ser feito. Devemos aproveitar as oportunidades que Deus nos dá, buscando Sua sabedoria sobre como priorizar a obra e usar nossos dons para servi-lo.

A vida é um dom maravilhoso do Senhor. Nós o honramos quando temos prazer em Suas bênçãos diárias e em servi-lo de forma significativa.

PFC

Pai, agradeço-te pela vida que me deste.
Ajuda-me a viver este novo ano para ti, aproveitando
as Tuas bênçãos e realizando os Teus propósitos.

***Podemos usufruir das bênçãos de Deus
e ser bênção para os outros.***

A mentalidade parasita

A **Palavra de Deus** é um livro de relacionamentos. Nos Dez Mandamentos, os quatro primeiros regulam como nos relacionamos com Deus; os outros seis dizem respeito ao próximo. O Senhor se move através dos relacionamentos.

LEITURA:
Filipenses 2:1-11

Não procurem apenas os próprios interesses, mas preocupem-se também com os interesses alheios. v.4

Em Provérbios 30:15 lemos: "A sanguessuga tem duas bocas que dizem: 'Mais, mais!'...". Parasitas como a sanguessuga vivem para se alimentar dos outros. Infelizmente, muitos agem assim nos relacionamentos. Quando os jovens vêm a mim falando que querem se casar para serem felizes, eu lhes digo que, se querem ser felizes, não devem se casar. Normalmente, eu os assusto, mas explico-lhes que a ideia de Deus para o casamento não é *ser* feliz, mas *fazer* feliz.

Essa é a perspectiva do Senhor para todas as relações humanas. Muitos relacionamentos terminam arruinados porque alguns agem como "parasitas", mesmo inconscientemente. Não só nos casamentos, mas até mesmo na igreja alguns chegam com a mentalidade de consumo. Exigem alta qualidade no serviço a si, mas eles mesmos não servem. Quem age assim pratica o parasitismo. Por outro lado, aquele que se doa está conectado ao coração de Deus.

O que buscamos em nossos relacionamentos: oferecer ou receber? Responder essa pergunta o tornará frutífero, levando-o a alcançar a maturidade. Pensemos na forma de nos relacionarmos sob a perspectiva bíblica da autodoação.

LS

O plano de Deus é que recebamos dele para podermos compartilhar com os outros.

Senhor, dá-me um coração doador como o Teu em todos os meus relacionamentos.

Olhos firmemente fechados

M**eu sobrinho** sabia que não deveria ter agido daquele jeito. Era fácil perceber que ele sabia que estava errado: estava escrito em sua face! Quando me sentei para conversar sobre o seu erro, ele fechou rapidamente os olhos com força. Lá estava ele, pensando (com a lógica de um garoto de 3 anos) que, se ele não me visse, eu também não seria capaz de vê-lo. Achava que, se estivesse invisível para mim, poderia evitar a conversa e as consequências que ele já esperava.

LEITURA:
Gênesis 3:1–10

...ouviram o SENHOR Deus caminhando pelo jardim e se esconderam dele entre as árvores. v.8

Estava feliz por *poder* vê-lo naquele momento. Ainda que eu não pudesse admitir as atitudes dele, e precisávamos conversar sobre elas, eu não queria que algo acontecesse entre nós. Eu queria que ele me olhasse e visse o quanto eu o amava e estava disposta a lhe perdoar! Naquele momento, tive um vislumbre de como talvez Deus se sentiu quando Adão e Eva traíram Sua confiança no jardim do Éden. Percebendo a própria culpa, eles tentaram se esconder de Deus (v.10), que podia "vê-los" tão claramente quanto eu era capaz de ver o meu sobrinho.

Quando percebemos que agimos mal, muitas vezes queremos evitar as consequências. Fugimos, nos escondemos ou fechamos os olhos para a verdade. Uma vez que Deus nos responsabiliza com base em Seu padrão de justiça, Ele nos vê (e nos busca!), porque nos ama e nos oferece perdão por meio de Jesus Cristo. *KHH*

Pai, agradeço-te por me veres
e me amares mesmo quando eu erro.

Deus nos olha com amor.

Caminhando na luz

A escuridão desceu sobre a nossa vila, na floresta, quando a lua desapareceu. Os raios cortavam o céu seguidos por uma tempestade e por trovões. Acordado e com medo, eu imaginava, quando criança, todos os tipos de monstros prestes a me agarrar! Ao amanhecer, porém, os sons desvaneciam, o sol aparecia e a calma voltava. O contraste entre a escuridão assustadora da noite e a alegria do dia era acentuado.

LEITURA:
Hebreus 12:18–24

Aquele que é a Palavra possuía a vida, e sua vida trouxe luz a todos.
João 1:4

O autor de Hebreus relembra quando os israelitas experimentaram trevas sombrias e vendaval no monte Sinai e se esconderam com medo (ÊXODO 20:18,19). Para eles, a presença de Deus, mesmo em Sua generosa dádiva da Lei, parecia terrível e apavorante. Isso acontecia porque, como pecadores, os israelitas não conseguiam viver à altura dos padrões de Deus. O pecado deles os fazia andar na escuridão e medo (vv.18-21).

Mas Deus é luz; nele não há trevas (1 JOÃO 1:5). O monte Sinai representa a santidade divina e nossa velha vida de desobediência, enquanto a beleza do monte Sião representa a graça de Deus e a nova vida em Jesus, "o mediador da nova aliança" (12:22-24).

Todos os que seguem Jesus "não andarão no escuro, pois terão a luz da vida" (JOÃO 8:12). Por meio dele, podemos sair das trevas da nossa velha vida e celebrar a alegria de andar na luz e na beleza do Seu reino.

LD

Jesus, tiraste-me das trevas para a Tua luz.
Ajuda-me a evitar a escuridão
e a seguir a Tua luz rumo à eternidade.

A sua vida mudou com a presença de Jesus?
Em que aspectos você quer crescer na fé?

Transformados e transformando

Tani e Modupe Omideyi cresceram na Nigéria e foram estudar no Reino Unido no final dos anos 70. Transformados pela graça de Deus, nunca imaginaram que seriam usados para transformar uma das comunidades mais carentes e segregadas da Inglaterra: Anfield, em Liverpool. Enquanto o casal buscava a Deus e servia à comunidade, o Senhor restaurava a esperança de muitos. Hoje, eles lideram uma igreja vibrante e trabalham em projetos comunitários que transformaram inúmeras vidas.

LEITURA:
2 Crônicas 33:9-17

Depois, restaurou o altar do SENHOR [...]. Também incentivou o povo de Judá a adorar o SENHOR... v.16

Manassés mudou sua comunidade; primeiro para o mal e depois para o bem. Coroado rei de Judá aos 12 anos, ele fez o povo desviar-se e cometer atos ruins durante anos (vv.1-9). Eles não prestaram atenção aos alertas de Deus, e, assim, o Senhor permitiu que Manassés fosse levado como prisioneiro para a Babilônia (vv.10,11).

Na angústia, o rei clamou a Deus, que o ouviu e lhe restaurou o reino (vv.12,13). Transformado, o rei reconstruiu os muros da cidade e livrou-se dos deuses estranhos (vv.14,15). "Depois, restaurou o altar do SENHOR [...] Também incentivou o povo de Judá a adorar o SENHOR..." (v.16). Observando a transformação de Manassés, os israelitas também foram transformados (v.17).

Que Deus possa nos transformar e impactar nossas comunidades por nosso intermédio.

ROS

Pai celestial, transforma a nossa vida para que sejamos usados por ti para levar a transformação a outros.

Quando Deus o transforma, você leva transformação aos outros.

A maior glória

César Augusto é lembrado como o primeiro e maior imperador romano. Pelas habilidades políticas e poder militar, ele eliminou seus inimigos, expandiu o império e tirou Roma do caos das vizinhanças degradadas, transformando-a numa cidade de estátuas e templos de mármore. Os cidadãos romanos se referiam a Augusto como um pai divino e salvador da raça humana. Quando o reinado de 40 anos chegou ao fim, suas últimas palavras oficiais foram: "Encontrei uma Roma de barro e a deixei de mármore". Segundo sua esposa, porém, suas palavras na verdade foram: "Eu desempenhei bem minha função? Então me aplaudam ao sair".

LEITURA:
João 17:1-5, 20-24

Naqueles dias, o imperador Augusto decretou um recenseamento em todo o império romano. Lucas 2:1

O que Augusto não sabia é que teria um papel coadjuvante numa história maior. À sombra do seu reinado, o filho de um carpinteiro nascia para revelar algo muito maior do que qualquer vitória militar, templo, estádio ou palácio romano (v.1).

Mas quem poderia ter compreendido a glória pela qual Jesus orou na noite em que Seus compatriotas exigiram que Ele fosse crucificado pelos executores romanos (JOÃO 17:4,5)? Quem poderia ter previsto a maravilha oculta de um sacrifício que seria aplaudido para sempre no Céu e na Terra?

É uma história e tanto! Nosso Deus nos encontrou em busca de sonhos tolos e lutando entre nós mesmos. E nos deixou cantando juntos sobre uma rude cruz.

MRD

Pai celestial, ajuda-nos a ver além da glória passageira de todas as coisas e a enxergar o Teu amor.

A única glória que precisamos é a da cruz de Cristo.

Um homem comum

William Carey era um menino doente de uma família humilde da Inglaterra. Seu futuro não parecia promissor. Mas Deus tinha planos para ele. Contra todas as expectativas, ele se mudou para a Índia, onde realizou reformas sociais incríveis e traduziu a Bíblia para diversos dialetos. Ele amava a Deus e as pessoas e Carey realizou muitos feitos para o Senhor.

LEITURA:
1 Samuel 16:1-7

As pessoas julgam pela aparência exterior, mas o SENHOR olha para o coração. v.7

Davi, filho de Jessé, era um jovem comum, o mais novo da família. Aparentemente, ele era um insignificante pastor de ovelhas (vv.11,12). Porém, Deus viu o coração desse pastor e idealizou um plano para ele. O Senhor tinha rejeitado o rei Saul por sua desobediência. Enquanto o profeta Samuel lamentava as escolhas de Saul, Deus o chamou para ungir um rei diferente, um dos filhos de Jessé.

Quando Samuel viu o belo e alto Eliabe, pensou: "Com certeza este é o homem que o SENHOR ungirá" (v.6). No entanto, a estratégia de Deus era muito diferente daquela do profeta. Na verdade, Deus disse "não" a cada um dos filhos de Jessé, exceto para o mais novo. Definitivamente, à primeira vista, o fato de Deus escolher Davi como rei não parecia um movimento estratégico da parte do Senhor. O que um jovem pastor teria a oferecer à comunidade?

É reconfortante saber que o Senhor conhece o nosso coração e tem planos para nós.

EPE

Senhor, agradeço-te por te importares mais com a atitude do meu coração em relação a ti do que com beleza, bens ou realizações.

A prioridade de Deus é o seu coração.

Alternativa para a preocupação

Um homem cumpridor da lei recebeu uma mensagem de voz dizendo: "Sou o policial Fulano. Por favor, ligue para este número". Imediatamente o homem teve medo de que, de alguma forma, tivesse cometido alguma infração. Ele estava com receio de retornar tal ligação e, preocupado, passou noites em claro. O policial nunca ligou de volta, mas levou duas semanas para a preocupação dele desaparecer.

LEITURA:
Mateus 6:25-34

Qual de vocês, por mais preocupado que esteja, pode acrescentar ao menos uma hora à sua vida? v.27

Jesus fez uma pergunta interessante sobre a preocupação: "Qual de vocês, por mais preocupado que esteja, pode acrescentar ao menos uma hora à sua vida?" (v.27). Talvez, isso nos ajude a repensar a nossa tendência de nos preocuparmos.

Quando os problemas surgirem, talvez possamos usar a abordagem: agir e confiar em Deus. Se há algo a ser feito para evitar o problema, podemos orar pedindo a direção de Deus. Mas, se não há o que ser feito, podemos ter o consolo de saber que para Deus tudo é possível. Ele sempre pode agir em nosso favor. Podemos lhe entregar a nossa situação sempre com confiança.

Quando sentimos que é hora de nos preocuparmos, lembremos as palavras do rei Davi, que também enfrentou dificuldades e preocupações, mas concluiu: "Entregue suas aflições ao SENHOR, e ele cuidará de você" (SALMO 55:22). Que tremenda alternativa para as preocupações!

JDB

Pai, tu sabes o que me espera hoje, por isso, entrego as minhas aflições a ti. Fortalece-me e ajuda-me a confiar em ti nas lutas que enfrento.

Quais preocupações você precisa entregar a Deus hoje?

Que tipo de Salvador Ele é?

LEITURA:
João 6:47-51,60-66

Nesse momento, muitos de seus discípulos se afastaram dele e o abandonaram. v.66

A no passado, minhas amigas e eu oramos pela cura de três mulheres que lutavam contra o câncer. Sabíamos que Deus tinha o poder de curá-las e pedíamos que Ele agisse todos os dias. Havíamos visto a ação de Deus no passado e críamos que Ele poderia agir de novo. Às vezes a cura parecia uma realidade, e nós nos alegrávamos. Mas todas morreram naquele mesmo ano. Alguns disseram que aquela foi "a cura definitiva" e, de certa forma, era. Mesmo assim, a perda nos feriu profundamente. Queríamos que o Senhor as tivesse curado aqui e agora, mas por razões que não podemos compreender nenhum milagre aconteceu.

Algumas pessoas seguiam Jesus por Seus milagres e para que Ele suprisse suas necessidades (vv.2,26). Algumas simplesmente o viam como o filho do carpinteiro (MATEUS 13:55-58), e outras esperavam que Ele fosse seu líder político (19:37,38). Outras pensavam que Ele era um grande mestre (MATEUS 7:28,29) enquanto outras deixaram de segui-lo porque o Seu ensino era difícil de entender (v.66).

Jesus nem sempre atende às nossas expectativas com relação a Ele. No entanto, Ele é muito mais do que podemos imaginar. Ele é o provedor da vida eterna (vv.47,48). Ele é bom, sábio, ama, perdoa, permanece perto e nos consola. Que possamos descansar em Jesus por quem Ele é e continuar seguindo os Seus passos.

AMC

Jesus, agradeço-te por seres o Salvador que precisamos. Envolve-nos com o Teu amor e leva-nos a descansar em ti.

Eu, porém, confio em ti, SENHOR; e digo: "Tu és meu Deus!". SALMO 31:14

Nosso Deus acolhedor

LEITURA:
Atos 10:34-38

...Deus não mostra nenhum favoritismo. v.34

Nossa igreja se reúne numa velha escola que fechou em 1958 para não obedecer à ordem do tribunal americano de ter alunos afro-americanos. No ano seguinte, a escola reabriu, e Elva, hoje membro da igreja, foi uma das alunas negras empurradas para o mundo branco. "Eu fui tirada da minha comunidade, dos professores que faziam parte da minha vida", Elva recorda, "e colocada num ambiente assustador, numa classe que só tinha mais um aluno negro". Elva sofreu, mas se tornou uma mulher de coragem, fé e perdão.

O testemunho dela é profundo por causa da maldade que sofreu nas mãos de pessoas que negavam a verdade de que todo ser humano, independentemente da raça ou origem, é amado por Deus. Alguns membros da Igreja Primitiva lutaram com a mesma verdade, acreditando que certas pessoas eram amadas por Deus desde o nascimento enquanto outras eram rejeitadas. Após ter uma visão divina, porém, Pedro surpreendeu a todos que ouviram esta revelação impressionante: "Vejo claramente que Deus não mostra nenhum favoritismo. Em todas as nações ele aceita aqueles que o temem e fazem o que é certo" (vv.34,35).

Deus abre os braços de amor para todos. Que possamos fazer o mesmo no Seu poder.

WC

Pense no seu bairro, na sua família e na sua esfera social. Onde você é tentado a excluir os outros? Por quê?

Somos tentados a afastar os outros, mas os braços de Deus são amplamente receptivos.

Dimensões infinitas

Deitada, prendi a respiração ao clique da máquina. Eu conhecia muitos que já tinham feito ressonância magnética, mas, para uma claustrofóbica como eu, a experiência exigia concentração em algo ou Alguém muito maior do que eu mesma.

Em minha mente, a frase das Escrituras: "a largura, o comprimento, a altura e a profundidade do amor de Cristo" (v.18), se movia no ritmo do zumbido da máquina. Em sua oração pela igreja de Éfeso, Paulo descreveu quatro dimensões do amor de Deus para destacar os parâmetros infinitos de Seu amor e presença.

LEITURA:
Efésios 3:16-21

...peço que [...] vocês possam compreender a largura, o comprimento, a altura e a profundidade do amor de Cristo. v.18

Minha posição lá deitada dava uma nova imagem ao meu entendimento. Largura: os 15 cm de cada lado onde meus braços se espremiam dentro do tubo. Comprimento: a distância entre as duas aberturas do cilindro, estendendo-se da minha cabeça aos meus pés. Altura: os 15 cm do meu nariz ao "teto" do tubo. Profundidade: o suporte do tubo fixo ao piso que me sustentava. Quatro dimensões que ilustravam a presença de Deus me cercando e me segurando no tubo de ressonância — e em todas as circunstâncias da vida.

O amor de Deus está por *todos* os lados. Largura: Ele estende os braços para alcançar as pessoas de todos os lugares. Comprimento: Seu amor é infinito. Altura: Ele nos eleva. Profundidade: Ele nos ampara em todas as situações. Nada pode nos separar dele! (ROMANOS 8:38,39).

ELM

Que situações o fazem questionar sobre o amor de Deus? Como você opta por confiar nele?

Deus, ajuda-nos a parar para refletirmos sobre o Seu amor multidimensional por nós!

Jesus está bem atrás de você

Já que minha filha tinha ficado pronta para a escola um pouco antes, ela me perguntou se poderíamos parar numa cafeteria. Eu concordei. Quando chegamos à faixa da entrega rápida, falei: "Que tal espalhar um pouco de alegria nesta manhã?". Ela respondeu: "Claro".

Fizemos nosso pedido e fomos para a janela onde o atendente nos disse o quanto devíamos. Falei: "Queremos pagar o pedido da jovem logo atrás também". Minha filha colocou um enorme sorriso no rosto.

LEITURA:
Mateus 25:37-40

...quando fizeram isso ao menor destes meus irmãos, foi a mim que o fizeram. v.40

Num contexto maior, uma xícara de café talvez não pareça grande coisa. Ou será que é? Imagino se essa poderia ser uma forma de cumprir o desejo de Jesus de cuidarmos daqueles que Ele chamou de "o menor destes meus irmãos"? (v.40). Uma ponderação: que tal apenas pensar na pessoa atrás de você ou perto de você numa fila de candidatos? Então faça "isso": talvez, uma xícara de café, talvez algo mais ou algo menos. Quando Jesus disse "a mim que o fizeram" (v.40), Ele nos deu grande liberdade de servir-lhe ao servirmos outras pessoas.

Ao sairmos dali, vimos a expressão da moça do carro de trás quando o atendente lhe entregou o café. Ambos estavam sorrindo de orelha a orelha.

JB

Senhor, ajuda-me a não pensar demais ao servir outras pessoas. Às vezes, as menores coisas significam mais do que eu imagino. E ajuda-me a lembrar que, o que eu fizer pelos outros, estarei fazendo por ti.

Servimos a Cristo quando servimos as pessoas.

A situação dos lagostins

Quando o meu primo me convidou para ir pescar lagostins, fiquei muito entusiasmado. Sorri quando ele me deu um balde de plástico. "Sem tampa?". "Você não vai precisar de tampa", ele respondeu.

LEITURA:
1Ts 5:11-18

...procurem sempre fazer o bem uns aos outros e a todos. v.15

Mais tarde, ao observar os pequenos crustáceos subindo uns nos outros na vã tentativa de fugir do balde quase cheio, percebi por que não precisaríamos de tampa. Sempre que um lagostim chegava à borda, os outros o puxavam de volta.

Aquela situação me fez lembrar do quanto é destrutivo pensar no nosso próprio ganho em vez de pensar no benefício coletivo. Paulo compreendia a necessidade dos relacionamentos edificantes e interdependentes. Ele aconselhou os tessalonicenses a advertir os indisciplinados, encorajar os desanimados, ajudar os fracos e a serem pacientes com todos (v.14).

Elogiando essa comunidade (v.11), Paulo os incitou a manter relacionamentos mais amorosos e pacíficos (vv.13-15). Lutando para criar uma cultura de perdão, gentileza e compaixão, os relacionamentos deles com Deus e com o próximo seriam fortalecidos (vv.15,23).

A igreja pode crescer e ser testemunho de Cristo a partir desse tipo de unidade em amor. Quando os cristãos honram a Deus, comprometendo-se a edificar os outros em vez de derrubá-los com palavras ou ações, nós e nossas comunidades somos edificados.

XED

Senhor, quando formos tentados a ferir os outros com palavras e ações, ajuda-nos a escolher edificá-los.

Como você edificará as pessoas da sua comunidade? Que cuidado e compaixão você tem recebido daqueles que creem em Jesus?

O alicerce da esperança

As lições de fé podem vir de onde menos esperamos, como a que eu aprendi com meu labrador de 50 kg, o "Urso". O grande bebedouro de metal do Urso estava num canto da cozinha. Sempre que ficava vazio, ele não latia nem batia com a pata. Em vez disso, ele se deitava tranquilamente ao lado do bebedouro e esperava. Às vezes, o Urso tinha de esperar alguns minutos, mas ele aprendeu a confiar que, por fim, eu entraria na cozinha, o veria e lhe daria o necessário. Sua simples fé em mim me lembrou da minha necessidade de confiar mais em Deus.

LEITURA:
Hebreus 11:1–6

...Deus [...] lhes suprirá todas as necessidades por meio das riquezas [...] em Cristo Jesus.
Filipenses 4:19

A Bíblia nos diz que a "fé mostra a realidade daquilo que esperamos; ela nos dá convicção de coisas que não vemos" (11:1). A base dessa convicção e segurança é o próprio Deus, que "recompensa aqueles que o buscam" (v.6). Deus é fiel em manter Suas promessas para todos os que creem e o buscam por meio de Jesus.

Às vezes é difícil ter fé nas "coisas que não vemos". Mas podemos descansar na bondade de Deus e em Seu caráter amoroso, sabendo que a Sua sabedoria é perfeita em tudo, mesmo quando temos de esperar. O Senhor é sempre fiel em fazer o que diz: salvar nossa alma eterna e suprir nossas necessidades mais profundas, hoje e para sempre.

JBB

Pai Altíssimo, agradeço-te por Tua fidelidade em sempre cuidar de mim. Ajuda-me a confiar em ti e a descansar em Teu amor perfeito.

Não se preocupe com o amanhã, Deus já está lá.

Uma canção na noite

A vida do meu pai foi cheia de anseios. Ele ansiava por plenitude mesmo quando o mal de Parkinson incapacitava a sua mente e seu corpo. Ansiava por paz, mas era atormentado pela depressão. Ansiava por sentir-se amado, mas sentia-se profundamente só.

LEITURA:
Salmo 42:1-11

...se esperamos por algo que ainda não temos, devemos fazê-lo com paciência e confiança.
Romanos 8:25

Ele se sentia menos desamparado quando lia as palavras do Salmo 42, seu salmo favorito. Como ele, o salmista também conhecia a sede insaciável de cura (vv.1,2). O salmista conhecia a tristeza que parecia nunca ir embora (v.3), fazendo dos momentos de pura alegria uma lembrança distante (v.6). Como o meu pai, o salmista diante de ondas de caos e dor se sentia abandonado por Deus e perguntava: "Por quê?" (vv.7,9).

E, à medida que as palavras do salmo o inundavam, garantindo-lhe que ele não estava só, meu pai sentia o início de uma paz silenciosa e ouvia uma voz suave dizendo-lhe que, mesmo sem respostas, mesmo esmagado pelas ondas, ele ainda era amado (v.8).

De alguma forma, ouvir essa silenciosa canção de amor na noite bastava. Era o suficiente para ele agarrar-se às centelhas de esperança, amor e alegria. Bastava para ele esperar com paciência o dia em que seus anseios seriam finalmente satisfeitos (vv.5,11). *MRB*

Senhor, sabemos que levaste todo o nosso sofrimento e que, um dia, o transformarás em vida ressurreta. Mesmo assim, esperamos e ansiamos por cura.

Enquanto esperamos pela manhã, podemos descansar na canção de amor de Deus.

Compartilhando mais do que coisas

"**Mas eu** não quero compartilhar!", lamentou o meu filho mais novo, triste por ter de se separar de uma das suas muitas peças do *Lego*. Irritei-me com a imaturidade dele, mas a verdade é que essa atitude não se limita às crianças. Quanto da minha própria vida, e mesmo de toda a experiência humana, é marcado pela resistência teimosa a doar com generosidade?

LEITURA:
Rute 1:11-18

Seu povo será o meu povo, e seu Deus, o meu Deus. v.16

Como cristãos, somos chamados para compartilhar nossa própria vida uns com os outros. Rute fez isso com a sua sogra, Noemi. A viúva necessitada tinha pouco a oferecer à nora. Mesmo assim, Rute uniu a própria vida à de sua sogra, fazendo um voto de que prosseguiriam juntas, e de que nem a morte as separaria. Rute disse à Noemi: "Seu povo será o meu povo, e seu Deus, o meu Deus" (v.16). Rute generosamente se doou à mulher mais idosa, demonstrando amor e compaixão.

Por mais que compartilhar a nossa vida desse jeito possa ser difícil, devemos nos lembrar do fruto dessa generosidade. Rute compartilhou sua vida com sua sogra Noemi, e, mais tarde, gerou um filho — o avô do rei Davi. Jesus compartilhou a Sua própria vida conosco, porém, depois foi exaltado e hoje reina à direita do Pai celestial. Quando compartilhamos generosamente uns com os outros, podemos confiar que teremos vida ainda melhor! *PC*

Jesus, ao compartilharmos a nossa vida com os outros, que possamos refletir o Teu amor.

Quando cuidamos uns dos outros compartilhamos o amor de Deus.

Do que você não pode desistir?

"Do que você não pode desistir?", perguntou o apresentador. Alguns ouvintes responderam mencionando a família, incluindo um marido que compartilhava as lembranças da sua falecida esposa. Outros contaram que não poderiam desistir dos sonhos, como viver da música ou de ser mãe. Todos nós temos algo que valorizamos muito: uma pessoa, uma paixão, um bem, algo do qual não podemos desistir.

LEITURA:
Oseias 11:8-11

...nada [...] jamais poderá nos separar do amor de Deus.
Romanos 8:39

Em Oseias, Deus nos diz que não desistirá do Seu povo escolhido, Israel, Seu bem mais precioso. Como um marido amoroso, Deus sustentou Israel com tudo o que a nação precisava: terra, alimento, roupas e segurança. Mesmo assim, como uma esposa adúltera, Israel rejeitou Deus e buscou felicidade e segurança em outro lugar. Quanto mais Deus o perseguia, mais o povo se afastava (OSEIAS 11:2). Entretanto, embora o povo tenha magoado o Senhor, Deus não desistiu de Israel (v.8). Ele disciplinava o povo para redimi-lo; Seu desejo era reestabelecer o relacionamento com os israelitas (v.11).

Hoje, todos os filhos de Deus podem ter a mesma garantia: Seu amor por nós nunca nos abandonará (vv.37-39). Se nos afastamos dele, Ele deseja que voltemos. Quando Deus nos disciplina, podemos ter o consolo de que se trata de um sinal de Sua busca, não de Sua rejeição. Ele não desistirá de nós.

PFC

Pai celestial, agradeço-te pelo Teu amor
que jamais desiste de mim.
Ajuda-me a te amar de todo o coração.

Um filho de Deus sempre é bem-vindo em casa.

Adorando com perguntas

Não é incomum que, durante uma viagem longa ou curta, alguém pergunte: "Já chegamos?" ou "Falta muito?". Quem já não ouviu essas perguntas universais dos lábios de crianças e adultos ansiosos por chegar ao seu destino? Mas pessoas de todas as idades também tendem a fazer perguntas parecidas quando estão esgotadas pelos desafios da vida, que parecem não acabar.

LEITURA:
Salmo 13

Eu, porém, confio em teu amor; por teu livramento me alegrarei. v.5

Esse foi o caso de Davi no Salmo 13. Quatro vezes em dois versículos (vv.1,2), Davi, que se sentia esquecido, abandonado e derrotado, lamentou: "Até quando?". No segundo verso, ele pergunta: "Até quando terei de lutar com a angústia em minha alma?". Os salmos de lamentos, implicitamente nos permitem nos achegar ao Senhor em adoração com nossos questionamentos. Afinal de contas, que melhor pessoa com quem falar durante longas fases de estresse e pressão do que Deus? Podemos entregar-lhe as nossas lutas com enfermidades, tristezas, imprevisibilidades da pessoa amada e dificuldades de relacionamentos.

Não devemos parar de adorar quando temos perguntas. O Deus soberano nos convida a levarmos a Ele as nossas perguntas inquietantes. E, no devido tempo, como aconteceu com Davi, talvez elas serão transformadas em petições e expressões de confiança e louvor ao Senhor (vv.3-6).

ALJ

Senhor, agradeço-te por não precisar parar de te adorar
quando surgem questionamentos;
posso te adorar com minhas perguntas.

Leve seus questionamentos a Deus.

A beleza do amor

A **dança mexicana** do chapéu também conhecida como "Jarabe Tapatío" celebra o romance. Durante essa dança contagiante, o homem coloca seu sombreiro no chão. Ao final, a mulher o ajunta, e ambos se escondem atrás do chapéu para selar o seu romance com um beijo.

LEITURA:
Provérbios 5

Seja abençoada a sua fonte! v.18

Essa dança tradicional me lembra da importância da fidelidade no casamento. Em Provérbios 5, depois de falar sobre o alto preço da imoralidade, lemos que o casamento é exclusivo: "Beba a água de sua própria cisterna, compartilhe seu amor somente com a sua esposa" (v.15). Mesmo com dez casais dançando o *Jarabe* no salão, cada pessoa se foca apenas no próprio parceiro. Podemos alegrar-nos num compromisso profundo e integral com o nosso cônjuge (v.18).

Nosso romance também está sendo observado. Os dançarinos, enquanto se divertem com o parceiro, sabem que alguém os assiste. Da mesma forma, lemos: "Pois o SENHOR vê com clareza o que o homem faz e examina todos os seus caminhos" (v.21). Deus quer proteger o nosso casamento e, por isso, observa-nos constantemente. Que possamos agradar o Senhor com a lealdade que demonstramos um ao outro.

Assim como o ritmo na dança *Jarabe* há um ritmo a se seguir na vida. Quando nos mantemos no ritmo do nosso Criador sendo fiéis a Ele — quer sejamos casados ou não —, encontramos bênçãos e alegria.

KOH

Senhor, tu conheces todos os meus caminhos.
Ajuda-me a honrar-te nos meus relacionamentos.

A fidelidade produz alegria.

Para onde você está indo?

O que determina a direção da sua vida? Entendi isso num curso de pilotagem de motos. Para aprender a pilotar motos, meus amigos e eu fizemos um curso. Parte do treinamento lidava com algo chamado *fixação pelo alvo.*

"Ocasionalmente", o instrutor disse, "vocês se depararão com um obstáculo inesperado. Se olharem para ele, fixos no alvo, irão em sua direção. Se olharem por cima e passarem por ele ao irem na direção que precisam, poderão evitá-lo normalmente. O lugar para onde estiverem olhando será a direção em que irão".

LEITURA:
Salmo 121

...De onde me virá socorro? Meu socorro vem do SENHOR... vv.1,2

Esse princípio simples e profundo também se aplica à nossa vida espiritual. Quando "fixamos no alvo", focando em nossos problemas ou lutas, quase automaticamente orientamos nossa vida ao redor disso.

As Escrituras nos encorajam a deixar para trás nossos problemas e a olhar Àquele que pode nos ajudar a resolvê-los. Lemos: "Olho para os montes e pergunto: De onde me virá socorro?". E a resposta: "Meu socorro vem do SENHOR, que fez os céus e a terra [...] O SENHOR o guarda em tudo o que você faz, agora e para sempre" (vv.1,8).

Às vezes, nossos obstáculos parecem intransponíveis. Mas Deus nos convida a olhar para Ele para ajudar-nos a ver além dos nossos problemas, em vez de permitir que estes dominem nossas perspectivas.

ARH

Pai, ajuda-me a olhar para ti sempre que me deparar com obstáculos temíveis enquanto busco seguir-te ao longo do caminho da vida.

Nossa ajuda está no nome do SENHOR, que fez os céus e a terra. SALMO 124:8

Canção da criação

Com a astronomia acústica, os cientistas observam e ouvem os sons e pulsos do espaço. Eles descobriram que as estrelas não orbitam em silêncio no céu, mas geram música. Assim como os sons da baleia jubarte, a ressonância das estrelas existe em comprimentos de onda ou frequências que podem não ser ouvidas pelo ouvido humano. Mas a música das estrelas, das baleias e de outras criaturas se combina para criar uma sinfonia que proclama a grandeza de Deus.

LEITURA:
Salmo 19:1-6

Os céus proclamam a glória de Deus; o firmamento demonstra a habilidade de suas mãos. v.1

Salmo 19:1-4 diz: "Os céus proclamam a glória de Deus; o firmamento demonstra a habilidade de suas mãos. Dia após dia, eles continuam a falar; noite após noite, eles o tornam conhecido. Não há som nem palavras, nunca se ouve o que eles dizem. Sua mensagem, porém, chegou a toda a terra, e suas palavras, aos confins do mundo".

O apóstolo Paulo revela que, por meio de Jesus, "todas as coisas foram criadas, tanto nos céus como na terra, todas as coisas que podemos ver e as que não podemos [...] Tudo foi criado por meio dele e para ele" (COLOSSENSES 1:16). Em resposta, as alturas e profundidades do mundo cantam ao Criador. Que nos juntemos à criação para cantar a grandeza daquele que "mediu os céus com os dedos" (ISAÍAS 40:12).

ROO

Grandioso Deus, abre os meus olhos
para te ver na majestade da criação e abre o meu coração
para te louvar como mereces.

Conheça os nossos autores em: paodiario.org

Todas as coisas criadas louvem o nome do Senhor, pois ele ordenou, e elas vieram a existir. SALMO 148:5

Sempre um filho de Deus

Durante um culto ao qual eu assistia com os meus pais, de acordo com a prática comum, demos as mãos ao orarmos o Pai Nosso. De pé, com uma das mãos segurando a mão da minha mãe e a outra segurando a do meu pai, fui tomada pelo pensamento de que sempre serei filha deles. Embora esteja na meia-idade, ainda posso ser chamada de "filha do Leo e da Phyllis". Refleti que não sou apenas filha deles, mas que serei sempre filha de Deus.

LEITURA:
Romanos 8:9-17

Porque todos que são guiados pelo Espírito de Deus são filhos de Deus. v.14

O apóstolo Paulo queria que as pessoas da igreja de Roma entendessem que a identidade delas se alicerçava no fato de serem membros adotados da família de Deus (v.15). Por terem nascido do Espírito (v.14), não precisavam mais ser escravizados às coisas que não importavam. Pelo dom do Espírito, eram "herdeiros [de Deus] e, portanto, co-herdeiros com Cristo" (v.17).

Para quem segue Cristo, que diferença isso faz? É bastante simples: toda! Nossa identidade como filhos de Deus provê a base e molda como nos enxergamos e vemos o mundo. Por exemplo, saber que fazemos parte da família de Deus nos ajuda a sair da nossa zona de conforto à medida que o seguimos. Também podemos ser livres de buscar a aprovação dos outros.

Hoje, por que não pensamos no que significa ser filho de Deus?

ABP

Senhor, ajuda-me a viver minha identidade como Teu filho. Liberta-me para viver pelo Teu Espírito a fim de que eu possa compartilhar o Teu amor e esperança.

Os filhos de Deus o seguem.

Tentando impressionar

Quando uma turma da faculdade fez uma viagem cultural, o instrutor quase não reconheceu uma das alunas. Na classe, ela tinha escondido os 15cm de salto alto com a barra da calça. Mas, com as botas, estava medindo menos de 1,55m. "Meus saltos mostram como eu quero ser", ela riu. "Mas minhas botas mostram quem realmente sou".

LEITURA:
Mateus 15:1-11,16-20

Porque do coração vêm maus pensamentos [...]. São essas coisas que o contaminam. vv.19,20

Nossa aparência não define quem somos; o que importa é o nosso coração. Jesus disse palavras fortes para os mestres da aparência: os "fariseus e mestres da lei". Eles perguntaram a Jesus por que os discípulos não lavavam as mãos antes de comer conforme ditava a tradição (vv.1,2). Jesus lhes perguntou: "E por que vocês, com suas tradições, desobedecem ao mandamento de Deus?" (v.3). E destacou como eles tinham criado uma brecha legal para manter as riquezas em vez de cuidar dos pais (vv.4-6), desonrando-os e infringindo o quinto mandamento (ÊXODO 20:12).

Se nos tornarmos obcecados pela aparência, buscando brechas nos mandamentos de Deus, estaremos violando o espírito de Sua lei. Jesus disse que "do coração vêm maus pensamentos — homicídio, adultério, imoralidade sexual" e coisas assim (v.19). Apenas Deus, pela justiça do Seu Filho, pode nos dar um coração puro.

TLG

Senhor, tendemos a confiar em nossos próprios esforços para impressionar a ti e aos outros. Ajuda-nos a sermos autênticos em todos os relacionamentos e a ter o coração restaurado pelo Teu perdão.

Quando a nossa motivação é impressionar os outros, não agradamos a Deus.

Um grande negócio

Um membro da família precisava de ajuda para pagar o seu aluguel do mês de dezembro. Para a família dele, o pedido parecia um fardo, principalmente com as despesas inesperadas que tiveram no final do ano. Mas, eles reviraram suas economias, gratos pela provisão de Deus — e foram abençoados pela gratidão do seu parente.

LEITURA:
Isaías 58:6-9

Este é o tipo de jejum que desejo: [...] Libertem os oprimidos, removam as correntes que prendem as pessoas. v.6

Ele lhes entregou um cartão de agradecimento. "Lá vão vocês de novo... fazendo coisas legais como se não fossem nada demais".

Mas ajudar os outros é um grande negócio para Deus. Isaías deixou isso claro para a nação de Israel. As pessoas estavam jejuando, mas ainda discutiam e brigavam. O profeta lhes disse: "Soltem os que foram presos injustamente, aliviem as cargas de seus empregados [...]. Repartam seu alimento com os famintos, ofereçam abrigo aos que não têm casa. Deem roupas aos que precisam, não se escondam dos que carecem de ajuda" (6,7).

Tal sacrifício, segundo o profeta, espalha a luz de Deus, mas também cura o nosso próprio sofrimento (v.8). Quando a família ajudou o parente, eles examinaram suas próprias finanças buscando formas de administrá-las melhor ao longo de todo o ano. Esta foi a promessa de Deus aos generosos: "Sua justiça os conduzirá adiante, e a glória do SENHOR os protegerá na retaguarda" (v.8). No fim, ajudar o parente abençoou ainda mais a família. E Deus? Ele já doou o Seu Filho — com amor.

PR

Senhor, ilumina o caminho da generosidade, ajudando-nos a doar como tu doaste.

Deus doou-se completamente. Sigamos o Seu exemplo.

Imagem panorâmica

Durante a cobertura televisiva da posse do primeiro presidente afro-americano dos Estados Unidos, a câmera mostrou uma vista panorâmica da enorme multidão de quase dois milhões de pessoas que se reuniram para testemunhar o evento histórico. Um repórter assinalou: "A estrela desse show é a imagem panorâmica". Apenas esse tipo de imagem poderia captar a multidão que se estendia de uma extremidade à outra.

LEITURA:
1 Pedro 2:1-10

Vocês, porém, são povo escolhido, reino de sacerdotes, nação santa [...] podem mostrar às pessoas como é admirável aquele que os chamou das trevas para sua maravilhosa luz. v.9

As Escrituras nos dão um vislumbre de uma multidão ainda maior unida pela fé em Jesus Cristo: "Vocês, porém, são povo escolhido, reino de sacerdotes, nação santa [...] podem mostrar às pessoas como é admirável aquele que os chamou das trevas para sua maravilhosa luz" (v.9).

Essa não é uma imagem de alguns poucos privilegiados, mas dos muitos resgatados de "toda tribo, língua, povo e nação" (APOCALIPSE 5:9). Hoje, estamos espalhados pelo globo, onde muitos se sentem isolados e sofrem por sua fidelidade a Jesus. Mas, através das lentes da Palavra de Deus, vemos a imagem panorâmica dos nossos irmãos e irmãs na fé unidos para honrar Aquele que nos redimiu e nos tomou para si.

Que nos juntemos para louvar Aquele que nos tirou das trevas e nos levou para a luz!

DCM

Concordamos, Senhor, que tu és digno de todo louvor!
Nós, o Teu povo te reverenciamos.

Você tem louvado o Senhor continuamente?

Sem queimaduras de frio

Num dia de inverno, meus filhos pediram para andar de trenó. A temperatura oscilava em torno de 17 graus negativos. Eu lhes permiti brincar apenas por 15 minutos e pedi que se agasalhassem e ficassem juntos.

Criei essas regras para que brincassem livremente sem sofrer queimaduras do frio. Acho que o autor do Salmo 119 reconheceu a mesma boa intenção de Deus ao redigir dois versos consecutivos que podem parecer contraditórios: "Continuarei a obedecer à tua lei" e "Andarei em liberdade, pois me dediquei às tuas ordens" (vv.44,45). De que maneira o salmista associou liberdade à vida espiritual de obediência à Lei?

LEITURA:
Salmo 119:33-48

Faze-me andar em teus mandamentos, pois neles tenho prazer. v.35

Seguir as sábias instruções de Deus permite evitarmos as consequências das escolhas que mais tarde desejaríamos desfazer. Sem o peso da culpa ou dor, somos mais livres para viver com excelência. Deus não quer nos controlar com ordens sobre o que fazer ou não, ao contrário, Suas orientações demonstram que Ele nos ama.

Enquanto meus filhos brincavam de trenó, eu os contemplava ao deslizarem pela montanha. Eu sorria com suas risadas e bochechinhas rosadas. Estavam livres dentro dos limites que eu lhes dera. O mesmo paradoxo convincente se encontra em nosso relacionamento com Deus e nos faz dizer com o salmista: "Faze-me andar em teus mandamentos, pois nele tenho prazer" (v.35). *JBS*

Deus, dá-me o mesmo amor de Davi pelos Teus caminhos.
Quero adorar-te com as minhas escolhas diárias.

A obediência flui livremente de um coração de amor.

Justos entre as nações

No *Yad Vashem*, o museu do Holocausto de Israel, meu marido e eu fomos ao Jardim que honra as pessoas que arriscaram a vida para salvar judeus durante o Holocausto. Nele, encontramos um grupo da Holanda. Uma das mulheres procurava o nome dos avós gravado nas placas. Intrigados, perguntamos-lhe sobre a história da família.

LEITURA:
Ester 4:5-14

...justamente para uma ocasião como esta... v.14

Os avós dela, Rev. Pieter e Adriana Müller, como membros da resistência abrigaram um menino judeu de 2 anos fazendo-o passar como o caçula dos seu oito filhos. Movidos, perguntamos: "Ele sobreviveu?". Um senhor idoso colocou-se à frente e declarou: "Eu sou aquele menino!".

A coragem de muitos ao agir em favor do povo judeu me lembra a rainha Ester. Talvez a rainha pensasse que, por ter escondido sua etnia, ela poderia escapar do decreto do rei Xerxes de aniquilar os judeus. Mas Ester foi convencida a agir, mesmo sob risco de morte, quando seu primo lhe pediu para não silenciar sobre sua herança judaica porque ela tinha sido colocada nessa posição "justamente para uma ocasião como esta" (v.14).

Talvez nunca precisemos tomar uma decisão tão contundente. Mas provavelmente teremos de nos posicionar contra uma injustiça ou ficar em silêncio; ajudar alguém com problemas ou dar as costas. Que Deus nos conceda coragem.

LMS

Pai, agradeço-te por amares os oprimidos e vulneráveis. Que sejamos sensíveis à Tua direção e saibamos quando agir em favor dos que não podem.

Há pessoas que você precisa defender? Pergunte a Deus sobre o momento certo.

Mudança de ânimo

Esperando na estação de trem pelo meu trajeto semanal, os pensamentos negativos povoaram minha mente enquanto os trabalhadores se enfileiravam para embarcar: o estresse por causa de dívidas, comentários negativos, impotência diante de alguma injustiça cometida a um membro da família. Quando o trem chegou, eu estava com um humor terrível.

LEITURA:
Salmo 94:2,16-23

Quando minha mente estava cheia de dúvidas, teu consolo me deu esperança e ânimo. v.19

No trem, outro pensamento me veio à mente: escrever um bilhete a Deus sobre o meu lamento. Logo depois de derramar minhas queixas num diário, peguei o celular e escutei canções de louvor. Antes de perceber, meu mau humor já tinha mudado completamente.

Pouco sabia que estava seguindo um padrão estabelecido pelo autor do Salmo 94. O salmista primeiramente derramou suas queixas a Deus: "Levanta-te, ó Juiz da terra, dá aos orgulhosos o que merecem [...]. Quem me protegerá dos perversos? Quem me defenderá dos que praticam o mal?" (vv.2,16.). Ele não se segurou ao falar com Deus sobre a injustiça cometida aos órfãos e às viúvas. Depois de fazer seu lamento, o salmo tornou-se em louvor: "Mas o SENHOR é a minha fortaleza; meu Deus é a rocha onde me refugio" (v.22).

Deus nos convida a levar nossos lamentos a Ele. O Senhor pode transformar o nosso medo, a tristeza e a impotência em louvor.

LMW

Senhor, derramo meu coração a ti. Toma minhas dores e minha ira e concede-me a Tua paz.

O louvor tem o poder de aliviar o nosso mais pesado fardo.

Abrindo os céus

Minha amiga desabafou comigo que havia abandonado a fé. Ouvi a queixa familiar: Como posso crer num Deus que parece não agir? Essa pergunta angustiante nos surge em algum momento ao lermos sobre violência e ao carregarmos as nossas próprias mágoas. A angústia da minha amiga revelou sua intensa necessidade de que Deus agisse em seu favor, um anseio que todos nós provavelmente sentimos.

LEITURA:
Isaías 64:1-8

Quem dera abrisses os céus e descesses! v.1

Israel conhecia isso muito bem. O Império Babilônio oprimia a nação de Israel, esmagando-a com punho de ferro e transformando Jerusalém em escombros. O profeta Isaías colocou em palavras a dúvida sombria do povo: Onde está o Deus que deveria nos resgatar? (vv.11-15). No entanto, nesse mesmo lugar, Isaías fez uma oração ousada a Deus: "Quem dera abrisses os céus e descesses" (v.1). A dor e o sofrimento do profeta não o levaram a afastar-se do Senhor, mas a aproximar-se ainda mais dele.

Nossas dúvidas e problemas oferecem um presente estranho: revelam o quanto estamos perdidos e precisamos de Deus agindo em nosso favor. Vemos agora a história notável e improvável. Em Jesus, Deus rasgou os céus e veio até nós. Cristo entregou o próprio corpo dilacerado e ferido para que pudesse nos inundar com o Seu amor. Em Jesus, Deus está muito perto.

WC

Deus, gosto de fingir que sei administrar minha vida, que posso chegar à resposta. Mas não posso! Preciso de ti. Tu abririas os céus e descerias?

Sobre quais perguntas ou dúvidas você precisa conversar com Deus?

Algas e diatomáceas

"O que são diatomáceas?", perguntei para a minha amiga. Eu estava olhando as fotos do celular que ela tinha tirado de imagens feitas pelo microscópio. "São como algas, porém mais difíceis de ver. Às vezes, você precisa de uma gota de óleo nas lentes ou elas precisam estar mortas para que você as veja", ela explicou. Eu estava deslumbrada com as imagens. Não conseguia parar de pensar nos detalhes complexos que Deus criou e que podemos ver apenas com o microscópio!

LEITURA:
Jó 37:14-24

Pare e pense nos feitos maravilhosos de Deus! v.14

A criação e as obras de Deus são infinitas. No livro de Jó, um dos seus amigos, Eliú, o desafia: "Preste atenção, Jó! Pare e pense nos feitos maravilhosos de Deus! Você sabe como Deus controla a tempestade e faz os relâmpagos brilharem nas nuvens? Você entende como ele move as nuvens com perfeição e conhecimento maravilhosos?" (VV.14-16). Como seres humanos, não podemos entender a complexidade de Deus e de Sua criação.

Até as partes da criação que não podemos ver refletem a glória e o poder de Deus. Sua glória nos cerca. Não importa pelo que passamos, Deus está agindo mesmo quando não vemos e não entendemos o Seu mover. Que o louvemos hoje, porque "Ele faz grandes coisas, maravilhosas demais para entender, e realiza milagres incontáveis" (JÓ 5:9).

JS

Senhor, agradeço-te pelos detalhes que colocaste na criação e por agires mesmo quando não vemos.

Deus age ininterruptamente.

Adotados

Fico feliz quando um filantropo constrói um orfanato. Fico emocionado quando essa pessoa faz ainda mais e adota uma das crianças. A maioria dos órfãos se alegraria simplesmente em ter um padrinho. Mas descobrir que o padrinho não está satisfeito apenas em me ajudar, mas que *ele me quer*. Como seria a sensação?

LEITURA:
Gálatas 4:1-7

...Deus enviou seu Filho [...] a fim de nos adotar como seus filhos. VV.4,5

Se você é filho de Deus, já sabe disso. Não poderíamos reclamar se Deus nos amasse o suficiente para enviar Seu Filho a fim de que "não pereçamos, mas tenhamos a vida eterna" (JOÃO 3:16). Isso nos bastaria. Mas não bastaria para Deus. Ele "enviou seu Filho [...] para resgatar a nós", não uma finalidade em si, mas "a fim de nos adotar como seus filhos" (VV.4,5).

Paulo se refere a nós como "filhos", porque, em sua época, era comum que os filhos herdassem as riquezas do pai. Ele quer dizer que qualquer um que coloca a fé em Jesus torna-se "filho" de Deus com os mesmos direitos à herança (V.7).

Deus não quer simplesmente *salvá-lo*. Ele *quer* você. Ele o adotou em Sua família, deu-lhe o Seu nome (APOCALIPSE 3:12) e orgulhosamente o chama de filho. Você provavelmente não poderia ser mais amado, nem ser amado por alguém mais importante. Você não é simplesmente abençoado por Deus. Você é *filho* de Deus. Seu pai o ama. *MEW*

Pai, que privilégio te chamar assim!
Sou grato por me salvares
e por desejar que eu fique perto de ti.

Você é mais do que salvo. É amado.

Um presente para Deus

Quando somos convidados para um aniversário, logo perguntamos: "o que presentear?". Às vezes é difícil porque a pessoa tem o gosto requintado, e tememos errar. É ainda pior quando a pessoa já tem tudo o que precisa. O que dar para alguém assim?

LEITURA:
Salmo 116

Que posso oferecer ao SENHOR por tudo que ele me tem feito? v.12

Sinto-me assim quando leio o versículo: "Que posso oferecer ao SENHOR...?" que é o Criador e Senhor de tudo? Porém, em Sua Palavra, Deus já definiu como devemos agradecer-lhe. O primeiro que Ele nos pede é: "Meu filho, dê-me seu coração..." (PROVÉRBIOS 23:26). Ou seja, Deus quer a dedicação integral de nossa vida a Ele. Diante do presente que o Senhor nos deu na cruz, o que podemos lhe ofertar senão a nossa vida?

Porém, Deus ainda diz: "Entregue seu caminho ao SENHOR; confie nele, e ele o ajudará" (SALMO 37:5). Devemos render ao Senhor nossa inteira confiança. Em *tudo* Ele tem um propósito, até em nossas lutas e deseja se revelar a nós como Deus forte e presente.

Deus deseja receber outro presente: "Busquem, em primeiro lugar, o reino de Deus..." (MATEUS 6:33). Devemos buscar prioritariamente os planos do Senhor. O cristianismo tem o Senhor como o centro de tudo, e a nossa vida só fará sentido se andarmos na vontade dele.

Como aqueles que reconhecem as bênçãos de Deus, entregamos a Ele nossa vida, nossa inteira confiança e a Sua vontade é a nossa prioridade. Assim, demonstramos a verdadeira gratidão. *JMF*

A vontade de Deus deve prevalecer em nossa vida.

Senhor, agradeço-te pelo Teu dom maravilhoso, Jesus, e devolvo a ti minha vida.

Restaurados

Em 2003, uma infestação de grilos mórmon causou um prejuízo de 25 milhões de dólares em colheitas perdidas. Eram tantos que as pessoas não conseguiam dar um passo sequer sem pisar em um grilo. O inseto, semelhante a um gafanhoto, foi o responsável por atacar as colheitas dos pioneiros de Utah, EUA, em 1848. Esse grilo pode comer incríveis 17 kg de plantas durante a vida apesar de medir entre 5 cm e 7 cm apenas. O impacto das infestações sobre o lucro dos fazendeiros e sobre a economia do estado ou país pode ser devastador.

LEITURA:
Joel 2:18-27

Eu lhes devolverei o que perderam por causa dos gafanhotos... v.25

O profeta Joel descreveu uma horda de insetos parecidos prejudicando toda a nação de Judá como resultado da desobediência coletiva. Ele profetizou uma invasão de gafanhotos (metáfora de um exército estrangeiro na opinião de alguns teólogos) como algo que nenhuma geração anterior presenciara (JOEL 1:2). Os gafanhotos assolaram tudo em seu caminho, causando fome e miséria. Entretanto, se os israelitas deixassem os caminhos do pecado e pedissem perdão a Deus, Joel afirma que o Senhor lhes devolveria o que perderam por causa dos gafanhotos (2:25).

Também podemos aprender com a lição de Judá: como insetos, nossos erros se alimentam da vida frutífera que Deus planejou para nós. Quando nos voltamos para Ele e nos afastamos das escolhas do passado, Ele promete remover nossa vergonha e nos restaurar a uma vida abundante nele.

KHH

Pelo que você pode pedir perdão a Deus hoje?

O amor de Deus restaura.

A BÍBLIA em **UM ANO:**
ÊXODO 31–33; MATEUS 22:1-22

Ouvidos para ouvir

Ofereceram à atriz Diane Kruger um papel que a tornaria um nome conhecido. Mas ela deveria interpretar uma jovem esposa e mãe que enfrentava a perda do marido e do filho. Ela nunca havia sofrido uma perda tão grande na vida real e não sabia se conseguiria ser fiel às emoções da personagem. Diane aceitou o papel e começou a frequentar reuniões de apoio para pessoas que vivenciavam a dor extrema do luto.

LEITURA:
Jeremias 5:18-23

Ouça, povo tolo e insensato, que tem olhos, mas não vê, que tem ouvidos, mas não ouve. v.21

No início, ela dava sugestões e ideias ao ouvir as histórias das pessoas do grupo. Como a maioria de nós, ela queria ajudar. Mas aos poucos ela parou de falar e simplesmente passou a ouvir. Somente assim começou a aprender a se colocar verdadeiramente no lugar delas. A atriz adquiriu essa percepção utilizando-se dos seus ouvidos.

A acusação de Jeremias contra o povo foi a de que eles se recusavam a usar os "ouvidos" para ouvir a voz do Senhor. O profeta não mediu as palavras ao chamar o povo de Israel de "tolo e insensato" (v.21). Deus está constantemente agindo na nossa vida e comunicando palavras de amor, instrução, encorajamento e cautela. O desejo do Pai é que você e eu aprendamos e amadureçamos. E nós já recebemos os ouvidos como ferramentas para isso. A pergunta é: será que os usaremos para ouvir o coração do Pai? *JB*

Pai, creio que estás sempre falando a nós.
Perdoa a minha teimosia de pensar que tenho todas as respostas.
Abre os meus ouvidos para que eu possa ouvir.

Se ouvirmos com atenção a voz do Senhor, amadureceremos na fé.

Tudo o que posso ver

Era um dia de inverno congelante, e Krista estava olhando para o lindo farol envolto pela neve junto ao lago. Ao pegar o celular para tirar fotos, seus óculos ficaram embaçados. Sem conseguir enxergar, ela decidiu apontar a câmera para a direção do farol e tirar três fotos de ângulos diferentes. Vendo as imagens depois, percebeu que a câmera estava regulada para tirar selfies. Ela deu risada e falou: "Meu foco estava só em mim. Tudo o que eu vi foi eu mesma". Essas fotos me levaram a pensar num erro parecido: podemos nos focar tanto em nós mesmos a ponto de perder de vista o plano de Deus.

LEITURA:
João 3:22-35

Ele deve se tornar cada vez maior, e eu, cada vez menor. v.30

João Batista, o primo de Jesus, sabia claramente que o seu foco não era ele mesmo. Desde o início, ele reconheceu que a sua função ou o seu chamado era conduzir as pessoas a Jesus, o Filho de Deus. "João viu Jesus caminhando em sua direção e disse: Vejam! É o Cordeiro de Deus..." (1:29). E continuou: "...vim batizando com água para que ele fosse revelado a Israel" (v.31). Quando os discípulos de João posteriormente lhe contaram que Jesus estava ganhando seguidores, ele declarou: "Vocês sabem que eu lhes disse claramente: Eu não sou o Cristo. Estou aqui apenas para preparar o caminho para ele. [...] Ele deve se tornar cada vez maior, e eu, cada vez menor" (3:28-30).

Que amar Jesus de todo o nosso coração seja o foco central da nossa vida.

AMC

De que maneira eu posso amar mais a Jesus?

Jesus nos ensina a olhar além do nosso "eu" em direção a Ele.

Mudanças no coração

De acordo com o Escritório de Recenseamento dos Estados Unidos, os americanos mudam de endereço de 11 a 12 vezes na vida. Recentemente, 28 milhões de pessoas embalaram tudo e se mudaram.

Durante os 40 anos de Israel no deserto, a nuvem da presença de Deus guiou uma nação familiar inteira a mudar-se diversas vezes na expectativa de chegar a uma nova pátria. O relato é tão repetitivo que parece até uma comédia. Vez após vez, a enorme família embalava e desembalava não apenas os próprios pertences, mas também as tendas e o mobiliário do tabernáculo, onde Deus se encontrava com Moisés (ÊXODO 25:22).

LEITURA:
Números 9:15-23

Cada vez que a nuvem se elevava [...], o povo de Israel levantava acampamento e a seguia. v.17

Muitos anos depois, Jesus daria o significado mais completo para a história sobre a época de mudanças de Israel. Em vez de guiá-los por meio de uma nuvem, Ele veio pessoalmente. Quando disse: "Sigam-me" (MATEUS 4:19), Jesus começou a mostrar que as transformações mais importantes de endereço acontecem nos caminhos do coração. Ao conduzir tanto amigos quanto inimigos aos pés de uma cruz romana, Ele demonstrou o quão longe o Deus da nuvem e do tabernáculo iria para nos resgatar.

Como mudanças de endereço, essas mudanças no coração são inquietantes. Um dia, porém, da janela da casa do Pai, veremos que Jesus conduziu todos nós ao longo de todo o caminho. *MRD*

Em que aspectos a escolha por seguir a Deus o inquieta? Como a oração pode ajudá-lo a fortalecer sua fé e confiança no Pai?

Senhor, queremos seguir-te. Ajuda-nos a ir para onde o Teu amor nos conduzir hoje.

O amor nos transforma

Antes de conhecer Jesus, eu estava tão ferida a ponto de evitar relacionamentos próximos por medo de magoar-me ainda mais. Minha mãe foi minha melhor amiga até eu me casar com Alan. Sete anos depois e na iminência do divórcio, levei nosso filho pequeno, Xavier, a um culto. Sentada próxima à saída, temia confiar, mas estava desesperada por receber ajuda.

LEITURA:
Atos 9:1-22

Logo, começou a falar de Jesus nas sinagogas, dizendo: "Ele é o Filho de Deus". v.20

Alguns cristãos oraram por nossa família e me ensinaram a ter um relacionamento com Deus por meio da oração e leitura da Bíblia. Com o tempo, o amor de Cristo e de Seus seguidores me transformou.

Em dois anos, a família toda foi batizada. Tempos depois, minha mãe comentou: "Você está diferente. Fale-me mais de Jesus". Alguns meses se passaram, e ela também aceitou a Cristo.

Jesus transforma vidas... como a de Saulo, um dos mais temidos perseguidores da Igreja até o seu encontro com Cristo (vv.1-5). Outros ajudaram Saulo a aprender mais sobre Jesus (vv.17-19). A drástica transformação dele se somou à credibilidade de seu ensinamento capacitado pelo Espírito (vv.20-22).

Nosso primeiro encontro pessoal com Jesus pode não ser tão dramático. A transformação da nossa vida pode não ser tão rápida ou drástica. Mas, à medida que as pessoas notarem como o amor de Cristo nos transforma, teremos oportunidades de dizer aos outros o que Ele fez por nós.

XED

Senhor, graças te damos por nos lembrares de que o Senhor ainda transforma vidas.

A vida transformada pelo amor de Deus é digna de ser compartilhada.

Boas obras preparadas

Quando um estranho corpulento se aproximou de nós na rua de um país estrangeiro, minha esposa e eu nos encolhemos de medo. Nosso feriado não estava sendo bom; haviam gritado conosco, enganado-nos e extorquido várias vezes. Seríamos "depenados" de novo? Para a nossa surpresa, o homem queria apenas nos mostrar onde teríamos a melhor vista da cidade. Depois, ele nos presenteou com uma barra de chocolate, sorriu e foi embora. Aquele gesto simples alegrou o nosso dia e salvou a viagem inteira. Aquele pequeno gesto nos tornou gratos, tanto ao homem quanto a Deus, por nos levantar o ânimo.

LEITURA:
Efésios 2:6-10

...somos [...] criados em Cristo Jesus a fim de realizar as boas obras que ele [...] planejou para nós. v.10

O que levara o homem a chegar até dois estranhos? Será que ele tinha passado o dia todo com uma barra de chocolate buscando alguém com a qual pudesse abençoar?

É incrível como a ação mais simples pode produzir o maior sorriso, e possivelmente levar alguém a Deus. A Bíblia enfatiza a importância de se fazer boas obras (TIAGO 2:17,24). Se tais obras parecerem algo desafiador, temos a garantia de que Deus não apenas nos capacitará a realizá-las, mas também saberemos que se trata das obras que Ele "de antemão planejou para nós" (v.10).

Talvez, Deus providencie que "esbarremos" em alguém que necessite de uma palavra de ânimo hoje ou nos dê a oportunidade de oferecer ajuda. Tudo o que temos a fazer é reagir em obediência.

LK

Por quem você pode orar ou ajudar hoje?
Quem Deus poderia colocar em seu caminho?

Senhor, que eu possa reagir em obediência e compartilhar o Teu amor pelos outros assim como tu o fizeste.

Amor e paz

Sempre me surpreende a forma como a paz — poderosa e inexplicável (FILIPENSES 4:7) — pode encher o nosso coração mesmo em meio à dor mais profunda. Passei por isso recentemente no funeral do meu pai. Uma fila de conhecidos passava oferecendo condolências quando me senti aliviada em ver um amigo da adolescência. Sem nada dizer, ele me envolveu com um longo abraço apertado. Seu entendimento silencioso fluiu em mim com a primeira sensação de paz em meio à dor, um lembrete poderoso de que eu não estava sozinha.

LEITURA:
Salmo 16

...não deixarás minha alma entre os mortos [...] me mostrarás o caminho da vida e [...] a alegria da tua presença... vv.10,11

Como Davi descreve no Salmo 16, o tipo de paz e alegria que Deus traz à nossa vida não é provocado pela escolha de reprimir a dor em tempos difíceis; é mais como uma dádiva que só podemos usufruir quando nos refugiamos em Deus (vv.1,2).

Podemos reagir à dor causada pela morte distraindo-nos, imaginando que buscar outros "deuses" manterá a dor a distância. Porém, veremos que os esforços para fugir da aflição apenas geram uma dor ainda mais profunda (v.4).

Ou podemos nos voltar para Deus, confiando, mesmo sem entender, que a vida que Ele nos concedeu ainda é boa e linda (vv.6-8). E podemos nos render aos Seus braços de amor que carinhosamente nos carregam, em meio à dor, para a paz e a alegria que nem a morte pode extinguir (v.11). *MRB*

Pai, somos gratos pela forma como o Teu toque carinhoso nos abraça em momentos de alegria e de sofrimento. Ajuda-nos a confiar em ti por cura.

O amor de Deus, mesmo em meio à dor, nos ampara e sustenta em paz e alegria.

Descobrindo meu verdadeiro eu

Quem sou eu? Essa é a pergunta que um animal de pelúcia desbotado faz a si mesmo no livro infantil *Nothing* (Nada), de Mick Inkpen. Abandonado num canto empoeirado do sótão, o animal ouve quando o chamam de "nada" e acha que esse é o seu nome: Nada.

LEITURA:
1 João 2:28–3:3

Sabemos, porém, que seremos semelhantes a ele [a Jesus], pois o veremos como ele realmente é. 3:2

Encontros com outros animais despertam lembranças. Nada percebe que ele costumava ter cauda, bigodes e listras. Porém, ele só se lembra de quem realmente é quando conhece um gato malhado que o ajuda a encontrar o caminho de casa. Aí então, Nada se lembra de sua identidade: ele é um gato de pelúcia chamado Toby. Depois disso, o dono dele carinhosamente o restaura, costurando nele novas orelhas, cauda, bigodes e listras.

Sempre que leio esse livro, penso em minha própria identidade. Quem sou eu? Escrevendo para os cristãos, João afirmou que Deus nos chamou de filhos (3:1). Não entendemos totalmente essa identidade, mas, quando virmos Jesus, seremos semelhantes a Ele (v.2). Assim como o gato Toby, um dia seremos restaurados à identidade planejada para nós, a qual foi prejudicada pelo pecado. Hoje, podemos compreender essa identidade apenas parcialmente e podemos reconhecer a imagem de Deus uns nos outros. Porém, no dia em que virmos Jesus, seremos completamente restaurados à identidade que Deus planejou para nós. Seremos novas criaturas.

ALP

Onde eu encontro a minha identidade?
De acordo com as Escrituras, de que forma Deus me vê?

Somos gratos a Deus por Ele nos resgatar e nos restaurar.

Vivendo com as luzes acesas

M**eu colega** de trabalho e eu havíamos feito uma viagem longa, e era tarde quando começamos a voltar. O peso da idade e os olhos cansados me deixam um pouco desconfortável para dirigir quando escurece; mas optei por dirigir primeiro. Estava com as mãos no volante e os olhos fixos na estrada pouco iluminada. Percebi que conseguia enxergar melhor quando as luzes dos veículos que vinham atrás brilhavam na rodovia. Senti alívio quando o meu amigo por fim assumiu a direção. Só então ele descobriu que eu estivera dirigindo com faróis para neblina, não com os faróis normais!

LEITURA:
Sl 119:9-16,97-105

Tua palavra é lâmpada para meus pés e luz para o meu caminho. v.105

O Salmo 119 é uma composição magistral de alguém consciente de que a Palavra de Deus nos oferece luz para a vida diária (v.105). Mas com que frequência nos encontramos em situações parecidas às da noite desconfortável na estrada? Desnecessariamente nos esforçamos para ver e às vezes nos desviamos dos melhores caminhos porque nos esquecemos de usar a luz da Palavra de Deus. O Salmo 119 nos encoraja a sermos intencionais em "ligar o interruptor de luz". O que acontece quando o fazemos? Encontramos sabedoria para a pureza (vv.9-11); descobrimos novas motivações e encorajamento para evitar desvios (vv.101,102). E, quando vivemos com as luzes ligadas, o louvor do salmista muito provavelmente se torna o nosso louvor: "Como eu amo a tua lei; penso nela o dia todo!" (v.97).

ALJ

Pai, enche o meu coração com a Tua Palavra
para eu ter a luz que preciso para o dia de hoje!

Você não tropeçará no escuro
se andar à luz da Palavra de Deus.

Dando crédito

Na década de 60, pinturas de pessoas ou animais com olhos enormes e tristes se tornaram populares. Alguns as consideravam "bregas" ou cafonas, mas outros gostavam muito. Quando o marido de uma artista começou a promover as criações da sua esposa, o casal se tornou bastante próspero. Mas a assinatura da artista — Margaret Keane — não aparecia nas obras. Em vez disso, o marido dela apresentava os trabalhos como se fossem seus. Receosa, Margaret omitiu a fraude por 20 anos até o fim do casamento. Foi preciso levar tintas ao tribunal para provar a identidade da verdadeira artista.

LEITURA:
Jeremias 9:23-26

...como dizem as Escrituras: "Quem quiser orgulhar-se, orgulhe-se somente no Senhor".
1 Coríntios 1:31

A mentira do homem foi algo errado, mas até nós, seguidores de Jesus, podemos achar fácil tomar o crédito pelos nossos talentos, pelas nossas características de liderança ou até por nossas boas obras. Mas essas qualidades só são possíveis pela graça de Deus. Em Jeremias 9, o profeta lamenta a falta de humildade e o coração obstinado do povo. Segundo o Senhor, não devemos nos orgulhar da nossa sabedoria, força ou riquezas, mas apenas de saber que *Ele* é o Senhor "que demonstra amor leal e traz justiça e retidão à terra" (v.24).

Nosso coração se enche de gratidão quando percebemos a identidade do verdadeiro Artista. "Toda dádiva que é perfeita [...] vem do alto, do Pai..." (TIAGO 1:17). Todo crédito, todo louvor pertencem ao Doador das dádivas.

CHK

Pai, graças te dou por todas as dádivas que tu ofereces graciosamente.

Fomos criados para glorificar a Deus.

Visto por Deus

M**eus primeiros** óculos abriram meus olhos para um mundo nítido. Sou míope e vejo os objetos próximos nítidos e definidos. Sem eles, porém, os itens distantes ficam embaçados. Aos 12 anos, com os meus primeiros óculos, fiquei surpresa ao ver as palavras mais nítidas na lousa, as folhas pequenas das árvores e, talvez o mais importante, os lindos sorrisos das pessoas.

LEITURA:
Gênesis 16:7-14

...Chamou-o de "Tu és o Deus que me vê", pois tinha dito: "Aqui eu vi aquele que me vê!". v.13

Quando os amigos retribuíam o meu sorriso, eu aprendia que ser vista era uma dádiva tão preciosa quanto a bênção de enxergar.

A escrava Hagar percebeu isso ao escapar das grosserias de Sarai. Hagar era um "zero à esquerda" em sua cultura: grávida e sozinha, que fugiu para o deserto sem ajuda ou esperança. Por Deus tê-la visto, foi capacitada a enxergá-lo. Então, Deus não lhe era apenas um conceito vago; Ele se tornou real para Hagar, tão real que ela lhe deu um nome: *El Roi*, que significa "Tu és o Deus que me vê". Ela disse: "Aqui eu vi aquele que me vê!" (v.13).

Nosso Deus também vê cada um de nós. Você está se sentindo invisível, sozinho ou como um "zero à esquerda"? Deus o vê e vê também o seu futuro. Que possamos ver nele a nossa esperança, salvação e alegria — tanto nos dias de hoje quanto no futuro. Louve-o por esta dádiva maravilhosa da visão, por enxergar o único Deus verdadeiramente vivo.

PR

Senhor, sou apenas uma pessoa num mundo enorme,
mas te agradeço por olhares do alto
e me veres — para que eu possa te ver também.

Deus me conhece pelo nome e me vê.

A batalha

Quando as bombas da artilharia caíram perto dele com um *bum* de tremer a terra, o jovem soldado orou: "Senhor, eu entrarei naquela escola bíblica que a minha mãe deseja se me tirares dessa". Deus honrou essa oração. Meu pai sobreviveu à Segunda Guerra, entrou no Instituto Bíblico Moody e dedicou sua vida ao ministério.

LEITURA:
Salmo 39:1-7

Agora, Senhor, o que devo esperar? És minha única esperança. v.7

Outro guerreiro passou por um tipo diferente de crise que o levou a Deus, mas seus problemas surgiram quando ele evitou o combate. Enquanto suas tropas lutavam, o rei Davi estava no palácio de olho na esposa de outro homem (2 SAMUEL 11). No salmo 39, Davi registra o doloroso processo de restauração do pecado: "...a angústia cresceu dentro de mim. Quanto mais eu pensava, mais ardia meu coração..." (vv.2,3).

O espírito quebrantado de Davi o levou a refletir: "Mostra-me, SENHOR, como é breve meu tempo na terra; mostra-me que meus dias estão contados e que minha vida é passageira" (v.4). Com foco renovado e sem ter a quem recorrer, Davi não se desesperou: "Agora, Senhor, o que devo esperar? És minha única esperança" (v.7). O salmista sobreviveu a essa batalha e continuou servindo a Deus.

O que motiva a nossa vida de oração não importa tanto quanto o foco das nossas orações. Deus é a nossa fonte de esperança. Ele quer que compartilhemos nosso coração com Ele.

TLG

Pai, tu és a nossa esperança.
Perdoa-nos por buscarmos respostas longe do Senhor.
Leva-nos para perto de ti hoje.

Estamos no melhor lugar que podemos imaginar quando buscamos a Deus em oração.

Fora de contexto

Na fila para o voo, alguém me cutucou. Virei-me e recebi um cumprimento caloroso. "Elisa! Você se lembra de mim? Sou a Joana!". Minha mente foi à procura das "Joanas" que eu conhecia, mas não a localizou. Será que era uma vizinha? Uma colega de trabalho? Eu não sabia...

LEITURA:
João 20:13-16

Então, ao virar-se para sair, viu alguém em pé. Era Jesus, mas ela não o reconheceu. v.14

Sentindo minha dificuldade, Joana respondeu: "Elisa, nós nos conhecemos no Ensino Médio". Surgiu uma lembrança: jogos de futebol nas noites de sexta-feira, torcida nas arquibancadas. Eu a reconheci assim que o contexto ficou claro.

Após a morte de Jesus, Maria Madalena foi ao sepulcro cedo de manhã e viu que a pedra tinha sido removida, e o corpo, desaparecido (vv.1,2). Ela correu até Pedro e João, que a acompanharam de volta ao sepulcro vazio (vv.3,10). Mas, do lado de fora, Maria continuou sofrendo (v.11). Quando Jesus apareceu, "ela não o reconheceu" (v.14), achando que Ele fosse o jardineiro (v.15).

Como Maria não reconheceu Jesus? Seu corpo ressurreto estava tão diferente a ponto de ser difícil de reconhecê-lo? Será que a dor a impediu de reconhecer Jesus? Ou será que isso se deu porque, como eu, Jesus estava "fora do contexto", vivo no jardim em vez de estar morto no sepulcro?

De que forma nós também deixamos de reconhecer Jesus em nossos dias, — talvez durante a oração ou a leitura da Bíblia, ou simplesmente quando Ele sussurra em nosso coração?

ELM

Deus, dá-nos olhos para ver Jesus da forma que Ele se apresentar — num contexto familiar ou nos surpreendendo num contexto inesperado.

Tenha a expectativa de ver Jesus em lugares inesperados.

Afundando na graça

Finalmente, em 8 de janeiro de 1964, Randy Gardner, de 17 anos, fez algo que estava sem fazer havia 11 dias e 25 minutos: pegou no sono. Ele queria entrar para o livro dos recordes como o ser humano que ficou mais tempo sem dormir. Com refrigerantes, basquete e boliche, Gardner rejeitou o sono por uma semana e meia. Antes de desmoronar, o paladar, o olfato e a audição saíram de seu controle. Décadas depois, Gardner sofreu severos episódios de insônia. Ele estabeleceu o recorde, mas também confirmou o óbvio: o sono é essencial.

LEITURA:
Salmo 127:1,2

...Deus cuida de seus amados enquanto dormem. v.2

Muitos lutam para ter uma noite de sono decente. Diferentemente de Gardner, que se privou de forma intencional, podemos sofrer de insônia por diversas razões, incluindo muita ansiedade: o medo de tudo o que precisamos fazer, o pavor das expectativas dos outros, a angústia de viver num ritmo frenético. Às vezes, é difícil afastar o medo e relaxar.

O salmista nos diz que, "se o SENHOR não constrói a casa", trabalhamos em vão (v.1). Nossos esforços incessantes são inúteis a menos que Deus providencie aquilo que precisamos. Felizmente, Deus nos supre e "cuida de seus amados enquanto dormem" (v.2). O amor de Deus se estende a todos nós. Ele nos convida a lhe entregarmos as nossas ansiedades e a mergulharmos em Seu descanso, em Sua graça. *WC*

Deus, estou tão ansioso. Estou agitado por dentro. Busco a Tua ajuda e confio a minha noite, o meu dia e toda a minha vida a ti.

Confiar em Deus nos livra da ansiedade e nos garante o descanso.

A BÍBLIA em **UM ANO:**
LEVÍTICO 19–20; MATEUS 27:51-66

Atos de bondade

"Estera, você ganhou um presente da nossa amiga Helena!", minha mãe me disse ao chegar do seu trabalho. Na minha infância, não tínhamos boa condição financeira, e receber um presente pelo correio era como um segundo Natal. Eu me senti amada, lembrada e valorizada por Deus por meio dessa mulher maravilhosa.

LEITURA:
Atos 9:32-42

...discípula chamada Tabita [...] Sempre fazia o bem às pessoas e ajudava os pobres. v.36

As pobres viúvas para as quais Tabita (Dorcas) fizera roupas estavam se sentindo do mesmo jeito. Ela era discípula de Jesus, morava em Jope e era conhecida na comunidade pelas obras de bondade. "Sempre fazia o bem às pessoas e ajudava os pobres" (v.36). Porém, Tabita adoeceu e faleceu. Naquele momento, Pedro estava visitando uma cidade próxima, e dois cristãos o procuraram, implorando que fosse a Jope.

Quando Pedro chegou, as viúvas que tinham sido ajudadas por Tabita mostraram a ele as provas da bondade dela: "os vestidos e outras roupas que Dorcas havia feito" (v.39). Não sabemos se elas pediram que Pedro interferisse, mas, guiado pelo Espírito Santo, o apóstolo orou, e Deus a ressuscitou! Como consequência da bondade de Deus "a notícia se espalhou por toda a cidade, e muitos creram no Senhor" (v.42).

Ao sermos bondosos com aqueles que nos cercam, que eles possam voltar o pensamento a Deus e sentirem-se valorizados por Ele.

EPE

Senhor, ajuda-me a seguir-te e a demonstrar bondade aos que me cercam a fim de que possam reconhecer a Tua presença em mim.

Seja a expressão viva da bondade de Deus; em seu rosto, em seus olhos, em seu sorriso... MADRE TERESA

Atmosfera de encorajamento

Sinto-me animado sempre que visito a academia perto de casa. Naquele lugar movimentado, sou cercado por outras pessoas que estão lutando para melhorar sua saúde física. As placas nos relembram que não devemos julgar, mas que as palavras e ações que revelam apoio aos esforços alheios são sempre bem-vindas.

LEITURA:
Romanos 15:1-7

Devemos agradar ao próximo [...] com a edificação deles como alvo. v.2

Que ótima imagem de como as coisas deveriam ser na esfera espiritual da vida! Aqueles que estão lutando para "entrar em forma" espiritualmente, crescer na fé, podem às vezes se sentir excluídos, porque não são espiritualmente tão aptos — à medida que amadurecem no caminho com Jesus quanto os outros.

Paulo nos deu esta sugestão direta: "animem e edifiquem uns aos outros" (1 TESSALONICENSES 5:11). E aos cristãos de Roma, escreveu: "Devemos agradar ao próximo [...] com a edificação deles como alvo" (v.2). Reconhecendo que nosso Pai é tão generoso conosco, mostremos a graça divina aos outros com ações e palavras de encorajamento.

Ao "aceitar uns aos outros" (v.7), que confiemos nosso crescimento espiritual a Deus — à obra de Seu Espírito. E, buscando segui-lo diariamente, que possamos criar uma atmosfera de encorajamento para os nossos irmãos e irmãs em Jesus enquanto eles também buscam crescer na fé.

JDB

Senhor, ajuda-me hoje a encorajar outras pessoas ao longo do caminho. Guia-me para dizer palavras que não as desanimarão, mas as levarão a caminhar contigo no Teu amor.

Uma palavra de ânimo pode fazer a diferença entre desistir e prosseguir.

Orando e crescendo

Quando a esposa de um amigo adoeceu, ele precisou se aposentar mais cedo para cuidar dela. Ele sentiu raiva de Deus, mas quanto mais ele orava, mais o Senhor lhe mostrava como fora egoísta na maior parte do casamento. E confessou: "Ela está doente há dez anos, mas Deus tem me ajudado a ver as coisas de outra forma. Agora, tudo o que faço por amor a ela, também faço por Jesus. Cuidar dela se tornou o meu maior privilégio".

LEITURA:
Jonas 4

E tudo que fizerem ou disserem, façam em nome do Senhor Jesus, dando graças a Deus... Colossenses 3:17

Às vezes, Deus responde nossas orações não nos dando o que queremos, mas nos desafiando a mudar. Quando Jonas sentiu raiva de Deus por ter poupado a cidade de Nínive, Deus fez com que uma planta lhe protegesse do sol. E depois a fez murchar. Quando o profeta reclamou, Deus respondeu: "Você acha certo ficar tão irado por causa da planta?" (JONAS 4:6-9). Focado em si mesmo, Jonas insistiu que sim. Mas Deus o desafiou a pensar nos outros e a ter compaixão.

Às vezes, Deus usa as nossas orações de formas inesperadas para nos ajudar a aprender e a crescer. É uma mudança que podemos receber de coração aberto porque Ele quer nos transformar com o Seu amor.

JBB

Senhor, agradeço-te por me ajudares
a crescer quando eu oro. Ajuda-me a ser sensível
ao que queres para a minha vida.

Deus nos faz crescer quando investimos nosso tempo em Sua presença.

Arquive e prossiga

Lembro-me de um sábio conselho que um amigo locutor de rádio me deu certa vez. No início da carreira e lutando para aprender a lidar com as críticas e os elogios, ele sentiu que Deus o encorajava a arquivar ambos. Qual é a essência do que ele guardou no coração? *Aprenda o possível com as críticas e aceite os elogios. Depois arquive ambos e humildemente prossiga na graça e no poder de Deus.*

LEITURA:
Provérbios 15:30-33

Quem dá ouvidos à crítica construtiva se sente à vontade entre os sábios. v.31

Críticas e elogios despertam em nós emoções poderosas que, se deixadas sem controle, podem gerar autoaversão ou um ego inchado. Em Provérbios, lemos sobre os benefícios do encorajamento e do conselho sábio: "boas notícias dão vigor ao corpo. Quem dá ouvidos à crítica construtiva se sente à vontade entre os sábios. Quem rejeita a disciplina prejudica a si mesmo, mas quem dá ouvidos à repreensão adquire entendimento" (15:30-32).

Quando repreendidos, que possamos optar por sermos modelados pela repreensão. E, se formos abençoados com elogios, que nos sintamos renovados e cheios de gratidão. Ao andarmos humildemente com Deus, Ele pode nos ajudar a aprender com as críticas e com os elogios, a arquivá-los e a seguir adiante com o Senhor (v.33).

ROS

Pai, graças te dou pela dádiva dos elogios e das críticas. Que eu possa crescer e ser moldado ao me render humildemente a ti.

Aprenda com elogios e críticas, em seguida, arquive-os e siga em frente.

Mande uma carta

Como a maioria das crianças de 4 anos, Rúbia amava correr, cantar, dançar e brincar. Mas ela começou a se queixar de dor nos joelhos. Seus pais a levaram para fazer exames, e o resultado foi chocante: um diagnóstico de câncer no estágio 4. Rúbia rapidamente deu entrada no hospital.

LEITURA:
Colossenses 1:9-12

...desde que ouvimos falar a seu respeito, não deixamos de orar por vocês... v.9

A estadia da menininha se estendeu até o Natal. Uma enfermeira sugeriu colocar um tipo de caixa de correio do lado de fora do quarto para que a família pudesse enviar cartas de oração e encorajamento. Depois, o apelo chegou ao *Facebook*, e foi quando o volume de correspondências de amigos e estranhos surpreendeu todos, principalmente a garotinha Rúbia. A cada carta recebida (mais de 100 mil no total), Rúbia se tornava mais animada, e ela finalmente foi para casa.

A carta de Paulo à igreja de Colossos era exatamente isso: uma carta (v.2). Palavras escritas numa página que levaram a esperança de que pudessem dar bons frutos, conhecimento, força, perseverança e paciência (vv.10,11). Você consegue imaginar como essas palavras foram uma boa dose de remédio para os fiéis de Colossos? Só o fato de saberem que alguém estava orando sem cessar por eles os fortaleceu para que ficassem firmes na fé em Cristo Jesus.

Nossas palavras de ânimo podem ajudar dramaticamente as pessoas necessitadas.

JB

De que forma as palavras dos outros o encorajaram?
Que oportunidades tenho de ofertar a alguém
a "carta" com o encorajamento necessário?

Deus, traz à minha mente alguém que precise de ânimo.
E ajuda-me a agir sob a Tua orientação.

Sacrifício vivo

Minha tia-avó tinha um excelente trabalho na área de publicidade e viajava bastante. No entanto, ela optou por desistir da carreira por amor aos pais. Eles viviam em outro estado e precisavam de cuidados. Os irmãos dela haviam morrido jovens em circunstâncias trágicas, e ela era a única filha viva. Para ela, servir aos pais era uma expressão da sua fé.

LEITURA:
Romanos 12:1-8

...suplico-lhes que entreguem seu corpo a Deus [...] Que seja um sacrifício vivo e santo... v.1

A carta do apóstolo Paulo para a igreja de Roma aconselhava os cristãos a serem um "sacrifício vivo e santo, do tipo que Deus considera agradável" (v.1). Ele esperava que levassem o amor sacrificial de Cristo uns aos outros. E pediu para que os romanos não se considerassem melhores do que deveriam (v.3). Quando se envolveram em desacordos e divisões, Paulo os conclamou a deixar o orgulho, dizendo: "somos membros diferentes do mesmo corpo, e todos pertencemos uns aos outros" (v.5). Ele ansiava que esses cristãos demonstrassem amor sacrificial uns aos outros.

A cada dia, temos a oportunidade de servir aos outros. Por exemplo, podemos deixar alguém passar à nossa frente numa fila ou, como minha tia-avó, cuidar de um enfermo. Ou talvez compartilhemos nossa experiência ao dar conselhos e orientações. Quando nós nos oferecemos como sacrifício vivo, honramos a Deus.

ABP

Senhor Jesus Cristo, foste humilhado e entregaste a Tua vida para que eu vivesse. Que eu jamais esqueça desse dom mais precioso de graça e amor.

Quando servimos aos outros em nome de Jesus, agradamos a Deus.

Ele segura a nossa mão

A **garotinha que** descia a escada da igreja num domingo era fofa, corajosa e independente. De degrau a degrau, a criança, que não parecia ter mais de 2 anos, caminhava para o andar de baixo. Descer as escadas era sua missão, e ela conseguiu realizá-la. Sorri para mim mesmo ao pensar na independência ousada da corajosa menininha. A criança não tinha medo porque sabia que os olhos atentos da mãe estavam sobre ela, e que a mão de amor da mãe estava estendida para ajudá-la. Isso adequadamente retrata a prontidão do Senhor em ajudar os Seus filhos à medida que eles caminham pela vida com tantas incertezas.

LEITURA:
Isaías 41:8-13

...Eu o fortalecerei e o ajudarei; com minha vitoriosa mão direita o sustentarei. v.10

A passagem bíblica de hoje inclui duas referências a "mão". Depois de aconselhar Seu povo a não temer nem desanimar, o Senhor lhes disse: "com minha vitoriosa mão direita o sustentarei" (v.10). Muitas crianças ansiosas e temerosas têm sido sustentadas pela força dos pais. Nisso o poder de Deus se revela. Na segunda referência a "mão", é o Senhor quem age para garantir a segurança dos Seus. "Pois eu o seguro pela mão direita, eu o SENHOR, seu Deus" (v.13). Embora as situações e fases da vida mudem, o Senhor não muda. Não precisamos nos desesperar (v.10), porque Ele ainda nos garante a promessa do Seu sustento e as palavras que desesperadamente precisamos ouvir: "Não tenha medo" (vv.10,13). *ALJ*

Pai, agradeço-te por sempre cuidares de mim.

Acesse: paodiario.org/Navegando pelas águas turbulentas da vida

Com a mão de Deus segurando a minha, estou protegido!

Vivendo na história de Deus

Perguntaram a Ernest Hemingway se ele poderia escrever uma história envolvente em sete palavras. A resposta dele: "À venda: sapatinhos de bebês. Nunca usados". A história de Hemingway é poderosa porque nos inspira a completar os detalhes. Será que o bebê saudável já não precisava dos sapatinhos? Ou houve uma perda trágica, algo que precisasse do amor e do consolo de Deus?

LEITURA:
Romanos 13:8-14

A noite está quase acabando, e logo vem o dia. v.12

As melhores histórias atiçam a nossa imaginação; por isso, não é surpresa que a maior história já contada acenda a chama da imaginação. A história de Deus tem uma trama central: Ele criou todas as coisas; nós (a raça humana) caímos em pecado; Jesus veio ao mundo, morreu e ressuscitou para nos salvar dos nossos pecados; e hoje esperamos a Sua volta e a restauração de todas as coisas.

Sabendo o que veio antes e o que está para vir, como devemos viver o hoje? Se Jesus está resgatando toda a Sua criação das garras do mal, devemos deixar "de lado as obras das trevas" (v.12). Isso inclui afastar-se do pecado pelo poder de Deus e escolher amar a Ele e aos outros (vv.8-10).

As formas específicas pelas quais lutamos com Jesus contra o mal vão depender dos dons que temos e das necessidades que vemos. Usemos a imaginação e olhemos ao nosso redor. Procuremos os feridos e os que choram e levemos o amor, a justiça e o consolo de Deus conforme Ele nos guiar.

MEW

Pai, que o Teu reino venha sobre mim.

Desempenhe o seu papel na história de Deus conforme Ele o conduz.

Reverência silenciosa

Minha vida muitas vezes é frenética. Saio correndo de um compromisso para o seguinte, retornando as chamadas e conferindo a lista de tarefas no caminho. Um domingo, completamente exausta, desmoronei na rede do jardim. Meu celular estava dentro de casa; meu marido e meus filhos, também. Eu tinha planejado me sentar lá por um momento, mas comecei a notar coisas que me convidavam a me demorar mais. Pude ouvir o ruído do vai-e-vem da rede, o zumbido de uma abelha numa flor próxima e as batidas das asas de um pássaro. O céu estava azul, e as nuvens se moviam com o vento.

LEITURA:
Salmo 104:10-24

Ó SENHOR, que variedade de coisas criaste! Fizeste todas elas com sabedoria; a terra está cheia das tuas criaturas. v.24

Comovi-me e chorei em reação a tudo o que Deus criou. Quando consegui assimilar tanta coisa maravilhosa com a visão e a audição, fui tocada para louvar o poder criativo de Deus. O autor do Salmo 104 estava igualmente quebrantado pela obra das mãos do Criador, percebendo que Deus "enche a terra com o fruto do [seu] trabalho" (v.13).

Em meio a uma vida de preocupações, um momento de tranquilidade pode nos lembrar da força criativa de Deus! Ele nos cerca com provas do Seu poder e ternura; Ele criou tanto as altas montanhas quanto os galhos para os pássaros. "Fizeste todas elas com sabedoria..." (v.24).

KHH

Senhor, a Tua criação me maravilha. Fizeste todas as coisas com o Teu poder sem limites, convidando-nos a desfrutar a beleza com a qual nos cercas. Ajuda-me a notar as Tuas obras e adorar-te em momentos de silêncio.

Somos cercados pelo poder criativo de Deus.

O espírito da Fika

A cafeteria da cidade perto da minha casa se chama *Fika*. É uma palavra sueca que significa fazer uma pausa com café e bolo, sempre na companhia da família, de colegas de trabalhos ou amigos. Eu não sou sueca, mas o espírito da *fika* descreve o que eu mais amo em Jesus: Sua prática de tomar o pão para comer e relaxar com os outros.

LEITURA:
Lucas 24:28–35

Quando estavam à mesa, ele tomou o pão e o abençoou. Depois, partiu-o e lhes deu. v.30

Os estudiosos dizem que as refeições de Jesus não eram aleatórias. O teólogo Mark Glanville as chama de "o segundo prato principal" das festividades e celebrações de Israel no Antigo Testamento. À mesa, Jesus vivia o que Deus havia planejado para Israel: "um centro de alegria, celebração e justiça para o mundo inteiro".

Desde alimentar 5.000 pessoas à Última Ceia e até à refeição com dois cristãos após ter ressuscitado (v.30) —, o ministério de "mesa" de Jesus nos convida a fazer uma pausa em nossos constantes esforços e permanecer nele. De fato, os dois cristãos só o reconheceram como o Senhor ressurreto depois de comer com Ele: "...ele tomou o pão e o abençoou. Depois, partiu-o e lhes deu. Então os olhos deles foram abertos..." (vv.30,31) para o Cristo vivo.

Sentada com uma amiga recentemente na *Fika*, tomando um chocolate quente com pãezinhos, nos vimos falando de Jesus. Ele é o Pão da Vida. Que nos demoremos à Sua mesa e encontremos mais dele.

PR

Senhor, agradeço-te por teres criado
o tempo e o espaço para permanecermos à Tua mesa.

Arranje tempo para nutrir-se do Pão da Vida.

Eliminando informações ruins

Durante uma viagem, minha esposa e eu contratamos um táxi para uma corrida curta do nosso hotel a um restaurante cubano. Após explicar os detalhes para o aplicativo, engoli em seco quando a tela revelou o preço da corrida: era caríssimo, uns 5.000 reais! Depois do susto, percebi que eu tinha pedido uma corrida para casa, que ficava a centenas de quilômetros de distância!

LEITURA:
Provérbios 23:9-12

Dedique-se à instrução; ouça atentamente as palavras de conhecimento. v.12

Se trabalhar com as informações erradas, você vai terminar com resultados desastrosos. *Sempre*. É por isso que Provérbios nos encoraja: "Dedique-se à instrução; ouça atentamente as palavras de conhecimento" (v.12). Se buscarmos conselhos com os tolos, os que fingem saber mais do que sabem e que dão as costas para Deus, teremos problemas. Esse tipo de pessoa "despreza até os conselhos mais sensatos" e pode nos desviar com conselhos inúteis, equivocados ou até enganosos (v.9).

"Ouça atentamente as palavras de conhecimento" (v.12). Podemos abrir o nosso coração e receber instruções libertadoras de Deus, palavras de clareza e esperança. Quando ouvimos aqueles que conhecem os profundos caminhos de Deus, eles nos ajudam a receber e a seguir a sabedoria divina. E a sabedoria de Deus nunca nos desviará, mas sempre nos animará e nos conduzirá à vida e à plenitude.

WC

Deus, inclina os meus ouvidos e o meu coração à Tua sabedoria. Ajuda-me a me abrir para a Tua verdade e a me afastar de qualquer tipo de insensatez.

A sabedoria do tolo sempre leva a um beco sem saída, mas a sabedoria de Deus sempre abre novos horizontes.

Dos lábios dos bebês

Depois de ver Vivian, de 10 anos, usar um galho como microfone para imitar um pregador, Michele decidiu lhe dar a chance de "pregar" em sua vila no Sudão. Vivian aceitou, e a missionária Michele escreveu: "A multidão ficou em êxtase. [...] Uma menininha que fora abandonada se levantara diante de todos com a autoridade de uma filha do Rei, compartilhando poderosamente a realidade do Reino de Deus. Muitas pessoas foram à frente para receber Jesus" (Michele Perry, *Love Has a Face*, O amor tem um rosto).

LEITURA:
Mateus 21:14-16

Dos lábios das crianças e dos recém-nascidos firmaste o teu nome como fortaleza...
Salmo 8:2 (NVI)

Naquele dia, as pessoas não esperavam a pregação de uma criança. O incidente me traz à mente a frase "dos lábios das crianças", extraída do Salmo 8. Davi escreveu: "Dos lábios das crianças e dos recém-nascidos firmaste o teu nome como fortaleza, por causa dos teus adversários" (v.2). Jesus mais tarde citou esse verso em Mateus 21:16, após os sacerdotes e escribas criticarem as crianças que louvavam a Jesus no Templo de Jerusalém. As crianças eram um incômodo para esses líderes. Citando essa passagem das Escrituras, Jesus mostrou que Deus levava a sério o louvor das crianças. Elas faziam o que os líderes não estavam dispostos a fazer: glorificar o tão esperado Messias.

Como Vivian e as crianças no Templo mostraram, Deus pode usar até uma criança para glorificá-lo. Do coração delas, corre uma fonte de louvor.

LMW

Como posso oferecer louvor a Deus hoje?
Por que Ele é digno do meu louvor?

Senhor, ajuda-me a ter o coração disposto como o de uma criança no que se refere a louvar-te.

Ótima notícia!

Após frequentar um seminário sobre o fortalecimento dos laços familiares, um grupo de detentos recebeu a visita das famílias. Alguns não viam os filhos havia anos. Em vez de conversar através de um painel de vidro, eles puderam abraçar seus entes queridos. À medida que as famílias se uniram, as feridas começaram a cicatrizar.

LEITURA:
Salmo 51:1-7

Tem misericórdia de mim, ó Deus, por causa do teu amor... v.1

Para aquelas famílias, o ato de abraçar-se foi algo poderoso e, para algumas, o início do processo de perdão e reconciliação.

O perdão e a oferta de reconciliação de Deus, possíveis por intermédio de Jesus, são mais do que um simples fato da fé cristã. A reconciliação daqueles detentos nos lembra de que o sacrifício de Jesus é a melhor notícia não apenas para o mundo, mas para você e para mim.

No entanto, essa é a notícia à qual podemos nos agarrar desesperadamente nos momentos que somos oprimidos pela culpa ou por termos feito algo que não deveríamos. É a misericórdia infinita de Deus que se torna uma notícia pessoal: por Jesus ter morrido em nosso favor, podemos ir ao Pai purificados, "mais brancos que a neve" (v.7). Em tais momentos, quando sabemos que não merecemos a Sua misericórdia, podemos tomar posse da única coisa da qual podemos depender: do amor e da compaixão de Deus (v.1).

LK

Pai, perdoa-me se subestimei o Teu amor e a Tua misericórdia.
Agradeço-te por essa maravilhosa dádiva e o privilégio
que não mereço, mas que prometeste incondicionalmente.

O perdão não é apenas uma grande notícia.
É uma dádiva maravilhosa e é concedido individualmente!

Na estrada de Damasco

Quando Paulo se dirigia a Jerusalém pela estrada de Damasco, vemos algo que se repete em nossos caminhos até hoje: pecadores, que sabem muito sobre Deus, mas que têm o coração endurecido a Ele. Sua religiosidade os impede de se aproximarem do Senhor.

LEITURA:
Atos 9:1-9; 26:1-18

"Então perguntei: 'Que devo fazer, Senhor?'". 22:10

Na mesma estrada, Jesus se revela de várias maneiras. Paulo estava perseguindo os cristãos para lançá-los na prisão. Mal sabia que Deus também estava à "caça" dele, assim como também o Senhor nos busca. Era pleno meio-dia, e Jesus lhe aparece numa luz tão radiante que assustou todos os que o acompanhavam e derrubou Paulo por terra. E o Mestre se dirige pessoalmente a ele: "Saulo, Saulo...".

Na estrada de Damasco, vemos um homem religioso, mas equivocado, se rendendo a Cristo. Quando confrontado com o seu pecado, logo perguntou: "Que devo fazer, Senhor?" (ATOS 22:10). E a partir desse momento sua vida muda completamente.

Fui criado na igreja e era um bom religioso, porém, nunca havia me rendido a Jesus. Ainda jovem participei de um congresso, no qual o pregador trouxe uma mensagem em que o Senhor falou ao meu coração. No entanto, só me entreguei a Jesus mais tarde, quando estava sozinho em meu quarto de pensão em Belo Horizonte. Isso aconteceu na estrada da vida de Paulo e no meu caminho também. E na estrada da sua vida, o que acontecerá?

JPS

Senhor, que os caminhos de minha vida sempre me dirijam para mais perto de ti.

Procurando o tesouro

Tesouro enterrado; parece algo extraído de um livro infantil. Mas o excêntrico milionário Forrest Fenn afirma ter um baú de joias e ouro avaliado em mais de dois milhões de dólares em algum lugar nas montanhas. Muitas pessoas já saíram à procura desse baú. Na realidade, quatro pessoas já perderam a vida tentando encontrar essas riquezas escondidas.

LEITURA:
Provérbios 4:5-19

Pois a sabedoria dá mais lucro que a prata e rende mais que o ouro. 3:14

O autor de Provérbios nos dá motivos para pensar: Será que há um tesouro que mereça tal busca? Em Provérbios 4, um pai escrevendo aos filhos sobre como viver bem, sugere que a sabedoria é algo que merece ser buscado a qualquer custo (v.7). A sabedoria, segundo ele, nos conduzirá pela vida, impedindo que tropecemos, e nos coroará com honra (vv.8-12). Escrevendo centenas de anos depois, Tiago, um dos discípulos de Jesus, também enfatizou a importância da sabedoria: "a sabedoria que vem do alto é, antes de tudo, pura. Também é pacífica, sempre amável e disposta a ceder a outros. É cheia de misericórdia e é o fruto de boas obras. Não mostra favoritismo e é sempre sincera" (TIAGO 3:17). Quando a buscamos, achamos todos os tipos de coisas boas florescendo em nossa vida.

Por fim, buscar sabedoria é buscar a Deus, a fonte de toda a sabedoria e entendimento. E a sabedoria que vem do alto vale mais do que qualquer tesouro escondido que possamos imaginar. *ALP*

Você está buscando a sabedoria de Deus?
Como pode buscá-la ainda hoje?

Deus, ensina meu coração a desejar a sabedoria e meus pés a andar em Teus caminhos.

Propósito na dor?

Quando Siu Fen descobriu que tinha insuficiência renal e precisaria de diálise pelo resto da vida, pensou em desistir. Aposentada e solteira, a cristã de longa data não viu motivos para prolongar sua vida. Mas os amigos a convenceram a perseverar, a fazer diálise e a confiar que Deus a ajudaria.

LEITURA:
2 Coríntios 1:3-7

Ele nos encoraja em todas as nossas aflições, para que [...] possamos encorajar outros quando eles passarem por aflições. v.4

Dois anos depois, sua experiência lhe foi útil ao visitar uma amiga da igreja com uma doença incapacitante. A mulher se sentia só, e poucos conseguiam de fato entender sua situação. Mas Siu Fen se identificou com a dor física e emocional e conectou-se com ela de forma pessoal. Sua própria jornada permitiu que ela caminhasse com aquela mulher, dando-lhe uma medida especial de conforto que os outros não conseguiam lhe dar, e disse: "Agora vejo que Deus ainda pode me usar".

Pode ser difícil entender o motivo de sofrermos, porém Deus pode usar a nossa aflição de maneiras inesperadas. Quando buscamos no Senhor o consolo e o amor em meio às provações, também somos capacitados a ajudar os outros. Não é de se admirar que Paulo tenha aprendido a ver propósito no próprio sofrimento: isso lhe dava a oportunidade de receber o consolo de Deus, o qual ele poderia usar para abençoar os outros (vv.3-5). Não devemos negar a dor ou o sofrimento, mas podemos crer na capacidade divina de usá-los para o bem.

LK

Como Deus o usa para levar conforto a outros?
A sua fé o ajuda a perseverar?

Senhor, ajuda-me a continuar confiando em ti e a compartilhar o Teu amor e conforto.

Aqui conosco

Ela olhava fixamente para a prateleira superior na qual se encontravam os vidros com molho. Permaneci ao seu lado por um ou dois minutos olhando a mesma prateleira, tentando decidir. Mas ela parecia alheia à minha presença, perdida na situação. Não tenho problemas com prateleiras superiores, porque sou um homem alto, mas ela era mais baixa. Então lhe ofereci ajuda e, surpresa, ela me disse: "Nem o vi! Sim, quero ajuda, por favor".

LEITURA:
Mateus 14:13-21

Eles responderam: "Temos apenas cinco pães e dois peixes!". v.17

Os discípulos tinham um enorme problema nas mãos: multidões famintas, um local afastado e o tempo passando — "...está ficando tarde. Mande as multidões embora para que possam ir aos povoados e comprar comida" (v.15). Quando foram desafiados por Jesus para tomar conta das pessoas, eles responderam: "Temos apenas..." (v.17). Eles pareciam ter consciência só do que não tinham. Mas, ao lado deles, estava Jesus, aquele que não era apenas o multiplicador de pães, mas o próprio Pão da Vida.

Às vezes, tentando compreender os desafios da vida com a nossa perspectiva limitada, podemos perder de vista a presença de Cristo. Das remotas encostas aos corredores do mercado e em todos os lugares, Ele é Emanuel — Deus conosco, uma ajuda sempre presente na tribulação.

JB

Como você pode aumentar a sua percepção da presença de Jesus?
Por que é fundamental que tenhamos
Sua perspectiva sobre o que estamos enfrentando?

Saiba mais sobre a vida de Cristo em nosso site: paodiario.org

Onde quer que estejamos e o que quer que enfrentemos, Deus está conosco.

Quando você não é escolhido

Meu amigo postou no *Facebook* a conclusão de um projeto, e muitos o parabenizaram. Mas, para mim, aquilo foi uma facada no coração. O projeto era meu. Eu fora deixado de lado e não sabia o porquê.

Pobre José. Ele não foi escolhido por Deus e sabia por qual motivo. José foi um dos dois interessados em substituir Judas. Os discípulos oraram: "Senhor, tu conheces cada coração. Mostra-nos qual destes homens escolheste" (v.24). Deus escolheu o outro e anunciou Sua decisão: "Matias foi escolhido" (v.26).

LEITURA:
Atos 1:15-26

Então lançaram sortes e Matias foi escolhido como apóstolo... v.26

Penso na reação de José enquanto os discípulos parabenizavam Matias. Como ele lidou com a rejeição? Sentiu-se abandonado, mergulhou na autocomiseração e se distanciou dos outros? Ou confiou em Deus e alegremente permaneceu num cargo de apoio?

Sei qual é a melhor opção. E sei a opção que eu escolheria. Que constrangedor! Se você não me quer, tudo bem. Vejamos como vocês se saem sem mim. Essa escolha pode parecer melhor, mas apenas por ser egoísta.

José não é mencionado de novo nas Escrituras; portanto, não sabemos como ele reagiu. O mais importante é como reagimos quando não somos escolhidos. Que possamos lembrar que o reino de Jesus importa mais do que o nosso sucesso pessoal, e que possamos servir alegremente em qualquer cargo que Ele escolha.

MEW

Como você se sente quando não é escolhido ou é deixado de lado? Como a sua atitude pode lhe impedir de ver a direção de Deus para a sua vida?

Pai, contanto que eu possa te servir em Teu reino, não importa como ou onde.

O retorno dos investimentos

Em 1995, os investidores da bolsa norte-americana tiveram um recorde de lucros: em média, 37,6%. Depois, em 2008, quase perderam a mesma porcentagem: negativos 37%. Durante esse período de 13 anos, os lucros variaram, levando quem tinha dinheiro aplicado a imaginar o que aconteceria com o seu investimento.

LEITURA:
Marcos 10:17-31

"Deixamos tudo para segui-lo." v.28

Jesus garantiu aos Seus seguidores que teriam um retorno incrível ao investirem sua vida nele. Eles deixaram tudo para segui-lo — a casa, o emprego, o status e a família —, aplicando a própria vida como investimento (v.28). Mas, depois de ver um rico lidando com o poder que as riquezas exerciam sobre ele, questionaram se esse investimento geraria frutos. Jesus respondeu que qualquer um disposto a sacrificar-se por Ele receberia "em troca, neste mundo, cem vezes mais [...] e, no mundo futuro [...] a vida eterna" (v.30). Esse é um resultado muito melhor do que qualquer mercado financeiro jamais proporcionaria.

Não temos de nos preocupar com a "taxa de juros" dos nossos investimentos espirituais — com Deus, o lucro é incomparável. Com dinheiro, queremos o lucro máximo. Com Deus, o que recebemos não se mede monetariamente, mas em alegria por conhecê-lo hoje e sempre e poder compartilhar isso com os outros!

KHH

O que você pode "investir" em Deus hoje — incluindo o seu tempo, talentos ou bens materiais? De que maneira você se alegra em seu relacionamento com Jesus?

Viver para Deus é um investimento valioso.

Fugindo dos ruídos extras

Há alguns anos, a reitora de uma faculdade sugeriu que os alunos fizessem uma "desaceleração" certa noite. Mesmo concordando, eles relutaram em deixar o celular de lado ao entrar na capela. Durante uma hora, sentaram-se em silêncio num culto de louvor e oração. Posteriormente, um participante descreveu a experiência como "uma oportunidade maravilhosa de se acalmar [...] uma ocasião de se desligar de todo barulho extra".

LEITURA:
1 Reis 19:9-13

E, depois do fogo, veio um suave sussurro. v.12

Às vezes, é difícil fugir do "ruído extra". O clamor do mundo interior e exterior pode ser ensurdecedor. Mas, quando estamos dispostos a "desacelerar", entendemos o lembrete do salmista sobre a necessidade de nos aquietarmos para saber quem é Deus (SALMO 46:10). Em 1 Reis 19, descobrimos que, quando o profeta Elias buscou o Senhor, não o encontrou no caos do vento nem no terremoto nem no fogo (vv.9-13). Elias ouviu o suave sussurro de Deus (v.12).

Os ruídos extras fazem parte praticamente de todas as comemorações. Quando famílias e amigos se reúnem, é provável que haja conversas animadas, comida em excesso, riso barulhento e doces expressões de amor. Mas quando abrimos silenciosamente o coração, descobrimos que o tempo com Deus é ainda mais doce. Como Elias, somos mais propensos a encontrar Deus na quietude. E, às vezes, se estivermos atentos, também ouviremos esse sussurro suave.

CHK

Você quer aproximar-se de Deus?
Como você pode "desacelerar"?

É no silêncio que somos mais propensos a ouvir o sussurro suave de Deus.

Suave, mas poderoso

Quando a ocupação inimiga aumentou na Holanda, Anne Frank e sua família se mudaram para um esconderijo para fugir do perigo. Eles permaneceram escondidos por dois anos durante a Segunda Guerra antes de serem enviados aos campos de concentração. Mesmo assim, Anne escreveu no que se tornou o famoso *Diário de Anne Frank* (Ed. Record, 2014): "A longo prazo, o espírito bondoso e gentil é a arma mais brutal de todas".

LEITURA:
Isaías 40:10,11

Que todos vejam que vocês são amáveis em tudo que fazem. Filipenses 4:5

A gentileza pode ser uma questão complicada quando lidamos com a vida real.

Em Isaías 40, temos a imagem de Deus como gentil e poderoso. "Como pastor [...] levará os cordeirinhos nos braços" (V.11). Mas isso vem depois de: "o SENHOR Soberano vem com poder; com braço forte governará" (V.10). Todo-poderoso, mas gentil quando se trata de proteger os vulneráveis.

Pense em Jesus, que brandiu o chicote ao virar as mesas dos cambistas no Templo, mas também cuidou gentilmente das crianças! Ele usou palavras poderosas para denunciar os fariseus (MATEUS 23), mas perdoou a mulher que carecia de Sua misericórdia (JOÃO 8:1-11).

Há momentos de defendermos os fracos e desafiarmos outros a buscarem justiça, mas também deixar que todos vejam "que vocês são amáveis em tudo que fazem" (V.5). Ao servirmos a Deus, às vezes nossa maior força revela um coração bondoso com os necessitados.

JDB

É possível promover justiça e misericórdia sendo gentil?
Como o Espírito Santo nos ajuda a sermos gentis e poderosos?

A gentileza nos ajuda a defender um ponto de vista sem fazer um inimigo.

Acolhendo estrangeiros

Quando os meus amigos moraram na Moldávia, um dos países mais pobres da Europa, ficaram impressionados com a recepção calorosa que tiveram, especialmente por parte dos cristãos. Uma vez, levaram algumas provisões para um casal pobre da igreja que abrigava diversas crianças. O casal os tratou como hóspedes de honra, dando-lhes chá e algo para comer. Saíram dali maravilhados com a hospitalidade e levando os presentes de frutas e legumes.

LEITURA:
Dt 10:12-19

...amem também os estrangeiros, pois, em outros tempos, vocês foram estrangeiros na terra do Egito. v.19

Esses cristãos praticam a hospitalidade ordenada por Deus que instruiu o Seu povo a viver "de maneira agradável a ele e que ame e sirva o SENHOR, seu Deus, de todo o coração e de toda a alma" (v.12). Como os israelitas conseguiram praticar essa ordenança? Lemos a resposta alguns versículos depois: "amem também os estrangeiros, pois, em outros tempos, vocês foram estrangeiros na terra do Egito" (v.19). Ao acolhê-los, serviam e honravam a Deus; e estendendo-lhes amor e cuidado, demonstravam a confiança no Senhor.

Nossas circunstâncias podem ser diferentes da dos moldávios ou dos israelitas, mas também podemos demonstrar o amor de Deus por meio da nossa hospitalidade. Abrindo o nosso lar ou cumprimentando com um sorriso, podemos estender o cuidado e a hospitalidade de Deus a um mundo solitário e ferido.

ABP

Como o dom da hospitalidade o encoraja?
Ao pensar em acolher alguém, quem lhe vem à mente?

Os cristãos demonstram o amor de Deus por meio do dom da hospitalidade.

A maior missão de resgate

Em 1952, uma tempestade violenta avariou o petroleiro SS Pendleton a 16 km da costa de Massachusetts, EUA. Mais de 40 marinheiros ficaram presos na popa do navio que afundava em meio a ventos intensos e ondas violentas.

LEITURA:
Lucas 19:1-10

...o Filho do Homem veio buscar e salvar os perdidos. v.10

Quando a notícia do desastre chegou ao posto da Guarda Costeira, o tenente Bernie Webber reuniu três homens e, num barco salva-vidas, tentou salvar a tripulação mesmo contra todas as probabilidades de sucesso — e resgatou 32 dos marinheiros. Seu feito corajoso foi considerado um dos maiores resgates da história da Guarda Costeira americana e foi o tema do filme *Horas Decisivas*.

Em Lucas 19:10, Jesus declarou a Sua missão de resgate: "o Filho do Homem veio buscar e salvar os perdidos". A cruz e a ressurreição se tornaram a expressão principal desse resgate, uma vez que Jesus levou sobre si os nossos pecados e restaurou ao Pai todos os que confiam nele. Por 2.000 anos, as pessoas aceitam a Sua oferta de vida abundante hoje e, eterna amanhã. Resgatados!

Como seguidores de Jesus, temos o privilégio, com a ajuda do Espírito Santo, de nos juntar ao nosso Salvador na maior missão de resgate de pessoas. Quem na sua vida precisa do Seu amor? Permita-nos, Pai, ver o mundo como tu o vês e participar da Tua eterna missão de resgate.

WEC

Como as maneiras de Deus resgatar tocam a sua vida? O que o ajudará a efetivamente compartilhar o Seu plano de resgate com os outros?

Pai, concede-nos a compaixão por quem nos cerca e ajuda-nos a sermos os Teus instrumentos para alcançá-los para ti.

A BÍBLIA em UM ANO:
DEUTERONÔMIO 14–16; MARCOS 12:28-44

Afastados

Em 1770, a casca do pão era usada para apagar marcas no papel. Pegando um pedaço de borracha de látex por engano, o engenheiro Edward Nairne descobriu que esse material apagava, deixando "partículas" que eram facilmente afastadas com a mão.

LEITURA:
Isaías 43:25; 44:21-23

Afastei seus pecados para longe como uma nuvem; dispersei suas maldades como a névoa da manhã. 44:22

No nosso caso, os piores erros da nossa vida também podem ser afastados. É o Senhor — o Pão da Vida — que os limpa com a sua própria vida, prometendo nunca se lembrar dos nossos pecados: "Eu, somente eu, por minha própria causa, apagarei seus pecados e nunca mais voltarei a pensar neles" (ISAÍAS 43:25).

Isso pode parecer ser um reparo extraordinário — e não merecido. Para muitos, é difícil acreditar que os nossos pecados do passado possam ser dispersos por Deus "como a névoa da manhã". Será que Deus, que conhece todas as coisas, pode esquecê-los tão facilmente?

É exatamente o que Deus faz quando aceitamos Jesus como nosso Salvador. Escolhendo perdoar os nossos pecados e nunca mais voltar a pensar neles, nosso Pai celestial nos libera para prosseguirmos. Não mais afastados pelos erros do passado, somos livres dos resíduos e purificados para servir hoje e para sempre.

Sim, as consequências podem permanecer. Mas Deus afasta o pecado, convidando-nos a buscar nele uma nova vida purificada. Não existe forma melhor de ser purificado.

PR

Há coisas que você tem dificuldade de esquecer?
Peça que Deus o ajude a apoderar-se de Sua palavra.

O Senhor afasta os pecados, apaga o passado e concede nova vida. Esse perdão concede vida.

Espere atrasos

Eu já estava atrasado, mas a placa à frente me instruía a ajustar minhas expectativas: "Possíveis atrasos". O tráfego estava lento. Dei risada, pois espero que tudo funcione no meu cronograma ideal; não espero obras na estrada.

Num nível espiritual, poucos de nós planejamos crises que desacelerem ou redirecionem a nossa vida. Ao pensar nisso, lembro-me de muitas vezes em que as circunstâncias me redirecionaram. Atrasos acontecem.

LEITURA:
Provérbios 16:1-3, 9

É da natureza humana fazer planos, mas é o SENHOR quem dirige nossos passos. v.9

Salomão nunca viu uma placa dessas, mas, em Provérbios 16, ele contrasta nossos planos com a direção de Deus. Uma versão bíblica parafraseou o verso 1: "As pessoas podem fazer seus planos, porém é o SENHOR Deus quem dá a última palavra". E reafirma essa ideia no verso 9: "A pessoa faz os seus planos, mas quem dirige a sua vida é Deus". Em outras palavras, temos ideias do que deveria acontecer, mas, às vezes, Deus tem outro caminho para nós.

Como eu perco de vista essa verdade espiritual? Eu faço planos, mas me esqueço às vezes de lhe perguntar quais são os Seus planos. E me frustro com as interrupções.

Mas, em vez dessa preocupação, que possamos, como ensina Salomão, simplesmente confiar que Deus nos guia, passo a passo, quando o buscarmos em oração, esperando Sua direção e permitindo-lhe continuamente nos redirecionar.

ARH

Como você enfrenta os atrasos e retornos inesperados? Quando surgem as frustrações, o que o ajuda a voltar-se para Deus e a confiar mais nele?

Substitua a ansiedade pela confiança. Deus guiará o seu caminho.

Sem-teto por opção

Desde 1989, o diretor-executivo Keith Wasserman decidiu viver como um sem-teto por alguns dias todos os anos a fim de crescer em amor e compaixão. "Vou viver nas ruas para expandir os meus horizontes e a compreensão sobre as pessoas que não têm onde morar", disse Keith.

LEITURA:
Hebreus 2:9-18

...ele próprio passou por sofrimento e tentação, é capaz de ajudar aqueles que são tentados. v.18

Fico me questionando se a abordagem dele de tornar-se igual às pessoas que ele serve não seja talvez uma pequena amostra do que Jesus fez por nós. O próprio Deus, o criador do Universo, escolheu limitar-se ao estado de bebê, viver como ser humano e morrer nas mãos de homens para que tenhamos um relacionamento com o Senhor.

O autor de Hebreus afirmou que Jesus "também se tornou carne e sangue [...] e, somente ao morrer, destruiria o diabo, que tinha o poder da morte" (v.14). Jesus fez-se inferior aos anjos mesmo sendo o seu Criador (v.9). Tornou-se humano e morreu mesmo sendo imortal. E sofreu por nós mesmo sendo o Deus Todo-poderoso. Por quê? Para nos auxiliar nas tentações e nos reconciliar com Deus (vv.17,18).

Que experimentemos o amor de Deus hoje, sabendo que o Senhor entende a nossa humanidade e já ofereceu o caminho para sermos purificados dos pecados.

EPE

Você já foi até Jesus e provou o Seu amor e perdão?
Se sim, como isso impacta a sua vida hoje?
Se não, você quer conhecê-lo como Salvador ainda hoje?

Jesus, não posso compreender o que foi preciso para abandonares o Teu lar celestial e te tornares um de nós. Agradeço pelo Teu sacrifício.

Vida além da comparação

Num programa de TV, jovens que representavam adolescentes descobriram que as redes sociais desempenham um papel fundamental na maneira como eles determinam o valor próprio. Um deles observou: "O valor próprio [dos alunos] está atrelado às redes sociais — depende de quantas *curtidas* eles conseguem numa foto". Essa necessidade de aceitação pode levar a comportamentos *online* extremos.

LEITURA:
Gênesis 29:31-35

Lia engravidou mais uma vez e deu à luz outro filho. [...] disse: "Agora louvarei ao SENHOR!"... v.35

O anseio por ser aceito sempre existiu. Em Gênesis 29, Lia anseia pelo amor do marido, Jacó, o que se reflete nos nomes dos primeiros três filhos — todos manifestando sua solidão (vv.31-34). Infelizmente, não há indicação de que Jacó lhe tenha dado a aceitação desejada.

Com o nascimento do quarto filho, Lia voltou-se para Deus, dando-lhe o nome de Judá, que significa "louvor" (v.35). Pelo que parece, ela encontrou sua importância em Deus e tornou-se parte da história da salvação divina: Judá foi o ancestral do rei Davi e, depois, de Jesus.

Podemos tentar encontrar nossa relevância em muitas coisas, mas só em Jesus encontramos a nossa identidade como filhos de Deus, co-herdeiros de Cristo e pessoas que viverão para sempre com o Pai celestial. Como Paulo escreveu, nada neste mundo se compara "ao ganho inestimável de conhecer a Cristo Jesus" (FILIPENSES 3:8).

PC

Como você luta para conquistar o seu valor e aceitação?
De que maneira a fé em Jesus abre a porta para conhecer a sua verdadeira identidade?

Pai, apenas no Senhor eu encontro a minha verdadeira identidade e a vida além das comparações!

Continue

Trabalhar no mundo corporativo permitiu que eu interagisse com muitas pessoas talentosas. Entretanto, um projeto liderado à distância foi uma exceção. Apesar do progresso da equipe, o supervisor criticava nosso trabalho durante cada conferência semanal, o que me deixava desencorajada e temerosa. Às vezes, eu sentia vontade de pedir demissão.

LEITURA:
Êxodo 10:21-29

Pela fé, [Moisés] saiu do Egito sem medo da ira do rei...
Hebreus 11:27

É possível que Moisés tivesse sentido vontade de desistir quando encontrou o Faraó durante a praga das trevas. Deus tinha lançado oito outros desastres épicos no Egito, e o Faraó finalmente explodiu: "Fora daqui! [...] nunca mais apareça diante de mim! No dia em que vir meu rosto, você morrerá!" (ÊXODO 10:28).

Apesar da ameaça, Moisés foi usado por Deus para libertar os israelitas do domínio do Faraó. "Pela fé, [Moisés] saiu do Egito *sem medo* da ira do rei e prosseguiu sem vacilar, como quem vê aquele que é invisível" (v.27). Moisés venceu o Faraó por acreditar que Deus manteria a Sua promessa de libertação (ÊXODO 3:17).

Hoje, podemos confiar na promessa de que Deus está conosco em qualquer situação. Seu Espírito nos sustenta. Ele nos ajuda a resistir à pressão da intimidação e das respostas erradas, concedendo-nos poder sobrenatural, amor e domínio próprio (2 TIMÓTEO 1:7). O Espírito provê a coragem que precisamos para prosseguir e seguir a direção de Deus em nossa vida.

JBS

Quais situações o aborrecem?
Como você pode confiar em Deus ao enfrentá-las?

O Senhor nos protege, guia e ajuda a confiarmos nele em todas as situações.

Mais que um símbolo

Prestes a fazer história, o astro do basquete da Universidade de Iowa, Jordan Bohannon, intencionalmente errou o lance livre com o qual teria quebrado um recorde de 25 anos da escola. Por quê? Em 1993, alguns dias depois que Chris Street, também de Iowa, fizera 34 arremessos seguidos, ele perdeu a vida num acidente de carro. Bohannon optou por honrar a memória de Street sem quebrar seu recorde.

LEITURA:
2 Samuel 23:13-17

Sejam humildes e considerem os outros [...] preocupem-se com os interesses alheios.
Filipenses 2:3,4

Bohannon mostrou plena consciência das coisas mais importantes do que o seu próprio sucesso. Vemos valores similares na vida do jovem guerreiro Davi. Escondido numa caverna com seu exército desorganizado, Davi ansiava por beber do poço de sua cidade-natal: Belém. Mas os temidos filisteus tinham ocupado a área (2 SAMUEL 23:14,15).

Num ato incrível de coragem, três guerreiros de Davi "atravessaram as fileiras dos filisteus", pegaram a água e a levaram a Davi. Porém, ele se recusou a bebê-la, mas "derramou-a no chão como oferta ao SENHOR", dizendo: "Ela é tão preciosa quanto o sangue destes homens que arriscaram a vida para trazê-la" (vv.16,17).

Num mundo que frequentemente recompensa os que aproveitam tudo o que conseguem, atos de amor e sacrifício podem ser poderosos! Tais feitos são muito mais do que meros símbolos. *TLG*

Em vez de prosseguir com sua agenda, como você pode valorizar os outros e os seus esforços?
Como os nossos atos de amor refletem o amor do próprio Deus?

O Senhor reorganiza as nossas prioridades para valorizarmos as necessidades de outras pessoas.

Posicionando-se com coragem

Enquanto a maioria dos líderes da igreja alemã se rendeu a Hitler, o teólogo e pastor Martin Niemöller esteve entre os que resistiram ao nazismo. Li uma história que descrevia como, na década de 1970, um grupo de alemães mais idosos ficou do lado de fora de um hotel enquanto alguém que parecia ser um jovem arranjava a bagagem do grupo. Alguém lhes perguntou quem eram. "Pastores alemães", veio a resposta. "E o jovem?" "É Martin Niemöller. Tem 80 anos, mas permaneceu jovem por ser destemido."

LEITURA:
Deuteronômio 31:1-8

Portanto, sejam fortes e corajosos! Não tenham medo e não se apavorem diante deles. v.6

Niemöller não resistiu ao medo por ter algum gene sobre-humano, mas pela graça de Deus. Na realidade, ele havia tido opiniões antissemitas. Mas se arrependeu, e Deus o restaurou para disseminar e viver a verdade.

Moisés encorajou os israelitas a resistirem ao medo e a seguirem o Senhor em verdade. Quando sentiram medo após saber que Moisés logo lhes seria tirado, então o profeta lhes deu uma palavra inabalável: "...sejam fortes e corajosos! Não tenham medo e não se apavorem [...] O SENHOR, seu Deus, irá adiante de vocês" (v.6). Não havia motivo para temerem um futuro incerto por uma única razão: Deus estava com eles.

Independentemente da escuridão que surgir e dos terrores que o bombardearem, Deus é por você. Enfrente os seus medos sabendo que Deus pela misericórdia divina "não os deixará nem os abandonará" (vv.6,8).

WC

Quais medos você está enfrentando?
De que maneira a presença de Deus enche o seu coração de coragem?

Viver sem medo não significa que não sintamos medo, mas que não somos dominados por ele.

Alegria em lugares difíceis

A mensagem de voz da minha amiga terminava com: "Faça o seu dia ser bom!". Ao refletir sobre suas palavras, percebi que não temos o poder de tornar o nosso dia sempre "bom" — algumas circunstâncias são devastadoras. Mas um olhar cauteloso pode revelar algo belo no meu dia, mesmo que as coisas estejam ruins.

LEITURA:
Habacuque 3:16-19

Mesmo assim me alegrarei no SENHOR, exultarei no Deus de minha salvação! v.18

Habacuque não passava por circunstâncias fáceis. Deus lhe havia mostrado dias em que nenhuma das colheitas nem dos rebanhos, dos quais o povo dependia, seria produtivo (v.17). Seria preciso mais do que simples otimismo para suportar as dificuldades que viriam. Israel viveria extrema pobreza, e Habacuque provava o medo que faz o coração palpitar, os lábios estremecerem e as pernas tremerem (v.16).

Mas ele afirmou que se alegraria e exultaria "no SENHOR" (v.18). Assim, proclamou sua esperança no Deus que provê a força para caminharmos em lugares difíceis (v.19).

Às vezes, passamos por fases de dor profunda e dificuldades. Mas não importa o que perdemos, desejamos e nunca tivemos. Como Habacuque, podemos alegrar-nos em nosso relacionamento com o Deus de amor. Mesmo quando parece que nada mais nos resta, Ele nunca falhará nem nos abandonará (HEBREUS 13:5). Aquele que cuida de "todos que choram" é o maior motivo da nossa alegria (ISAÍAS 61:3).

KHH

No seu relacionamento com Jesus, o que lhe dá a maior alegria? Como Ele atendeu as suas necessidades em momentos de sofrimento?

O Senhor é o motivo da alegria dos nossos dias não importam as circunstâncias. Ele é o nosso Ajudador.

Marcados pela Mama

Madeline Harriet Orr Jackson Williams viveu até os 101 anos, enviuvando de dois maridos. Ambos foram pregadores. Madeline era a minha avó, e nós a chamávamos de Mama. Meus irmãos e eu a conhecíamos bem; vivíamos na casa dela até seu segundo marido a levar embora. Mesmo depois disso, permanecemos a menos de 80 km de distância. Vovó cantava hinos de louvor, recitava o catecismo, tocava piano e era uma mulher temente a Deus. Fomos marcados por sua fé.

LEITURA:
2 Timóteo 1:3-7

Você, porém, deve permanecer fiel [...]. Sabe que é a verdade, pois conhece aqueles de quem aprendeu. 3:14

De acordo com 2 Timóteo 1:3-7, a avó de Timóteo, Loide, e a mãe dele, Eunice, tiveram grande influência sobre a vida desse discípulo. Os ensinamentos e a vida delas estavam enraizados nas Escrituras (v.5; 3:14-16), e por fim a fé delas floresceu no coração de Timóteo. Sua criação com base bíblica não foi apenas fundamental para o seu relacionamento com Deus, mas também vital para ele ser útil na obra do Senhor (1:6,7).

Hoje, assim como no tempo de Timóteo, Deus usa homens e mulheres fiéis para influenciar gerações futuras. Nossas orações, palavras, ações e nosso serviço podem ser poderosamente usados pelo Senhor enquanto vivemos e depois que partirmos. É por isso que meus irmãos e eu ainda praticamos coisas que nos foram transmitidas pela Mama. Oro para que o legado dela não pare em nós.

ALJ

Suas orações, palavras, ações e o seu serviço levam aos outros o crescimento em Jesus? Que legado você gostaria de deixar?

Se vivemos para Cristo, podemos deixar um legado para a glória do Senhor e para o crescimento de outros.

Do pranto à adoração

LEITURA:
Salmo 30

Transformaste meu pranto em dança; [...] me vestiste de alegria. v.11

Kelly começou a lutar contra o câncer de mama em 2013. Quatro dias após o fim do tratamento, os médicos a diagnosticaram com uma doença progressiva nos pulmões e lhe deram de três a cinco anos de vida. No primeiro ano, ela chorava em oração diante de Deus. Quando a conheci em 2015, Kelly havia entregado seu problema a Deus e irradiava alegria e paz. Alguns dias ainda são difíceis, porém Deus continua a transformar o sofrimento dela num testemunho de louvor e esperança.

Mesmo em situações graves, Deus pode transformar nosso pranto em dança. Embora a Sua cura nem sempre pareça o que esperamos, podemos confiar nos caminhos do Senhor (vv.1-3). Não importa o quanto o nosso caminho seja marcado por lágrimas, temos inúmeros motivos para louvá-lo (v.4). Podemos ter alegria em Deus, à medida que Ele firma nossa fé (vv.5-7). Podemos clamar por Sua misericórdia (vv.8-10), celebrando a esperança que Ele concedeu a tantos adoradores chorosos. Apenas Deus pode transformar o pranto desesperado em vibrante alegria que independe das circunstâncias (vv.11,12).

Nosso Deus nos consola na tristeza, nos envolve em paz e nos capacita a estender a compaixão a outros e a nós mesmos. Nosso Senhor amoroso e fiel pode e vai transformar nosso pranto em louvor que produz confiança profunda, glorificação e talvez até a alegre dança.

XED

Qual é a fonte de verdadeira paz e alegria?
O que significa para você render-se totalmente a Deus?

Deus nos mantém firmes quando confiamos que Ele pode transformar o nosso pranto em adoração.

Feito à mão para você

Minha avó foi uma costureira talentosa e premiada que, ao longo da minha vida, celebrou ocasiões importantes com presentes feitos à mão: um suéter na formatura, uma colcha no meu casamento. Em cada item customizado, eu encontrava sua etiqueta, que dizia: "Feito pra você pela vovó". Em cada palavra bordada, eu sentia seu amor por mim e recebia uma declaração poderosa de sua fé em meu futuro.

LEITURA:
Efésios 2:4-10

...somos obra-prima de Deus, criados [...] a fim de realizar as boas obras que ele [...] planejou para nós. v.10

Paulo escreveu aos efésios sobre o propósito deles neste mundo, descrevendo-os como "obra-prima de Deus, criados em Cristo Jesus a fim de realizar as boas obras" (2:10). Aqui, a palavra "obra-prima" denota um trabalho ou obra de arte. O apóstolo afirma que a obra-prima de Deus ao nos criar resultaria na nossa obra-prima de criar boas obras — ou expressões do nosso relacionamento restaurado com Cristo Jesus, para a Sua glória no mundo. Jamais poderemos ser salvos pelas nossas boas obras, mas, quando a mão de Deus nos molda para os Seus propósitos, Ele pode nos usar para conduzir outros ao Seu grande amor.

Minha avó produziu itens que transmitiram seu amor por mim e sua paixão para que eu descobrisse meu propósito neste planeta. E, com os dedos moldando os detalhes dos nossos dias, Deus borda Seu amor e Seus propósitos no nosso coração para que possamos experimentá-lo e demonstrar Sua obra-prima aos outros.

ELM

Que boas obras Deus estabeleceu para você fazer?
A quem você pode mostrar o Seu amor hoje?

Agradecemos-te, pois nos criaste para refletirmos a Tua glória ao mundo.

Carregando o fardo dos erros

Em janeiro de 2018, quase 38 anos após sua condenação, Malcolm Alexander saiu da cadeia. A evidência de DNA o inocentou. Ele sempre afirmou a sua inocência em meio aos processos tragicamente injustos. Um advogado de defesa incompetente, evidências fracas e táticas investigativas duvidosas colocaram um inocente na prisão por quase quatro décadas. Ao ser liberto, porém, Alexander demonstrou muita bondade dizendo: "Não dá para sentir raiva. Não há tempo suficiente para isso".

LEITURA:
1 Pedro 3:8-14

Não retribuam mal por mal. v.9

Suas palavras demonstram graça profunda. Se a injustiça nos privasse de 38 anos de nossa vida e destruísse nossa reputação, ficaríamos furiosos. Embora Alexander tenha passado anos dolorosos carregando o fardo de erros não cometidos, ele não foi destruído pelo mal. Em vez de usar sua energia para vingar-se, ele demonstrou a postura que Pedro nos aconselha: "Não retribuam mal por mal, nem insulto com insulto" (v.9).

As Escrituras vão além: em vez de buscar a vingança, o apóstolo diz que devemos abençoar (v.9) e, estendermos o perdão àqueles que nos prejudicaram injustamente. Sem desculpar suas ações ruins, podemos alcançá-los com a misericórdia de Deus. Na cruz, Jesus levou o fardo dos nossos erros. À vista disso, que possamos receber a graça e estendê-la aos outros, mesmo aos que nos prejudicaram.

WC

Sem desculpar suas atitudes ofensivas,
como você pode demonstrar misericórdia aos que o prejudicaram?
O que significa "abençoá-los"?

***É difícil não querer ferir os que nos feriram
se não for pela graça e misericórdia de Deus.***

Obscurecido pelas nuvens

A **superlua rara** apareceu em novembro de 2016: a Lua em sua órbita alcançou o ponto mais próximo da Terra nos últimos 60 anos e pareceu maior e mais brilhante do que das outras vezes. Mas, para mim, o céu estava nublado e cinzento naquele dia. Vi fotos lindas dessa maravilha que os meus amigos tiraram de outros lugares e precisei acreditar que a superlua estava escondida atrás das nuvens.

LEITURA:
2 Coríntios 4:16-18

...não olhamos para aquilo que agora podemos ver; em vez disso [...] naquilo que não se pode ver. v.18

Paulo aconselhou que diante das dificuldades a igreja de Corinto acreditasse no que não se pode ver, mas que durará para sempre. Ele falou sobre como as "aflições pequenas e momentâneas" atingem uma "glória que durará para sempre" (v.17). Logo, eles poderiam fixar os olhos não no "que agora podemos ver", mas "naquilo que não se pode ver", porque o invisível é eterno (v.18). Paulo ansiava por ver a fé dos coríntios e a nossa crescer e que, apesar dos sofrimentos, também confiássemos em Deus. Talvez, não sejamos capazes de vê-lo, mas podemos crer que o Senhor nos renova dia a dia (v.16).

Naquela noite, meditei sobre como Deus é invisível, mas eterno, quando contemplei as nuvens no céu sabendo que a superlua estava escondida, porém ela estava lá no céus. E desejei que, da próxima vez em que eu estivesse propensa a crer que Deus está longe de mim, fixaria os meus olhos no que é invisível. *ABP*

O que significa fixar os olhos no invisível?
A sua esperança em Jesus o ajuda a enfrentar as dificuldades da vida?

Cremos que o Senhor está sempre perto, quer sintamos a Sua presença ou não.

Cantando no Espírito

Durante o avivamento de Gales no início do século 20, o autor G. Campbell Morgan acreditava que a presença do Espírito Santo estava movendo-se em "ondas crescentes de cânticos espirituais". Ele escreveu que presenciara a influência unificadora da música em reuniões que encorajavam orações, confissão e louvores espontâneos. Se alguém perdesse o controle dos sentimentos e orasse por tempo demais, ou falasse de um jeito que não se identificava com os outros, alguém começava a cantar baixinho. Outros se juntavam ao cântico, e o coro crescia em volume até abafar os demais sons.

LEITURA:
2 Crônicas 5:7-14

...sejam cheios do Espírito, cantando salmos, hinos e cânticos espirituais entre si e louvando o Senhor... Efésios 5:18,19

O avivamento com os cânticos que Morgan descreve originam-se nas Escrituras. A música desempenhava papel fundamental e era usada para comemorar vitórias (ÊXODO 15:1-21), na dedicação do Templo (2 CRÔNICAS 5:12-14) e como parte da estratégia militar (20:21-23). No centro da Bíblia, encontramos um livro de cânticos: Salmos 1–150. E, na carta de Paulo aos efésios, lemos a seguinte descrição de vida no Espírito: "cantando salmos, hinos e cânticos espirituais" (v.19).

Em conflito, em adoração, em tudo da vida, as músicas da nossa fé podem nos ajudar a encontrar uma só voz. Nas harmonias antigas e novas, somos constantemente renovados não pelo poder, nem força, mas pelo Espírito e pelas canções do nosso Deus.

MRD

Qual canção falou ao seu coração recentemente?
Como a música pode encorajá-lo no seu relacionamento com Deus?

O Espírito tem uma canção para aqueles que o ouvem.

A bênção virá

Fiz uma caminhada com uma amiga e os netos dela, e, enquanto empurrava o carrinho do bebê, ela comentou que estava desperdiçando os seus esforços. O marcador de passos do seu relógio de pulso não estava contando suas passadas porque ela não balançava os braços. Lembrei-a de que aquele exercício ajudava a sua saúde física mesmo assim. Ela sorriu: "Mas eu quero receber a estrela dourada deste dia!".

LEITURA:
Gálatas 6:7-10

...não nos cansemos de fazer o bem. [...] teremos uma colheita de bênçãos, se não desistirmos. v.9

Entendo como ela se sente! É desencorajador trabalhar em algo sem resultados imediatos. Mas recompensas nem sempre são imediatas ou imediatamente visíveis.

Quando isso ocorre, é fácil sentir que as coisas boas que fazemos são inúteis. Paulo explicou para a igreja da Galácia que a "pessoa sempre colherá aquilo que semear" (v.7). Então, que "não nos cansemos de fazer o bem. No momento certo, teremos uma colheita de bênçãos, se não desistirmos" (v.9). Fazer o bem não é um jeito de ganhar a salvação, e o texto não especifica se o colheremos aqui ou no Céu, mas podemos ter certeza de que haverá uma "colheita de bênçãos" (v.9).

É difícil fazer o bem, especialmente quando não vemos ou não sabemos qual será a "colheita". Mas, como no caso da minha amiga, que teve os benefícios físicos com a caminhada, vale a pena prosseguir, porque a bênção virá!

JS

Você está desencorajado? Peça a Deus que o ajude a confiar nele para ser fiel ao Seu propósito. Qual bondade você pode praticar hoje?

Nem todas as recompensas são imediatas ou visíveis.

Algodão no ouvido

O **ursinho Pooh** ficou conhecido por dizer: "Se a pessoa com que você está falando parece não estar ouvindo, *seja paciente*. Talvez, ela tenha um pedacinho de algodão no ouvido".

Aprendi que o ursinho pode estar certo numa coisa: quando alguém não ouve seus conselhos para o próprio bem, pode ser que a hesitação dela seja um pedacinho de algodão no ouvido. Ou talvez seja outro problema: alguns acham difícil ouvir bem, porque estão feridos e desanimados.

LEITURA:
Êxodo 6:1-9

...eles já não quiseram lhe dar ouvidos. Estavam desanimados demais por causa da escravidão... v.9

Moisés falou com o povo de Israel, mas eles não o ouviram, porque o espírito deles estava ferido, e a vida deles era difícil (ÊXODO 6:9). A palavra desanimados em hebraico literalmente significa "sem fôlego", resultado da escravidão no Egito. Sendo esse o caso, a relutância de Israel em ouvir as instruções de Moisés exigia entendimento e compaixão, não repreensão.

O que devemos fazer quando não nos ouvem? As palavras do ursinho Pooh consagram a sabedoria: "Seja paciente". Deus diz: "O amor é paciente e bondoso" (1 CORÍNTIOS 13:4); é disposto a esperar. Ele não terminou a obra nesse indivíduo. O Senhor está agindo em meio as tristeza deles, com o nosso amor e nossas orações. Talvez, em Seu tempo, Ele abrirá os seus ouvidos para ouvir. Apenas seja paciente.

DHR

O que você pode aprender sobre o seu relacionamento com Deus com aqueles que não o ouvem? Como o amor e a paciência se encaixam num relacionamento de amor?

Seja paciente. Deus ainda não terminou a Sua obra em nós.

Lembrando meu pai

Quando lembro do meu pai, imagino-o martelando, fazendo jardinagem ou trabalhando em sua oficina bagunçada, cheia de ferramentas fascinantes e acessórios. As mãos dele estavam sempre ocupadas numa tarefa ou projeto, às vezes serrando, às vezes projetando joias ou vitrais.

LEITURA:
Jó 38:1-11

Em tudo que fizerem, trabalhem de bom ânimo, como se fosse para o Senhor... Colossenses 3:23

Lembrar-me do meu pai me incita a pensar no meu Pai celestial e Criador, que sempre está ocupado. No início, Deus lançou "os alicerces do mundo [...] enquanto as estrelas da manhã cantavam juntas, e os anjos davam gritos de alegria" (JÓ 38:4-7). Tudo o que Ele criava era uma obra de arte, uma obra-prima. Ele projetou um mundo lindíssimo e viu que era "muito bom" (GÊNESIS 1:31).

Isso inclui você e eu. Deus nos projetou com detalhes íntimos e complexos (SALMO 139:13-16); e confiou a nós (criados à Sua imagem) o propósito e o desejo de trabalhar, o que inclui dominar e cuidar da Terra e de suas criaturas (GÊNESIS 1:26-28; 2:15). Não importa o trabalho que façamos, em nosso emprego ou no lazer, Deus nos capacita e nos dá o que precisamos para trabalhar de todo o coração para Ele.

Em tudo o que fizermos, que o façamos para agradar a Deus.

ADK

Como Deus tem agido recentemente em sua vida?
De que maneira o seu ponto de vista se altera
quando as tarefas seculares são vistas como oportunidades
de servir e honrar a Deus?

Deus nos capacita para cumprirmos os Seus propósitos.

Cercados por Deus

Num aeroporto lotado, uma jovem mãe se virava sozinha. Seu filhinho fazia birra: gritando, chutando e se recusando a embarcar. Grávida, a jovem mãe sobrecarregada desistiu, abaixou-se no chão, frustrada, e cobrindo o rosto começou a soluçar.

De repente, seis ou sete mulheres, todas estranhas, formaram um círculo ao redor da jovem e de seu filho — compartilhando salgadinhos, água, abraços carinhosos e até canções de ninar. Esse círculo de amor acalmou a mãe e a criança, que, em seguida, embarcaram. As outras mulheres voltaram aos seus lugares sem precisar falar sobre o que tinham feito, mas sabendo que o apoio que haviam dado tinha fortalecido uma jovem mãe exatamente no momento em que ela mais precisou.

LEITURA:
Salmo 125:1-5

Assim como os montes cercam Jerusalém, o SENHOR se põe ao redor de seu povo, agora e para sempre. v.2

Isso ilustra uma bela verdade do Salmo 125: "Assim como os montes cercam Jesusalém, o SENHOR se põe ao redor de seu povo". A imagem nos relembra de como a cidade agitada de Jerusalém é, na verdade, ladeada por montes que as circundam, dentre eles, o monte das Oliveiras, o monte Sião e o monte Moriá.

Da mesma forma, Deus cerca o Seu povo — sustentando e protegendo a nossa alma "agora e para sempre". Assim sendo, em dias difíceis, olhe para cima, "para os montes" como fala o salmista (121:1). Deus nos espera com a oferta de forte ajuda, esperança inabalável e amor eterno.

PR

Como você sente que o Senhor o cerca com o Seu amor?
Com quem você pode compartilhar o amor de Deus hoje?

Quando enfrentamos dias difíceis, o Senhor nos envolve com o Seu amor reconfortante.

Luzes brilhantes

Em 2015, um grupo da nossa igreja foi edificado pelo que vimos em Mathare, uma das comunidades de Nairobi, no Quênia. Visitamos uma escola com o piso sujo, paredes de metal enferrujado e bancos de madeira. Mesmo assim, uma pessoa se destacava nesse cenário extremamente humilde.

O nome dela era Brilliant, uma professora do Ensino Fundamental cuja alegria e determinação eram compatíveis com a sua missão. Com roupas coloridas, sua aparência e a alegria com a qual ensinava e encorajava os alunos eram impressionantes.

LEITURA:
Filipenses 2:12-18

Vocês são a luz do mundo. É impossível esconder uma cidade construída no alto de um monte. Mateus 5:14

A luz resplandecente que ela irradiava parece o jeito como os cristãos de Filipos deveriam se colocar em seu mundo quando Paulo lhes escreveu no século primeiro. Naquele cenário espiritualmente carente, os cristãos deveriam brilhar como "luzes resplandecentes" (FILIPENSES 2:15). Nossa missão não mudou. As luzes resplandecentes são necessárias em todos os lugares! É estimulante saber que, por meio daquele que "está agindo em vocês, dando-lhes o desejo e o poder de realizarem aquilo que é do agrado dele" (v.13), os cristãos podem brilhar a ponto de encaixar-se na descrição de Jesus para os que o seguem. Para nós, Ele ainda diz: "Vocês são a luz do mundo. [...] suas boas obras devem brilhar, para que todos as vejam e louvem seu Pai, que está no céu" (vv.14-16).

ALJ

Como você pode revelar a luz de Cristo aos outros?
O que você pode fazer para trazer a Sua alegria aos que dela desesperadamente necessitam?

Ilumine o seu mundo refletindo a luz de Jesus.

Criador e Sustentador

Trabalhando com vidro e pinças, o relojoeiro suíço Phillipe me explicou como ele separa, limpa e remonta as peças minúsculas de relógios mecânicos especiais. Olhando todas as peças complexas, Phillipe me mostrou o componente essencial do relógio: a mola principal, responsável por mover todas as engrenagens que fazem o relógio marcar o tempo. Sem ela, nem o relógio mais magistralmente projetado funcionará.

LEITURA:
Hebreus 1:1-4

O Filho irradia a glória de Deus [...] com sua palavra poderosa, sustenta todas as coisas... v.3

Na passagem de Hebreus, o escritor louva a Jesus por ser aquele por meio de quem Deus criou os Céus e a Terra. Como a complexidade do relógio especial, cada detalhe do nosso Universo foi criado por Jesus (v.2). Da vastidão do sistema solar à unicidade das nossas digitais, todas as coisas foram feitas por Ele.

Mais do que o Criador, Jesus, como a mola principal do relógio, é essencial para o funcionamento e o sucesso da criação. Sua presença "com sua palavra poderosa, sustenta todas as coisas" (v.3), mantendo tudo funcionando em conjunto em sua complexidade impressionante.

Ao ter a oportunidade de provar a beleza da criação hoje, lembre-se de que Ele "mantém tudo em harmonia" (COLOSSENSES 1:17). Que o reconhecimento do papel vital de Jesus em criar e sustentar o Universo resulte num coração alegre e numa resposta de louvor à Sua provisão contínua por nós.

LMS

O que na criação de Deus o faz adorá-lo? Encoraja-o saber que Jesus está sustentando a Terra e tudo o que nela há?

Somos gratos por tudo o que criaste e como cuidas de toda a criação e a sustentas.

O maior presente

Depois de lhe contar que eu havia recebido Jesus como Salvador, minha amiga Bárbara me deu o maior presente de todos: minha primeira Bíblia. Ela disse: "Você pode se achegar a Deus e amadurecer espiritualmente encontrando-se com Ele todos os dias, lendo as Escrituras, orando, confiando e obedecendo-o". Minha vida mudou quando ela me sugeriu que conhecesse melhor a Deus.

LEITURA:
João 1:43-51

...Encontramos [...] Jesus de Nazaré, filho de José. v.45

Ela me lembra de Filipe. Depois de Jesus o convidar para segui-lo (v.43), o apóstolo imediatamente disse ao seu amigo Natanael que Jesus era "aquele sobre quem Moisés, na lei, e os profetas escreveram" (v.45). Quando Natanael duvidou, Filipe não discutiu, não o criticou nem desistiu do amigo. Simplesmente o convidou para conhecer Jesus face a face: "Venha e veja você mesmo" (v.46).

Imagino a alegria de Filipe ao ouvir Natanael declarar Jesus como "o Filho de Deus" e "o Rei de Israel" (v.49). Que bênção saber que seu amigo não deixaria de ver as "coisas maiores" que Jesus prometeu que eles veriam (vv.50,51).

O Espírito inicia o nosso relacionamento íntimo com Deus e então passa a viver naqueles que respondem com fé. Ele nos capacita a conhecê-lo pessoalmente e a convidar outros a encontrá-lo todos os dias por Seu Espírito e Escrituras. Um convite para conhecer Jesus face a face é um grande presente para se oferecer e para se receber.

XED

A quem você convidará para conhecer melhor a Jesus?
Como Ele age por intermédio de outras pessoas para aumentar a sua fé?

Conhecer Jesus é o maior presente que podemos receber; compartilhá-lo é o maior presente que podemos dar.

Oportunidade de recomeçar

Zaqueu era um homem bem-sucedido. Ele sempre teve muito tempo para ganhar dinheiro, mas nunca para ajudar o próximo ou buscar a Deus. O texto bíblico diz que sua riqueza foi construída por recolher mais impostos do que deveria, por isso era odiado pelo povo. Porém, um dia ele considerou a possibilidade de recomeçar sua vida.

LEITURA:
Lucas 19:1-10

O amor do SENHOR não tem fim! Suas misericórdias são inesgotáveis.
Lamentações 3:22

Foi atrás de Jesus, mas não conseguia vê-lo porque era de baixa estatura, e a multidão que cercava o Mestre impedia sua visão. Da mesma forma, muitos não conseguem ver o Cristo por causa dos falsos discípulos, das filosofias, das religiões e igrejas que não refletem Aquele que morreu na cruz por amor.

No entanto, apesar desse empecilho, Zaqueu estava decidido a ver Jesus. Foi mais rápido do que a multidão e subiu numa figueira-brava, ainda que isso parecesse ridículo aos que o viam. Sua oportunidade para um recomeço surgiu quando encontrou o olhar de Jesus. O Mestre o viu. Zaqueu queria ver o Mestre do alto da árvore, mas isso era pouco para Jesus. Ele queria estar com aquele homem.

Muitos estão assistindo a Jesus passar do alto da árvore que escolheram, como se fosse a solução que encontraram para seus problemas deixando de desfrutar do relacionamento com Deus que lhes diz: "Desça depressa, quero ficar com você!". Se você o atender, Jesus transformará a sua vida. *LRS*

Não permita que os obstáculos que as pessoas lhe impõem o impeçam de se aproximar de Cristo.

Deus, rendo minha vida a ti e desejo andar ao Teu lado, mais do que só te ver ao longe.

O véu rasgado

O **dia escurecera** em Jerusalém. Fora dos muros da cidade, um Homem, que atraíra multidões de seguidores famintos durante os últimos três anos, estava pendurado, em vergonha e dor, numa rude cruz de madeira. Os enlutados choravam e gemiam. A luz do sol já não brilhava no céu da tarde. E o intenso sofrimento do Homem na cruz terminou quando "Ele clamou em alta voz" (MATEUS 27:50) "Está consumado" (JOÃO 19:30).

LEITURA:
Hebreus 10:10-23

...por causa do sangue de Jesus, podemos entrar com toda confiança no lugar santíssimo... vv.19,20

Naquele momento, outro som veio do grande Templo da cidade — o som do tecido sendo rasgado. Miraculosamente, sem intervenção humana, o enorme véu espesso que separava o Templo do Santo dos Santos "se rasgou em duas partes de cima até embaixo" (MATEUS 27:51).

Aquela cortina rasgada simbolizava a realidade da cruz: um novo caminho para Deus fora aberto! Jesus, o Homem na cruz, tinha derramado Seu sangue como sacrifício final — o único sacrifício verdadeiro e suficiente (HEBREUS 10:10) — que permite a todos nós, que cremos nele, receber perdão e nos relacionarmos com Deus (ROMANOS 5:6-11).

Em meio à escuridão daquela primeira Sexta-feira Santa, recebemos a melhor notícia: Jesus abrira o caminho para sermos salvos dos nossos pecados e vivermos em comunhão com Deus para sempre (HEBREUS 10:19-22). Louvado seja Deus pela mensagem do véu rasgado!

JDB

Como os acontecimentos da Sexta-feira Santa o conduziram das trevas à luz? O que significa para você ter um relacionamento com Deus?

O plano de salvação eterna inclui a morte de Jesus em nosso favor.

Quem é?

Após instalar uma câmera de segurança em sua casa, o homem foi verificar se o sistema de vídeo estava funcionando. Ao ver uma pessoa de ombros largos e vestida de preto andando pelo quintal, ele ficou observando o que o homem faria. Mas o intruso parecia familiar. Finalmente, percebeu que não se tratava de um estranho, mas que havia gravado *a si próprio!*

LEITURA:
2 Samuel 12:1-14

...Davi confessou a Natã: "Pequei contra o SENHOR". Natã respondeu: "Sim, mas o SENHOR o perdoou..." v.13

O que veríamos se pudéssemos sair da nossa pele em certas situações? Quando o coração de Davi estava endurecido, e ele precisou de uma perspectiva externa — uma perspectiva divina — sobre o seu envolvimento com Bate-Seba, Deus enviou Natã para resgatá-lo (2 SAMUEL 12).

Natã contou a Davi uma história sobre um homem rico que roubara a única ovelha de um homem pobre. Embora o rico possuísse rebanhos, ainda assim matou a única ovelhinha do pobre para fazer uma refeição. Quando Natã revelou que a história ilustrava as ações de Davi, o salmista viu como havia prejudicado Urias. Natã explicou-lhe as consequências, mas garantiu a Davi: "o SENHOR o perdoou" (v.13).

Se Deus revela pecados em nossa vida, Seu propósito maior não é nos condenar, mas nos restaurar e nos ajudar a nos reconciliar com Deus por meio do poder do Seu perdão e de Sua graça. *JBS*

Você precisa arrepender-se? Como a graça de Deus o encoraja a entrar em Sua presença com honestidade?

Deus, ajuda-me a ver a minha vida como o Senhor a vê para vivenciar a Tua graça e proximidade.

Purificado

Eu mal acreditava. Uma caneta esferográfica azul havia *sobrevivido* à máquina de lavar apenas para estourar na secadora. Minhas toalhas brancas ficaram danificadas com manchas azuis. Não havia alvejante capaz de removê-las.

LEITURA:
Jeremias 2:13, 20-22

...o sangue de Jesus, seu Filho, nos purifica de todo pecado. 1 João 1:7

Quando relutantemente coloquei as toalhas na pilha de trapos, lembrei-me do lamento de Jeremias descrevendo os efeitos prejudiciais do pecado. Por rejeitar a Deus e voltar-se à idolatria (JEREMIAS 2:13), o profeta declarou que o povo de Israel causara uma mancha permanente em seu relacionamento com Deus: "Por mais sabão ou soda que use, não consegue se limpar; ainda vejo a mancha de sua culpa. Eu, o SENHOR Soberano, falei" (v.22). Os israelitas não poderiam desfazer o dano.

Pela própria força, é impossível remover a mancha do nosso pecado. Mas Jesus fez o que não podemos. Pelo poder de Sua morte e ressurreição, Ele nos "purifica de todo pecado" (v.7).

Mesmo quando for difícil acreditar, apegue-se a esta linda verdade: não há mancha que Jesus não possa remover completamente. Deus está disposto e preparado para limpar os efeitos do pecado na vida de qualquer um que deseje voltar-se para Ele (v.9). Por meio de Cristo, podemos viver cada dia em liberdade e esperança.

LMS

Para onde você vai com a sua culpa? Como você poderia viver de forma diferente hoje sabendo que a morte de Jesus tem o poder de remover completamente a culpa e a "mancha" do seu pecado?

O sangue de Jesus limpa as manchas do pecado.

Precisa de um novo coração?

Recebemos a péssima notícia de que meu pai estava com três artérias obstruídas. Agendamos a cirurgia para o dia 12 de junho, e ele disse esperançoso: "Vou ter um coração novo no Dia dos Namorados!". E assim aconteceu! A cirurgia restaurou o fluxo de sangue para o seu "novo" coração.

LEITURA:
Ezequiel 36:24-27

Eu lhes darei um novo coração e colocarei em vocês um novo espírito... v.26

A cirurgia dele me fez lembrar que Deus nos oferece uma nova vida também. Quando o pecado entope as nossas "artérias" espirituais, nossa capacidade de nos conectar com Deus, precisamos de uma ação divina para liberá-las.

Foi isso que Deus prometeu ao Seu povo em Ezequiel 36:26. Ele garantiu aos israelitas: "Eu lhes darei um novo coração... Removerei seu coração de pedra e lhes darei coração de carne. Eu os purificarei de sua impureza" (v.25) e: "porei dentro de vocês meu Espírito" (v.27). Para um povo que havia perdido a esperança, Deus prometeu um novo começo.

Essa promessa foi finalmente cumprida pela morte e ressurreição de Jesus. Quando confiamos nele, recebemos um novo coração espiritual, um coração purificado de pecados e desespero. Cheio do Espírito de Cristo, nosso novo coração bate com a força vital espiritual de Deus, e assim "podemos viver uma nova vida" (ROMANOS 6:4).

ARH

Como a promessa de Deus de uma nova vida traz esperança quando você está lidando com a culpa ou com a vergonha? Como você expressará confiança no poder do Espírito, não no seu próprio poder, hoje?

Pai, somos gratos pela esperança que temos em Jesus. Ajuda-nos a confiar em ti sempre sob a liderança do Teu Espírito.

Sobrevivendo ao insuportável

No site *The Experience Project*, as pessoas compartilhavam experiências dolorosas. Lendo suas histórias, percebi como nosso coração anseia que alguém veja e compreenda a nossa dor.

A história da jovem criada Hagar revela como a dádiva da compreensão pode gerar vida. Essa escrava foi provavelmente dada a Abraão pelo faraó do Egito (GÊNESIS 12:16; 16:1). Sarai, a esposa de Abrão, percebeu que não poderia engravidar e aconselhou o marido a ter um filho com Hagar — uma prática perturbadora, mas familiar na época. Entretanto, quando a escrava engravidou, aumentaram as tensões até Hagar fugir para o deserto a fim de escapar do abuso de Sarai (16:1-6).

LEITURA:
Gênesis 16:7-16

...passou a usar outro nome para se referir ao SENHOR [...] Chamou-o de "Tu és o Deus que me vê", pois tinha dito: "Aqui eu vi aquele que me vê!". v.13

Mas a situação de Hagar — grávida e só num deserto implacável — não fugiu ao olhar divino. Após ser encorajada por um mensageiro celestial Hagar disse: "Tu és o Deus que me vê" (vv.7-13).

A escrava louvou ao Deus que vê mais do que os simples fatos. O mesmo Deus revelado em Jesus, que, ao ver "as multidões, teve compaixão delas, pois estavam confusas e desamparadas" (MATEUS 9:36). Hagar descobriu o Deus que a compreendia.

Aquele que viu e compreendeu a dor daquela escrava também vê a nossa dor (HEBREUS 4:15,16). Contar com a empatia celestial pode ajudar o insuportável a se tornar um pouco mais suportável. *JRO*

De que maneira você se tranquiliza em saber que Deus compreende os desafios que você enfrenta? Como ser um canal de Sua empatia e compaixão?

Deus sente a nossa dor como se fosse dele.

É possível mudar

O **grupo de** jovens da minha igreja se reuniu para estudar Filipenses 2:3,4: "Não sejam egoístas, nem tentem impressionar ninguém. Sejam humildes e considerem os outros mais importantes que vocês. Não procurem apenas os próprios interesses, mas preocupem-se também com os interesses alheios". Algumas das questões do estudo incluíam: Com que frequência você se interessa pelos outros? Os outros o descreveriam como alguém humilde ou arrogante? Por quê?

LEITURA:
Filipenses 2:1-4

...Deus está agindo em vocês, dando-lhes o desejo e o poder de realizarem aquilo que é do agrado dele. v.13

Enquanto os ouvia, senti-me encorajada. Os adolescentes concordaram que é fácil reconhecer nossos defeitos, mas é difícil mudar ou querer mudar. Um dos adolescentes lamentou: "O egoísmo está no meu sangue".

O desejo de tirar o foco de si mesmo para servir os outros só é possível por meio do Espírito que habita em nós. Por isso, Paulo levou a igreja de Filipos a refletir sobre o que Deus estava fazendo. Ele os havia adotado, consolado com o Seu amor e presenteado com o Seu Espírito (vv.1,2). Como eles e nós podemos reagir a tal graça com algo menos do que humildade?

Sim, Deus é o motivo para mudarmos, e só Ele pode nos transformar. Podemos focar menos em nós mesmos e humildemente servir os outros porque Ele nos concedeu o desejo e o poder de realizarmos o "que é do agrado dele" (v.13).

PFC

Como Deus o ajudou a afastar-se do egoísmo e ser mais disposto a servir aos outros? A humildade de Jesus o inspira a servir com humildade?

Nossa responsabilidade é reagir à capacitação de Deus com humildade.

Vencedores inesperados

Talvez, o momento mais absurdo e fascinante das Olimpíadas de Inverno de 2018 tenha sido quando a campeã mundial de *snowboard* da República Tcheca, Ester Ledecká, venceu também num esporte totalmente diferente: o esqui! Ela conseguiu a medalha de ouro em ambos os esportes mesmo saindo na 26.ª posição no esqui — um feito que todos acreditavam ser impossível.

LEITURA:
Mateus 19:17-30

Contudo, muitos primeiros serão os últimos... v.30

Surpreendentemente, ela se qualificou para participar do esqui alpino Super-G. Ao ganhar por um centésimo de segundo usando esquis emprestados, ela ficou tão surpresa quanto a mídia e as outras participantes.

É assim que o mundo funciona. Achamos que os vencedores sempre vencerão enquanto todos os outros perderão. Foi um choque quando os discípulos ouviram Jesus dizer como seria "difícil um rico entrar no reino dos céus" (v.23). Jesus inverteu a ordem das coisas. Como ser rico (um vencedor) poderia atrapalhar? Aparentemente, se confiamos no que temos (no que podemos fazer, em quem somos), não é apenas difícil, mas impossível confiar em Deus.

O reino de Deus não se atém às nossas regras: "muitos primeiros serão os últimos, e muitos últimos serão os primeiros" (v.30). Quer sejamos os primeiros ou os últimos, tudo o que recebemos é fruto exclusivamente da graça — o favor imerecido de Deus. *WC*

Pense em como você vê as pessoas ou a sua própria vida. Como o modo de Jesus ver os assim chamados perdedores e vencedores muda a sua perspectiva?

O ato de vencer e de perder tem seus significados invertidos no reino de Deus.

Boas-novas para contar

"**Qual é** o seu nome?", perguntou Arman, um aluno iraniano. Após lhe dizer que me chamava Estera, o rosto dele se iluminou: "Temos um nome parecido em farsi: Setare!". Essa pequena conexão abriu portas para uma conversa incrível. Contei-lhe que o meu nome era o mesmo da personagem bíblica, "Ester", uma rainha judia na Pérsia (atual Irã). Começando por sua história, falei sobre as boas-novas de Jesus. Como resultado dessa conversa, ele começou a frequentar um grupo de estudo bíblico para aprender mais sobre Cristo.

LEITURA:
Atos 8:26-35

Filipe, começando com essa mesma passagem das Escrituras, anunciou-lhes as boas-novas a respeito de Jesus. v.35

Filipe, seguidor de Jesus, guiado pelo Espírito Santo fez uma pergunta que deflagrou uma conversa com um oficial etíope que viajava em sua carruagem: "O senhor compreende o que lê?" (v.30). O etíope lia uma passagem do livro de Isaías em busca de discernimento espiritual. Filipe lhe perguntou no momento exato. O etíope convidou Filipe para sentar-se perto dele e o ouviu humildemente. Percebendo a oportunidade, o discípulo "começando com essa mesma passagem das Escrituras, anunciou-lhes as boas-novas a respeito de Jesus" (v.35).

Como ele, também temos boas-novas para contar. Aproveitemos as ocasiões diárias no trabalho, no supermercado, no bairro... Que sejamos guiados pelo Espírito Santo e recebamos as palavras para compartilhar nossa esperança e alegria em Jesus.

EPE

Como preparar-se para estar
mais pronto a compartilhar sobre Jesus?
O exemplo de Filipe o encoraja?

Deus, guia os meus passos hoje a quem precisa da esperança que somente Jesus pode conceder.

Pelo vale

Hae Woo (nome fictício) esteve num campo de trabalhos forçados na Coreia do Norte por cruzar a fronteira para a China. Seus dias e noites eram uma tortura: vigilância brutal, trabalho extenuante, poucas horas de sono no chão gelado e repleto de ratos e piolhos. Mas Deus a ajudou diariamente, inclusive, mostrando-lhe com quais prisioneiras poderia fazer amizades e compartilhar sua fé.

LEITURA:
Salmo 23

Mesmo quando eu andar pelo escuro vale da morte, não terei medo, pois tu estás ao meu lado... v.4

Liberta e morando na Coreia do Sul, Woo refletiu sobre esse tempo na prisão e afirmou que o Salmo 23 resumia a sua experiência. Embora aprisionada num vale sombrio, Jesus era seu Pastor e lhe concedia paz: "Ainda que eu me sentisse literalmente num vale cheio de sombras de morte, eu não sentia medo. Deus me consolava todos os dias". Ela experimentou a bondade e o amor de Deus à medida que o Senhor lhe garantia que ela era Sua filha amada. "Eu estava num lugar terrível, mas sabia que ali experimentaria a bondade e o amor de Deus." Woo sabia que permaneceria na presença de Deus para sempre.

Podemos ser encorajados pela história de Woo. Apesar das circunstâncias terríveis, ela sentiu o amor e a direção de Deus; Ele a sustentou e dissipou o medo que ela sentia. Se seguirmos Jesus, Ele nos guiará gentilmente pelos momentos difíceis. Não precisamos temer, pois viveremos "na casa do Senhor para sempre" (v.6). *ABP*

Você experimentou a presença de Deus num vale escuro?
Você pode encorajar alguém hoje?

Ao andarmos pelo vale, Deus dissipa o nosso medo, consola-nos e prepara-nos um banquete.

A BÍBLIA em UM ANO:
1 SAMUEL 17–18; LUCAS 11:1-28

A paz encheu os corações

Durante 45 anos após encerrar a carreira como atleta profissional, o nome de Jerry Kramer não entrou para o hall da fama dos esportes (o mais alto reconhecimento). Embora tivesse sido indicado dez vezes, jamais recebeu essa honra. Mas Kramer era amável ao dizer: "É como se a Liga de Futebol Americano tivesse me dado cem presentes ao longo da minha vida, e aborrecer-me ou ficar zangado por não ter recebido um deles seria no mínimo um absurdo!".

LEITURA:
Provérbios 14:29-35

O contentamento dá saúde ao corpo; a inveja é como câncer nos ossos. v.30

Outros teriam se amargurado após receber tantas indicações negadas em favor de outros jogadores, mas não ele. A atitude de Kramer mostra como podemos guardar o nosso coração da natureza corrosiva da inveja, um "câncer nos ossos" (v.30). Quando nos preocupamos com o que não temos e falhamos em reconhecer o muito que temos, a paz de Deus nos escapa.

Finalmente, após a 11.ª indicação, o nome de Jerry Kramer entrou no Hall da Fama em fevereiro de 2018. Nossos desejos terrenos podem não ser realizados, mas podemos ter "contentamento" ao ver as muitas formas pelas quais Deus tem sido generoso conosco. Não importa o que queremos e não temos, sempre podemos usufruir o "contentamento" que Ele traz para a nossa vida.

KHH

Em que área de sua vida você sente-se propenso a focar no que não tem? Quais passos você pode dar esta semana para prestar atenção ao que Deus já lhe concedeu?

Deus concede paz e contentamento ao nosso coração; e muito mais.

Sendo consumido

No livro *O Chamado*, Os Guinness descreve o momento que Winston Churchill, de férias com os amigos, sentou-se perto da lareira numa noite fria. Olhando para o fogo, o ex-primeiro-ministro britânico viu toras de pinheiro "crepitando, sibilando e cuspindo enquanto queimavam. De repente, sua voz familiar resmungou: 'Eu sei por que as toras cospem. Sei o que é ser consumido'".

LEITURA:
Salmo 32

Enquanto me recusei a confessar meu pecado, meu corpo definhou, e eu gemia o dia inteiro. v.3

Dificuldades, desespero, perigos, angústia e os resultados das nossas próprias transgressões podem nos consumir. As circunstâncias drenam lentamente a alegria e a paz do nosso coração. Quando Davi provou as consequências de suas escolhas pecaminosas, ele escreveu: "Enquanto me recusei a confessar meu pecado, meu corpo definhou, e eu gemia o dia inteiro [...] minha força evaporou como água no calor do verão" (VV.3,4).

Nessas dificuldades, onde buscamos ajuda e esperança? Paulo, que viveu enorme sofrimento ministerial, escreveu: "De todos os lados somos pressionados por aflições, mas não esmagados. Ficamos perplexos, mas não desesperados. Somos perseguidos, mas não abandonados. Somos derrubados, mas não destruídos" (2 CORÍNTIOS 4:8,9).

Quando descansamos em Jesus, o Bom Pastor restaura a nossa alma (V.3) e nos fortalece. Ele promete andar conosco a cada passo do caminho (HEBREUS 13:5).

WEC

Quais são algumas das lutas mais desgastantes que você já viveu? E como reagiu? Como Deus o alcançou nesses momentos difíceis?

Pai, concede-me forças para suportar as dificuldades de hoje e a esperança de Cristo para o amanhã eterno que prometeste.

Você está aí?

Quando a sua esposa contraiu uma doença terminal, Michael desejou que ela provasse a paz do relacionamento com Deus, mas ela não demonstrou interesse. Um dia, numa livraria, um título chamou a sua atenção: *Deus, Tu Estás Aí?*. Sem saber como a esposa reagiria, ele entrou e saiu da livraria várias vezes antes de finalmente comprá-lo. Para sua surpresa, ela aceitou o presente.

LEITURA:
Êxodo 3:11-14

Eu estarei com você... v.12

O livro a tocou, e ela começou a ler a Bíblia também. Duas semanas depois, a esposa de Michael faleceu, em paz com Deus e sabendo que Ele nunca a deixaria nem a abandonaria.

Quando Deus chamou Moisés para liderar Seu povo na saída do Egito, o Senhor não lhe prometeu poder. Em vez disso, prometeu a Sua presença: "Eu estarei com você" (v.12). Nas últimas palavras de Jesus aos Seus discípulos antes da crucificação, Ele também prometeu a presença eterna de Deus, a qual eles receberiam através do Espírito Santo (JOÃO 15:26).

Há muitas coisas que Deus poderia nos dar para nos ajudar nos desafios da vida tais como conforto material, cura ou as soluções imediatas para os problemas. Às vezes, Ele o faz. Mas Ele é o Seu melhor presente. O Senhor é o maior conforto que temos, independentemente do que acontecer. Ele estará conosco, nunca nos deixará nem nos abandonará.

LK

Como você pode contar com o poder da presença de Deus?
É possível viver de forma diferente, sabendo
que Ele está com você a cada passo do caminho?

O Senhor promete estar sempre conosco. Aprendamos a confiar na presença dele, reconhecendo que Ele está ao nosso lado.

Esperança restaurada

O Sol nasce no Leste? O céu é azul? O oceano é salgado? O peso atômico do cobalto é 58,9? Tudo bem; essa última pergunta, talvez você só saiba se for um *nerd* da ciência ou viciado em palavras-cruzadas. Mas as outras perguntas têm uma resposta óbvia: sim! Na realidade, perguntas como estas normalmente são mescladas com uma pitada de sarcasmo.

LEITURA:
João 5:1-8

Quando Jesus o viu e soube que estava enfermo [...] perguntou-lhe: "Você gostaria de ser curado?". v.6

Se não tomarmos cuidado, nossos ouvidos modernos — às vezes exaustos — poderão ouvir uma pitada de sarcasmo na pergunta de Jesus a um paralítico: "Você gostaria de ser curado?" (v.6). A resposta óbvia parece ser: "Você está de brincadeira?! Busco ajuda há 38 anos!". Mas não há sarcasmo; o sarcasmo está longe da verdade. A voz de Jesus é sempre repleta de compaixão, e Suas perguntas são sempre feitas para o nosso bem.

Jesus sabia que o homem desejava ser curado. Ele também sabia que provavelmente fazia muito tempo que ninguém lhe oferecia ajuda. Antes do milagre divino, a intenção de Jesus era restaurar a esperança do paralítico. Para isso, Ele fez a pergunta óbvia, oferecendo formas de respondê-la: "Levante-se, pegue sua maca e ande!" (v.8). Somos como o paralítico: cada um de nós com áreas da vida em que a esperança murchou. Ele nos vê e compassivamente nos convida a ter novamente esperança; a crer nele. *JB*

Em quais aspectos a sua esperança esfriou?
De que maneira Jesus tem lhe revelado a Sua compaixão?

Jesus nos restaura a alegria da esperança, a qual nasce quando confiamos nele.

As marcas da amizade

Eu ainda era pequeno em Gana e gostava de segurar a mão do meu pai e andar com ele por lugares lotados. Ele era meu pai e meu amigo, porque dar as mãos em minha cultura é um sinal de verdadeira amizade. Caminhando, nós conversávamos sobre vários assuntos. Sempre que eu me sentia sozinho, encontrava consolo nele. Como eu valorizava a sua companhia!

LEITURA:
João 15:9-17

Vocês serão meus amigos se fizerem o que eu ordeno. v.14

O Senhor Jesus chamou Seus seguidores de amigos e lhes mostrou as marcas da Sua amizade: "Eu os amei como o Pai me amou. Permaneçam no meu amor" (v.9), até mesmo entregando a própria vida por eles (v.13). Cristo lhes mostrou as coisas do reino (v.15). Ensinou-lhes tudo o que Deus havia lhe dado (v.15). E lhes concedeu a oportunidade de participar da Sua missão (v.16).

Como nosso Companheiro definitivo, Jesus anda conosco, conhece o nosso sofrimento e ouve nossos desejos. Quando estamos sozinhos e desanimados, nosso Amigo Jesus nos faz companhia.

E nossa comunhão com Jesus é maior quando amamos uns aos outros e obedecemos aos Seus mandamentos (vv.10,17). À medida que obedecermos às Suas ordenanças, daremos "frutos duradouros" (v.16).

Caminhando por ruas lotadas e caminhos perigosos do nosso mundo turbulento, podemos contar com a companhia do Senhor. Essa é a marca da Sua amizade. Ele nunca nos decepciona e promete estar conosco "até o fim dos tempos" (MATEUS 28:20).

LD

O que significa ser amigo de Jesus?
Como Ele lhe revela a Sua presença?

Demonstramos gratidão ao Senhor servindo-o com fidelidade.

Celebrando a criatividade

Uma água-viva raramente vista valsava com as correntes a 120 metros de profundidade no oceano. O corpo da criatura brilhava com tons fluorescentes de azul, púrpura e rosa contra o pano de fundo da água negra. Tentáculos elegantes ondulavam graciosamente com o pulsar do corpo em formato de sino. Ao ver a filmagem incrível da medusa *Halitrephes maasi* no *National Geographic*, pensei sobre como Deus escolheu um design específico para essa criatura bela e gelatinosa. Ele também moldou os outros 2.000 tipos de águas-vivas que os cientistas identificaram até outubro de 2017.

LEITURA:
Gênesis 1:1-21

...Deus disse: "Encham-se as águas de seres vivos...". v.20

Embora reconheçamos Deus como Criador, será que paramos para considerar as verdades profundas reveladas no primeiro capítulo da Bíblia? Nosso maravilhoso Deus criou a luz e a vida no mundo diversificado que Ele moldou com o poder de Sua palavra. Ele projetou "os grandes animais marinhos e todos os seres vivos que se movem em grande número pelas águas" (v.21). Os cientistas descobriram apenas uma fração das maravilhosas criaturas que o Senhor criou.

Deus também esculpiu intencionalmente cada pessoa do mundo, designando Seu propósito a cada dia da nossa vida antes mesmo de nascermos (SALMO 139:13-16). Ao celebrarmos a criatividade do Senhor, também podemos alegrar-nos nas muitas formas como Ele nos ajuda a imaginar e criar com Ele e para a Sua glória.

XED

Quais dons criativos Deus lhe concedeu?
Como você pode usá-los para a Sua glória?

Nós apreciamos a impressionante criatividade de Deus e nos alegramos com o que Ele nos concede.

Florescendo como uma flor

Meu neto mais novo tem poucos meses de vida, mas quando o vejo, sempre noto pequenas mudanças. Recentemente, ao acalentá-lo, ele me olhou e sorriu! Chorei de alegria com a lembrança dos primeiros sorrisos dos meus filhos, o que aconteceu há tanto tempo, mas parece que foi ontem. Alguns momentos são assim: inexplicáveis.

LEITURA:
Salmo 103:13-22

Nossos dias na terra são como o capim; como as flores do campo, desabrochamos. v.15

No Salmo 103, Davi escreveu um cântico poético que louva a Deus e também reflete sobre a fugacidade dos momentos alegres de nossa vida: "Nossos dias na terra são como o capim; como as flores do campo, desabrochamos. O vento sopra, porém, e desaparecemos..." (vv.15,16).

Contudo, apesar de reconhecer a brevidade da vida, Davi descreve o processo da flor desabrochando. Embora cada flor desabroche rapidamente, sua fragrância, cor e beleza trazem grande alegria no momento. E, mesmo que cada flor individual possa ser esquecida rapidamente — "como se nunca [tivessem] existido" (v.16) —, temos, por outro lado, a garantia de que "o amor do SENHOR por aqueles que o temem dura de eternidade a eternidade" (v.17).

Como as flores, podemos nos alegrar e florescer de repente; mas também podemos celebrar a verdade de que os momentos da nossa vida jamais são esquecidos. Deus guarda cada detalhe sobre os nossos dias, e o Seu amor eterno permanece com os Seus filhos para sempre!

ADK

De que forma você pode florescer neste momento?
Como você pode levar alegria para outras pessoas?

Deus provê o que precisamos para usarmos o nosso potencial para Ele.

No momento

A porta da ambulância estava prestes a fechar — comigo dentro dela. Do lado de fora, meu filho estava no celular com a minha esposa. Por causa da confusão provocada pela minha concussão, chamei o nome dele. Ele se lembra desse momento, contando-me que eu lhe falei lentamente: "Diga à sua mãe que eu a amo muito".

LEITURA:
Lucas 23:32-46

O Pai me ama, pois sacrifico a minha vida [...]. Ninguém a tira de mim, mas eu mesmo a dou...
João 10:17,18

Aparentemente, eu achava que poderia ser uma despedida e queria que aquelas fossem minhas últimas palavras. No momento, aquilo era o que mais me importava.

Ao enfrentar Seu momento mais sombrio, Jesus não apenas disse que nos amava, mas demonstrou o Seu amor de formas específicas. Ele o demonstrou aos soldados que o haviam pregado na cruz e que zombavam dele: "Pai, perdoa-lhes, pois não sabem o que fazem" (LUCAS 23:34). Jesus deu esperança ao criminoso crucificado com Ele: "...hoje você estará comigo no paraíso" (v.43). Perto do fim, Jesus olhou para a Sua mãe, dizendo: "Mulher, este é seu filho", e disse a João, Seu amigo querido: "Esta é sua mãe" (vv.26,27). Depois, enquanto Sua vida lhe esvaía, o último ato de amor de Jesus foi confiar no Pai: "em tuas mãos entrego o meu espírito" (v.46).

Jesus propositadamente escolheu a cruz a fim de manifestar Sua obediência ao Pai — e a intensidade do Seu amor por nós. Com Sua morte, Ele nos demonstrou o Seu amor infinito. *TLG*

O que mais lhe importa?
De que maneira o amor e a obediência combinam?

Toda palavra de Jesus foi dita com amor.

Amor inexplicável

Nossa congregação fez uma surpresa para o meu filho no seu aniversário de 6 aninhos. Os membros da igreja decoraram o espaço com balões e a mesa com o bolo. Quando o meu filho abriu a porta, todos gritaram: "Parabéns!".

Enquanto eu cortava o bolo, meu filho sussurrou no meu ouvido: "Mãe, por que todo mundo aqui me ama?". Eu tinha a mesma pergunta! Eles nos conheciam apenas há seis meses e nos tratavam como amigos de longa data.

LEITURA:
João 13:31-35

Assim como eu vos amei, vocês devem amar uns aos outros. v.34

O amor demonstrado pelo meu filho refletia o amor de Deus por nós. Não entendemos por que o Senhor nos ama, mas Ele nos ama — e o Seu amor é uma dádiva. Nada fizemos para merecê-lo, mas Deus nos ama generosamente. As Escrituras afirmam: "Deus é amor" (1 JOÃO 4:8). O amor é a essência de Deus.

Deus derramou o Seu amor sobre nós a fim de que pudéssemos demonstrar o mesmo amor aos outros. Jesus disse aos Seus discípulos: "Assim como eu vos amei, vocês devem amar uns aos outros. Seu amor uns pelos outros provará ao mundo que são meus discípulos" (vv.34,35).

As pessoas da nossa igreja nos amam porque o amor de Deus está nelas, brilha por meio delas e as identifica como seguidores de Jesus. Não compreendemos totalmente o amor de Deus, mas podemos derramá-lo sobre os outros — sendo exemplos de Seu amor inexplicável.

KOH

Você experimentou recentemente o amor de Deus por meio de outros? Como você pode revelar os Seus caminhos compassivos para outras pessoas hoje?

Porque Deus nos ama, podemos amar uns aos outros.

Consciência situacional

Minha família estava em Roma para o Natal. Não me lembro de ter visto mais pessoas aglomeradas num único lugar. Enquanto andávamos pela multidão para ver o Vaticano e o Coliseu, eu enfatizava para aos meus filhos a prática da "consciência situacional" — ter atenção ao lugar onde estamos, a quem está ao nosso redor e ao que está acontecendo. Vivemos numa época em que o mundo não é um local seguro. E, com o uso de celulares e fones de ouvido, as crianças (e os adultos também) nem sempre estão atentos ao seu entorno.

LEITURA:
Filipenses 1:3-11

Oro para que o amor de vocês transborde [...] e que continuem a crescer em conhecimento e discernimento. v.9

Consciência situacional. É um aspecto da oração de Paulo pelos cristãos de Filipos registrado em Filipenses 1:9-11. O apóstolo desejava que eles tivessem um discernimento contínuo em relação a quem/ao que/e o onde em suas situações. Mas, em vez de focar na segurança pessoal, Paulo orava com o propósito de que o povo santo de Deus pudesse ser um bom administrador do amor recebido de Cristo, discernindo "o que é verdadeiramente importante", vivendo "de modo puro e sem culpa" e sendo cheios de boas qualidades que apenas Jesus pode produzir. Esse tipo de vida brota da consciência de que Deus é o *quem* na nossa vida, e a confiança crescente nele é o *que* lhe agrada. E toda e qualquer situação é onde podemos compartilhar o transbordamento do Seu grande amor.

JB

Como você pode levar o amor de Cristo para tais circunstâncias da melhor maneira?

Pai, desperta-nos para que o Teu amor possa abundar mais e mais.

Cuidado!

Cresci em cidades quentes do sul da América do Norte e ao nos mudamos para o Norte, levou tempo para eu aprender a dirigir durante os longos meses de neve. Meu primeiro inverno foi difícil, acabei encalhada num monte de neve três vezes! Mas, com anos de prática, senti-me mais confortável dirigindo em condições invernais. Na realidade, senti-me um pouco confortável demais. Deixei de vigiar. E foi então que atingi um bloco de gelo escuro e deslizei até um poste telefônico ao lado da estrada!

LEITURA:
1 Pedro 5:6-11

Estejam atentos! Tomem cuidado com [...] o diabo, que anda como um leão rugindo à sua volta, à procura de alguém para devorar. v.8

Felizmente, ninguém se machucou, mas aprendi algo importante naquele dia. Percebi o quanto poderia ser perigoso sentir-me confortável. Em vez de tomar cuidado, entrei no modo "piloto automático".

Precisamos praticar esse mesmo tipo de vigilância em nossa vida espiritual. Pedro alerta os cristãos a não deslizarem impensadamente pela vida, mas que "estejam atentos" (v.8). O diabo tenta ativamente nos destruir, e por isso precisamos estar alertas, resistir à tentação e permanecermos firmes na fé (v.9). Não é algo que temos de fazer sozinhos. Deus promete estar conosco em meio ao sofrimento e, por fim, sustentar-nos, fortalecer-nos, e colocar-nos "sobre um firme alicerce" (v.10). Pelo Seu poder, aprendemos a permanecer vigilantes e alertas para resistir ao mal e seguir a Deus.

ALP

Em que áreas você precisa estar mais alerta?
De que forma você permanecerá vigilante em seguir a Jesus?

Deus, guarda-me de sentir-me confortável em minha vida espiritual e ajuda-me a ser vigilante para resistir à tentação!

O fôlego fortalecedor

Aos 54 anos, me inscrevi numa maratona com dois objetivos: terminar a corrida e fazê-la em menos de cinco horas. O meu tempo teria sido incrível se os últimos 21 quilômetros finais fossem tão bons quanto os iniciais. No entanto, a corrida foi extenuante, e aquele segundo fôlego que eu esperava nunca veio. Quando cruzei a linha de chegada, minha passada firme tinha se transformado num caminhar doloroso.

LEITURA:
Isaías 40:27-31

Venham a mim todos vocês que estão cansados e sobrecarregados, e eu lhes darei descanso. Mateus 11:28

Não só as corridas exigem um segundo fôlego; a corrida da vida, também. Para resistir, os exaustos precisam da ajuda de Deus. Isaías 40:27-31 combina poesia com profecia para consolar e motivar as pessoas que precisam de forças para prosseguir. Palavras atemporais relembram o povo cansado e desencorajado de que o Senhor não é individualista ou desinteressado (v.27), que a nossa situação não lhe passa despercebida. Essas palavras inspiram consolo e segurança e nos lembram do poder ilimitado de Deus e de Sua sabedoria imensurável (v.28).

O fôlego fortalecedor e o vigor são sob medida a todos nós — quer estejamos na agonia de prover por nossa família, lutando com dificuldades financeiras e físicas ou desencorajados por tensões relacionais ou desafios espirituais (vv.29-31). Tal é a força que aguarda aqueles que, pela meditação nas Escrituras e oração, esperam no Senhor.

ALJ

Em que área específica
você precisa da força de Deus hoje?

***O Senhor renova a nossa força quando,
em meio às fraquezas e cansaço, confiamos nele.***

Vendo a luz

Nas ruas da cidade, um dependente químico sem-teto entrou no Abrigo Social e pediu ajuda. Logo, começou o longo caminho para a recuperação de Bruno.

Durante esse processo, Bruno redescobriu o seu amor pela música. No fim, ele entrou para um grupo musical que se apresentava como "Sinfonia das Ruas", composto por músicos profissionais preocupados com os sem-teto. Pediram que Bruno fizesse um solo do oratório *Messias*, de Handel, conhecido como "O povo que andava em trevas". Nas palavras escritas por Isaías durante um período de trevas na história de Israel, ele cantou: "O povo que anda na escuridão verá grande luz. Para os que vivem na terra de trevas profundas, uma luz brilhará" (v.2). Um crítico musical de uma importante revista comentou que Bruno "fez o texto soar como se tivesse sido extraído de sua própria vida".

LEITURA:
Mateus 4:12-25

O povo que anda na escuridão verá grande luz... Isaías 9:2

Mateus, o autor do evangelho, citou a mesma passagem. De uma vida de enganar os concidadãos israelitas, Mateus foi chamado por Jesus e descreveu como o Senhor cumpriu a profecia de Isaías ao levar Sua salvação para "além do rio Jordão" até a "Galileia, onde vivem tantos gentios" (MATEUS 4:13-15).

Quem teria acreditado que um coletor de impostos (MATEUS 9:9), um viciado como Bruno ou pessoas como nós teriam a oportunidade de mostrar a diferença entre a luz e as trevas em nossa própria vida?

MRD

Como a luz de Cristo afeta a sua vida? De que formas você está refletindo essa luz para outras pessoas?

Deus nos ajuda a ver a luz do Seu Filho Jesus, nosso Senhor e Salvador, em meio a escuridão.

A BÍBLIA em UM ANO:
2 SAMUEL 19–20; LUCAS 18:1-23

Servindo o menor dos menores

O **vídeo mostrava** um homem ajoelhado ao lado de uma rodovia durante um incêndio fora de controle. Ele batia palmas como se chamasse algo. O que era? Um cachorro? Momentos depois, um coelho entrou em cena pulando. O homem pegou o animalzinho assustado e o espantou para um lugar seguro.

LEITURA:
Lucas 14:15-23

Deus escolheu coisas desprezadas pelo mundo, tidas como insignificantes...
1 Coríntios 1:28

Como o resgate dessa criaturinha se tornou manchete nacional? Por *isso*: Existe algo cativante na compaixão demonstrada pelos indefesos. É preciso ter um coração enorme para abrigar as menores criaturas.

Jesus disse que o reino de Deus é como um homem que deu um banquete e convidou todos dispostos a comparecer; não apenas os influentes, mas também "os pobres, os aleijados, os cegos e os mancos" (LUCAS 14:21). Sou grato por Deus escolher os fracos e os aparentemente insignificantes, porque senão eu não teria chance. Paulo escreveu: "escolheu as coisas fracas para envergonhar os poderosos. Deus escolheu coisas desprezadas pelo mundo, tidas como insignificantes [...] ninguém jamais se orgulhe na presença de Deus" (vv.27-29).

O coração de Deus deve ser enorme para salvar uma pessoa pequena como eu! Em resposta, meu coração também cresceu. Posso dizer facilmente que não é pela forma como eu agrado às "pessoas importantes", mas pela maneira como sirvo aos que a sociedade considera insignificantes.

MEW

Quais tipos de pessoas lhe são difíceis de valorizar?
Em quais aspectos Deus deseja que você mude?

Deus nos ensina a valorizar os outros independentemente de quem são ou do que fazem.

Não como ontem

Quando um dos meus netos era criança, os pais dele lhe deram uma camiseta de aniversário. Ele a vestiu e usou o dia todo com orgulho. No dia seguinte quando ele apareceu usando a camiseta, seu pai lhe perguntou: —Filho, essa camiseta o deixa muito feliz, né? —Não tanto quanto ontem, ele respondeu.

LEITURA:
Mateus 4:1-11

...as pessoas não vivem só de pão, mas de toda palavra que vem da boca do SENHOR.
Deuteronômio 8:3

Esse é o problema de adquirir bens materiais: nem as boas coisas da vida podem nos trazer a felicidade profunda e duradoura que tanto desejamos. Ainda que tenhamos muitos bens, podemos continuar infelizes.

O mundo oferece felicidade pelo acúmulo de bens materiais: roupas, carros, celulares novos um ou relógio mais moderno. Mas nenhum bem material pode nos fazer tão felizes quanto nos fizeram no dia anterior. O motivo é que fomos criados para Deus, e nada além dele nos satisfaz plenamente.

Um dia, quando Jesus jejuava e estava fraco e faminto, Satanás aproximou-se dele e o tentou para satisfazer Sua fome. Jesus o contradisse citando Deuteronômio 8:3: "Uma pessoa não vive só de pão, mas de toda palavra que vem da boca de Deus" (v.4).

Jesus não quis dizer que deveríamos viver apenas de pão. Ele afirmou um fato: somos seres espirituais e, portanto, não podemos depender apenas do que é material. Encontramos a verdadeira satisfação em Deus e em Suas riquezas. *DHR.*

Por que os bens materiais não oferecem felicidade de longo prazo? O que você aprendeu com expectativas anteriores?

Deus nos ensina o que significa viver por Suas riquezas. Ele é tudo o que precisamos.

O que Deus vê

No início da manhã, passei pela janela da sala com vista para uma área verde nos fundos de casa.

Muitas vezes, noto um falcão ou uma coruja observando a região. Certa manhã, surpreendi-me ao ver uma águia-careca num galho alto vigiando o terreno como se tudo lhe pertencesse. Provavelmente, estava procurando o "café da manhã". Seu olhar abrangente parecia majestoso.

LEITURA:
2 Crônicas 16:7-9

Os olhos do SENHOR passam por toda a terra para mostrar sua força àqueles cujo coração é [...] dedicado a ele. v.9

Em 2 Crônicas 16, o vidente Hanani (profeta de Deus) informou ao rei que suas ações estavam sob o olhar real. Ele disse a Asa, rei de Judá: "você confiou no rei da Síria, em vez de confiar no SENHOR, seu Deus" (v.7). E explicou: "Os olhos do SENHOR passam por toda a terra para mostrar sua força àqueles cujo coração é inteiramente dedicado a ele" (v.9). Por causa da dependência equivocada de Asa, ele sempre estaria em guerra.

Lendo essas palavras, podemos ter a falsa sensação de que Deus observa nossos movimentos para lançar-se sobre nós como uma ave de rapina. Mas as palavras de Hanani enfatizam o positivo. A questão é que Deus continuamente nos vigia e espera que clamemos por Ele quando necessitamos.

Como a águia-careca do meu quintal, será que os olhos de Deus vagam pelo mundo — até mesmo agora — buscando fidelidade em você e em mim? Como Ele poderia prover a esperança e a ajuda que precisamos?

ELM

Por que é essencial que busquemos sempre a orientação divina? Você se encoraja por saber que Deus o ouve?

Que Deus nos fortaleça para que sejamos completamente comprometidos com Ele.

Usufruindo a beleza

Exibida num longo corredor do hospital, as cores suaves e os desenhos de índios nativos eram tão cativantes que parei para contemplá-los. Meu marido andava à frente, mas, após passar por outras pinturas, eu parei para fixar o olhar numa só. "Linda", sussurrei.

LEITURA:
Eclesiastes 3:9-13

Deus fez tudo apropriado para seu devido tempo. v.11

Muitas coisas na vida são de fato lindas. Belos quadros. Vistas panorâmicas. Obras de arte. Mas o mesmo acontece com o sorriso de uma criança, o cumprimento de um amigo, o ovo azul de um pintarroxo, a textura das conchas. Para aliviar os fardos que a vida pode impor, "Deus fez tudo apropriado para seu devido tempo" (v.11). Em tal beleza, explicam os estudiosos da Bíblia, temos um vislumbre da perfeição da criação divina — incluindo a glória do Seu futuro reinado perfeito.

Como só podemos imaginar tal perfeição, Deus nos concede um gostinho na beleza da vida. Desta maneira, Deus "colocou um senso de eternidade no coração humano" (v.11). Alguns dias, a vida parece cinza e fútil, porém, Deus, misericordiosamente, provê momentos de beleza.

O artista Gerard Curtis Delano compreendeu isso e disse: "Deus me deu o talento para criar beleza e é isso que Ele quer que eu faça".

Como reagir ao vermos tanta beleza? Podemos ser gratos a Deus pela eternidade enquanto nos alegramos com a glória que já contemplamos.

PR

Como você reage à beleza que Deus colocou neste mundo? Como essa beleza reflete Deus?

Deus nos ajuda a ver e a aproveitar a beleza que Ele criou enquanto aguardamos a eternidade.

Plano de aposentaria de Deus

O **arqueólogo Warwick Rodwell** fez uma descoberta extraordinária. Ao escavar no chão da Catedral Lichfield, na Inglaterra, a fim de abrir espaço para uma base retrátil, descobriram uma escultura do arcanjo Gabriel que estimaram ter 1.200 anos. Os planos de aposentadoria do Dr. Rodwell tiveram de esperar, pois sua descoberta o colocou numa etapa nova e muito desafiadora.

LEITURA:
Êxodo 3:1-10

...o anjo do SENHOR lhe apareceu [a Moisés] no fogo que ardia no meio de um arbusto. v.2

Moisés tinha 80 anos quando fez uma descoberta que mudou a sua vida. Embora ele fosse filho adotivo de uma princesa egípcia, ele nunca esqueceu sua linhagem hebraica e se enfureceu com a injustiça que testemunhou contra seus compatriotas (vv.11,12). Quando o Faraó soube que Moisés havia matado um egípcio que estava batendo num hebreu, planejou matá-lo, obrigando Moisés a fugir para Midiã, onde se estabeleceu (vv.13-15).

Anos após sua fuga, Moisés estava cuidando do rebanho do sogro quando "o anjo do SENHOR lhe apareceu no fogo que ardia no meio de um arbusto. Moisés olhou admirado, pois embora o arbusto estivesse envolvo em chamas, o fogo não o consumia" (3:2). Naquele momento, Deus o chamou para liderar os israelitas e tirá-los da escravidão no Egito (vv.3-25).

Neste momento, Deus o está chamando para cumprir o Seu maior propósito? Quais novos planos Ele colocou no seu caminho? *ROS*

O que você aprendeu com Moisés e o chamado de Deus a ele? Por que é fundamental abrir-se para o que o Senhor está fazendo em sua vida?

Deus é o Senhor de todos os nossos dias à medida que os entregamos a Ele.

Compreendendo as tribulações

O amigo do meu pai recebeu o temido diagnóstico: câncer. Mas, durante o processo de quimioterapia, ele se converteu a Jesus, e sua doença por fim entrou em remissão. Ele esteve livre do câncer por 18 meses, até que, um dia, a doença voltou; pior do que antes. Ele e a esposa enfrentaram esse momento com preocupação e questionamentos, mas também com confiança em Deus por causa do que Ele fizera anteriormente.

LEITURA:
Jó 12:13-25

Em Deus, porém, estão a sabedoria e o poder; a ele pertencem o conselho e o entendimento. v.13

Nem sempre entenderemos o motivo das tribulações. Esse certamente foi o caso de Jó, que enfrentou perdas e sofrimento atroz e inexplicável. Porém, apesar de seus muitos questionamentos, ele declara que Deus é poderoso: "Ninguém pode reconstruir o que ele derruba" (v.14), "a ele pertencem a força e a sabedoria" (v.16). "Exalta nações e as destrói" (v.23). Por toda a sua extensa lista, Jó não menciona os motivos de Deus nem o motivo de Ele permitir tanta dor e sofrimento. Jó não recebe tais respostas. Mas, apesar de tudo, ele afirma com confiança: "Em Deus, porém, estão a sabedoria e o poder; a ele pertencem o conselho e o entendimento" (v.13).

Talvez, não entendamos por que Deus permite certas lutas em nossa vida, mas, como os pais do meu amigo, podemos colocar nele a nossa confiança. O Senhor nos ama e nos segura em Suas mãos (v.10; 1 PEDRO 5:7). A sabedoria, o poder e o entendimento pertencem a Ele!

JS

Que luta você está enfrentando?
De que maneira é útil saber que Deus está com você?

O Senhor nos ajuda a confiar nele mesmo quando não entendemos o que Ele permite acontecer.

Sobre santos e pecadores

Antes de morar no deserto seguindo o exemplo de João Batista, Maria do Egito (344–421 d.C.) passou a juventude em busca de prazeres ilícitos. No auge de sua sórdida carreira, ela viajou a Jerusalém para corromper os peregrinos. Porém, ela teve a profunda convicção dos próprios pecados e, desde então, viveu em arrependimento e solidão no deserto. A transformação radical de Maria do Egito ilustra a magnitude da graça de Deus e o poder restaurador da cruz.

LEITURA:
Lucas 22:54-62

..."Simão, [...] você me ama?". [...] "O Senhor sabe todas as coisas. Sabe que eu o amo". João 21:17

Pedro negou Jesus três vezes, mas, poucas horas antes de negá-lo, ele havia declarado sua disposição de morrer por Jesus (LUCAS 22:33). Assim, seu fracasso foi um golpe pesado (vv.61-62). Após a morte e ressurreição de Jesus, Pedro estava pescando com alguns dos discípulos quando o Senhor lhe apareceu. Jesus lhe deu a chance de declarar seu amor por Ele três vezes — uma chance para cada uma das negações (vv.1-3). Depois, em cada declaração, Jesus o encarregou de cuidar do Seu povo (vv.15-17). O resultado dessa demonstração maravilhosa da graça foi que Pedro desempenhou um papel fundamental na edificação da Igreja e, por fim, deu a sua vida por Cristo.

A biografia de qualquer um de nós poderia começar com uma litania dos nossos fracassos e derrotas. Mas a graça de Deus sempre nos permite um fim diferente. Por Sua graça, Ele nos redime e nos transforma.

ROO

De que maneira você experimenta a graça transformadora de Deus? Como você pode expressá-la aos outros?

A graça de Deus nos transforma de pecadores em santos.

Os altos e baixos da vida

Certa vez, as crianças da igreja foram me visitar em minha sala. Uma delas me perguntou: "Pastor, é verdade que Jó nasceu dia 30 de fevereiro?". Repliquei: "Por que esse dia?", ao que ele retrucou: "Jó pediu que tirassem do calendário o dia que ele nasceu. E 30 de fevereiro não existe". Aquela criança nos ensina que nossas perspectivas, mesmo como adultos, são simplistas e não contemplam tudo o que Deus está fazendo neste momento.

LEITURA:
Jó 19:7-25

Por que você está tão abatida, ó minha alma? Por que está tão triste? Espere em Deus!... Salmo 42:11

Jó é um dos heróis da fé de Hebreus 11, mas era apenas humano. Em Jó 3:11-13, ele, em outras palavras, faz três perguntas: "Por que não deixei de nascer? Por que eu nasci? Por que não morri quando nasci?". Sua lógica era: preferia nunca ter existido, porque não viver é não sofrer. Porém, isso é apenas meia-verdade, pois não nascer é também perder tudo de bom que já vivenciamos.

Em sua autocomiseração, Jó via a morte como o descanso do tumulto da vida. Mas a morte antes de cumprirmos o propósito de Deus é incredulidade, uma autodestruição insana. A vida não é perfeitinha. Ela tem altos e baixos. Contudo, o Senhor que está conosco no alto das montanhas desce também aos vales para nos levantar e derramar Sua graça sobre nós.

Para superarmos a autopiedade precisamos de comunhão com Deus, que nos ajudará a encontrar o propósito de vivermos em qualquer circunstância de nossa vida.

PPJ

É uma questão de tempo,
mas Deus enxugará de nossos olhos toda lágrima.

Senhor, coloca no meu coração que tens um propósito e esperança para minha vida.

A BÍBLIA em UM ANO:
1 REIS 12–13; LUCAS 22:1-20

Orando à distância

Kevin limpou uma lágrima do olho enquanto segurava um pedaço de papel para minha esposa, Cari, ler. Ele sabia que Cari e eu estávamos orando para que nossa filha voltasse a confiar em Jesus. "Essa nota foi encontrada na Bíblia da minha mãe após a morte dela, e eu espero que isso o encoraje", disse ele. No topo da nota estavam as palavras: "Para meu filho, Kevin". Abaixo delas havia uma oração por sua salvação.

LEITURA:
Lucas 18:1-8

Dediquem-se à oração com a mente alerta e o coração agradecido.
Colossenses 4:2

"Carrego isso comigo em minha própria Bíblia hoje", explicou Kevin. "Minha mãe orou por minha salvação por mais de 35 anos. Eu estava longe de Deus, e agora sou cristão." Ele olhou atentamente para nós e sorriu entre as lágrimas: "Nunca desista de orar por sua filha. Ore em todo o tempo por ela".

Suas palavras de encorajamento me fizeram pensar na história que Jesus contou sobre a oração. Lucas começa com as palavras: "Jesus contou a seus discípulos uma parábola para mostrar-lhes que deviam *orar sempre e nunca desanimar*" (LUCAS 18:1).

Na história, Jesus contrasta um juiz injusto (v.6) que responde a um pedido simplesmente porque ele não quer mais ser incomodado, com o perfeito Pai celestial que se importa profundamente conosco e *deseja* que nos aproximemos dele. Somos encorajados sempre que oramos, pois sabemos que Deus ouve e acolhe as nossas orações.

JBB

Pai, nenhum pedido é grande ou pequeno demais para ti.
Ajuda-me a orar por quem ainda não te conhece!

Você ora com constância para que alguém em particular alcance a salvação em Jesus?

Expandindo as fronteiras

Em 2017, o furacão Harvey destruiu vidas e propriedades nos EUA. Muitas pessoas forneceram alimento, água, roupas e um teto para os desabrigados.

Dean Kramer era o dono de uma loja de pianos e sentiu-se motivado a fazer algo mais ao refletir sobre como a música poderia trazer um tipo especial de cura e senso de normalidade aos que tinham perdido tudo. Ele e sua equipe reformaram pianos usados para doá-los onde houvesse a necessidade. Naquela primavera, Kramer e sua esposa, Lois, começaram a longa jornada para o Texas, dirigindo um caminhão cheio de pianos para doar às famílias, igrejas e escolas na área devastada.

LEITURA:
Lucas 10:25-37

Ame o seu próximo como a si mesmo.
Marcos 12:31

Às vezes, assumimos que a palavra "próximo" significa alguém que mora perto ou pelo menos alguém que conhecemos. Mas em Lucas 10, Jesus contou a parábola do bom samaritano para ensinar que o amor por nosso próximo não deveria ter fronteiras. O bom samaritano doou livremente a um estranho ferido, embora o homem fosse judeu e fizesse parte de um grupo de pessoas que tinha desacordos com os samaritanos (vv.25-37).

Quando perguntaram a Kramer por que ele doara os pianos, ele explicou: Somos aconselhados a amar o nosso próximo. E foi Jesus quem disse: "Nenhum outro mandamento é maior..." (v.31) do que amar a Deus e ao próximo.

CHK

De que maneira você está limitando a sua compreensão da palavra *próximo*? Deus pode lhe pedir para expandir as fronteiras do seu *coração*?

Pai, ajuda-me a olhar além das fronteiras, a ver a todos como próximos e amá-los como me ensinaste.

Mais do que apenas esperar

A **polícia multou** uma mulher por dirigir imprudentemente depois que ela saiu da rua, subiu na calçada e deu ré sem esperar pelo ônibus escolar desembarcar os alunos!

Embora a espera nos torne impacientes, também há coisas boas para fazer e aprender durante a demora. Jesus sabia disso quando disse aos Seus discípulos para não deixarem Jerusalém. Eles aguardavam para serem batizados com o Espírito Santo (vv.4,5).

LEITURA:
Atos 1:4-11

Não saiam de Jerusalém até o Pai enviar a promessa, conforme eu [Jesus] lhes disse antes. v.4

Enquanto eles se reuniam num cenáculo, provavelmente eufóricos e cheios de expectativas, os discípulos pareciam entender que, quando Jesus lhes disse para esperar, Ele não lhes disse para não fazerem nada. Eles investiram seu tempo orando (v.14); e também escolheram um novo discípulo para substituir Judas (v.26). Quando estavam reunidos em adoração e oração, o Espírito Santo veio sobre eles (2:1-4).

Os discípulos não estavam simplesmente esperando, mas, também, se preparando. Enquanto esperamos em Deus, isso não significa ficar inertes ou correr impacientemente para frente. Em vez disso, podemos orar, adorar e apreciar a comunhão enquanto aguardamos o Seu agir. A espera prepara o nosso coração, mente e corpo para o que está por vir.

Sim, quando Deus nos pede para esperar, podemos nos regozijar sabendo que podemos confiar nele e nos planos que Ele tem para nós!

PC

Você está à espera de algo. De que maneira essa espera pode ser vista como um tempo de preparação?

Deus, quando estou lutando, lembra-me de que a espera ajuda a revelar Tua obra amorosa em minha vida.

Pequeno, mas significativo

LEITURA:
2 Coríntios 1:8-11

Nele depositamos nossa esperança, e ele continuará a nos livrar. E vocês nos têm ajudado ao orar por nós. vv.10,11

O dia começou como qualquer outro, mas terminou como um pesadelo. Ester e centenas de mulheres foram sequestradas de seu colégio interno por um grupo religioso militante. Um mês depois, todas foram libertas, exceto Ester, que se recusara a negar a Cristo. Quando meu amigo e eu lemos sobre ela e os perseguidos por sua fé, isso comoveu o nosso coração. Queríamos fazer algo. Mas o quê?

Ao escrever para a igreja de Corinto, o apóstolo Paulo compartilhou sobre o que experimentou na Ásia. A perseguição foi tão severa que ele e seus companheiros pensaram que não sobreviveriam (v.8). No entanto, as orações dos cristãos o ajudaram (v.11). Embora a igreja de Corinto estivesse muito distante do apóstolo, suas orações eram importantes e Deus as ouvia. Que incrível mistério: o Soberano escolheu usar as nossas orações para cumprir o Seu propósito. Que privilégio!

Hoje podemos continuar a lembrar de nossos irmãos em Cristo que sofrem por sua fé. Há algo que podemos fazer. Podemos orar por aqueles que são marginalizados, oprimidos, espancados, torturados e às vezes até mortos por sua fé em Cristo. Vamos orar para que eles experimentem o conforto e o encorajamento de Deus e sejam fortalecidos com esperança enquanto permanecem firmes com Jesus.

PFC

Por quem você pode se comprometer a orar nominalmente esta semana? Você experimentou a fidelidade de Deus durante um período de perseguição?

Na oração, lançamo-nos aos pés do soberano Deus.

Venha e pegue!

Espiei por cima da cerca de videira que limita o nosso quintal. Lá, vi pessoas correndo, ou passeando pela pista que cerca o parque atrás de nossa casa. *Eu fazia isso quando era mais forte*, pensei. E uma onda de insatisfação tomou conta de mim.

LEITURA:
Isaías 55:1-6

Venham a mim com os ouvidos bem abertos; escutem, e encontrarão vida. v.3

Mais tarde, enquanto lia as Escrituras, deparei-me com Isaías 55:1 — "Alguém tem sede? Venha e beba", e percebi novamente que a insatisfação (sede) é a regra, não a exceção nesta vida. Nada, nem mesmo as coisas boas da vida, podem nos satisfazer plenamente. Se eu tivesse pernas fortes como um Sherpa (guia de montanhismo), ainda haveria outra coisa em minha vida que me tornaria descontente.

Nossa cultura está sempre nos dizendo, de uma forma ou de outra, que algo que fazemos, compramos, vestimos, borrifamos, rolamos ou passamos nos dará um prazer sem fim. Mas isso é mentira. Não podemos obter satisfação completa vinda de qualquer coisa aqui e agora, não importa o que fizermos.

Em vez disso, Isaías nos convida a vir de novo e de novo a Deus e às Escrituras para ouvir o que o Senhor tem a nos dizer. E o que Ele diz? Que o Seu amor fielmente prometido a Davi é "eterno" (v.3). E isso vale para você e para mim também! Nós podemos "vir" a ele.

DHR

Do que você está sedento?
De que maneira saber que Deus é fiel o ajuda hoje?

Temos somente o Senhor, que nos satisfaz a sede. Primavera contínua! Água disponível! Todos os outros fluxos estão secos. MARY BOWLEY

Alguém que lidera

Em quem você pensa quando ouve a palavra mentor? Eu penso no pastor Ricardo que viu meu potencial e acreditou em mim, mesmo quando eu não acreditava. Ele foi o meu modelo de como liderar e servir com humildade e amor. Hoje, sirvo a Deus e oriento outros.

LEITURA:
2 Reis 2:1-6

Então Elias disse a Eliseu: "Fique aqui, pois o SENHOR me mandou ir ao rio Jordão". v.6

O profeta Elias teve papel fundamental no crescimento de Eliseu como líder. Elias o encontrou arando um campo e o convidou para ser seu pupilo após Deus ter lhe dito para ungi-lo como seu sucessor (1 REIS 19:16,19). O jovem aprendiz viu seu mentor realizar milagres incríveis e obedecer a Deus não importando as circunstâncias. O Senhor usou Elias para prepará-lo ao ministério. Perto do fim da vida de Elias, Eliseu teve a oportunidade de desistir. Porém, o jovem renovou o seu compromisso com o seu mentor. Três vezes, Elias ofereceu para Eliseu livrar-se de seus deveres, mas este recusava-se, dizendo: "Tão certo como vive o SENHOR, e tão certo como a sua própria vida, não o deixarei" (vv.2,4,6). Como resultado da fidelidade de Eliseu, ele também foi usado por Deus de maneiras extraordinárias.

Todos nós precisamos de alguém que nos exemplifique o que significa seguir a Jesus. Que Deus nos dê pessoas piedosas que nos ajudem a crescer espiritualmente. E que também nós, pelo poder do Seu Espírito, possamos investir nossa vida em outros.

EPE

Quem são os mentores que o auxiliam ou já o auxiliaram?
Por que é essencial que orientemos outros em Jesus?

Deus Pai, somos gratos por proveres mentores que nos desafiam e encorajam. Ajuda-nos a fazer o mesmo pelos outros.

Mar de lágrimas

LEITURA:
Salmo 55:4-19

Eu, porém, invocarei a Deus, e o SENHOR me livrará. v.16

Uma placa intitulada "mar de lágrimas" lembra aqueles que enfrentaram o Oceano Atlântico para escapar da morte durante a catastrófica fome da batata irlandesa no final da década de 1840. Mais de um milhão de pessoas morreram nessa tragédia, e outro milhão ou mais abandonaram sua casa para cruzar o oceano, o que John Boyle O'Reilly poeticamente chamou de "um mar de lágrimas". Impulsionados pela fome e mágoas, eles procuravam alguma esperança em meio ao desespero.

No Salmo 55, Davi compartilha sua busca por esperança. Embora não tenhamos certeza dos detalhes da ameaça que enfrentou, sua experiência foi suficiente para abatê-lo emocionalmente (VV.4,5). Sua reação instintiva foi orar: "Quem dera eu tivesse asas como a pomba; voaria para longe e encontraria descanso" (V.6).

Como Davi, talvez queiramos fugir para a segurança em meio a circunstâncias dolorosas. Mas, após considerar sua situação, Davi preferiu correr para o seu Deus, em vez de fugir de sua mágoa, afirmando: "...invocarei a Deus, e o SENHOR me livrará" (V.16).

O Deus de todo o conforto é capaz de conduzi-lo em seus momentos mais sombrios e medos mais profundos. Ele promete que enxugará toda lágrima de nossos olhos (APOCALIPSE 21:4). Fortalecidos por essa segurança, podemos confiar nele com nossas lágrimas agora.

WEC

O que faz com que você queira fugir?
Qual é a sua reação instintiva quando surge um problema?

Pai, quando a vida parece esmagadora, concede-me a Tua força, presença e conforto.

Amor inesgotável

LEITURA:
Lucas 15:1-7

Alegrem-se comigo, pois encontrei minha ovelha perdida! v.6

Com 19 anos e sem celular mudei-me e fui estudar distante da minha mãe. Certa manhã, saí cedo esquecendo-me de nossa chamada telefônica programada. Naquela noite, dois policiais vieram até a minha porta. Mamãe estava preocupada porque eu nunca havia perdido uma das nossas conversas. Depois de ligar repetidamente e receber o sinal de ocupado, ela procurou ajuda e insistiu que me checassem. Um dos policiais me disse: "É uma bênção saber que o amor não vai parar de alcançá-la".

Quando peguei o telefone para ligar para minha mãe, percebi que tinha deixado acidentalmente o receptor fora de sua base. Depois que me desculpei, ela disse que precisava divulgar as boas-novas para a família e amigos, pois ela os havia informado de que eu estava *desaparecida*. Desliguei pensando que ela tinha exagerado um pouco, embora fosse bom ser amada assim.

As Escrituras revelam uma bela imagem de Deus, que é Amor, e é compassivo com Seus filhos errantes. Como um bom pastor, o Senhor se preocupa e procura todas as ovelhas perdidas, afirmando o valor inestimável de todo filho amado de Deus (LUCAS 15:1-7).

O Amor nunca para de nos procurar e nos busca até que voltemos para o Senhor. Podemos orar por outras pessoas que precisam saber que o Amor — Deus — nunca deixa de buscá-las também.

XED

Saber que Deus o busca continuamente em amor o encoraja? Como Ele o usa para revelar o Seu amor aos outros?

Pai, obrigado por nos buscares e nos proveres um lugar seguro quando voltamos aos Seus braços amorosos.

Ministro da solidão

A **viúva Betsy** passa a maior parte do tempo em seu apartamento assistindo TV e tomando chá. Ela não está sozinha em sua solidão. Mais de nove milhões de britânicos dizem que frequentemente, ou sempre, se sentem solitários. No Reino Unido foi nomeado um ministro da solidão para descobrir o motivo disso e como ajudar.

LEITURA:
Hebreus 13:1-8

Continuem a amar uns aos outros como irmãos. v.1

Algumas causas da solidão são bem conhecidas: mudamo-nos com muita frequência e isso dificulta criarmos laços. Acreditamos em nossa suficiência e que não temos motivo para contatar os outros. Estamos separados pela tecnologia, imersos em nossas telas piscantes.

Sinto o toque escuro da solidão, e, talvez, você também o sinta. Essa é uma das razões pelas quais precisamos de irmãos. Hebreus conclui sua profunda discussão sobre o sacrifício de Jesus, encorajando-nos a nos reunirmos continuamente (10:25). Pertencemos à família de Deus e devemos amar "uns aos outros como irmãos" e "demonstrar hospitalidade" (13:1,2). Se fizermos um esforço, todos se sentirão amados.

As pessoas solitárias podem não retribuir a nossa gentileza, mas não desistamos. Jesus prometeu nunca nos deixar, nem nos abandonar (13:5), e podemos usar Sua amizade para alimentar o nosso amor pelos outros. Você está sozinho? Pode servir a família de Deus? Os amigos que você faz em Jesus duram para sempre, nesta vida e além.

MEW

Quem precisa da sua amizade?
Como você pode servir alguém em sua igreja ou bairro?

A família de Deus deseja ser a resposta para a solidão.

O Senhor providenciará

Minha ansiedade aumentou entre meus cursos de graduação e pós-graduação. Adoro ter tudo planejado, e a ideia de mudar de estado e entrar na pós-graduação desempregada me deixou desconfortável. No entanto, alguns dias antes de eu sair do meu emprego de verão, pediram-me para continuar trabalhando remotamente para a empresa. Aceitei e tive paz, pois Deus estava cuidando de mim.

LEITURA:
Gênesis 22:2-14

Abraão chamou aquele lugar de Javé-Jiré. [...] "No monte do SENHOR se providenciará". v.14

Deus providenciou, mas foi em Seu tempo, não no meu. Abraão passou por uma situação muito mais difícil com seu filho Isaque. Ele foi convidado a levar seu filho e sacrificá-lo em uma montanha (vv.1,2). Sem hesitar, Abraão obedeceu e levou Isaque até o local designado. Essa jornada de três dias deu a Abraão tempo suficiente para mudar de ideia, mas isso não aconteceu (vv.3,4).

Quando Isaque questionou seu pai, Abraão respondeu: "Deus providenciará o cordeiro para o holocausto" (v.8). Questiono-me se a ansiedade de Abraão crescia com cada nó que ele amarrava em Isaque no altar e com cada centímetro ao erguer sua faca (vv.9,10). Que alívio deve ter sido quando o anjo o deteve (vv.11,12)! Deus realmente providenciou um sacrifício, um carneiro, preso num arbusto (v.13). O Senhor testou a fé de Abraão que provou ser fiel. E na hora certa, no último segundo, Deus providenciou livramento (v.14).

JS

Qual resposta para a oração tem demorado a chegar?
Qual resposta de Deus veio no momento exato da sua necessidade?

Senhor, ajuda-me a confiar que providenciarás, mesmo quando parecer que já esperei por tempo demais.

A melhor estratégia para a vida

Observávamos o jogo de basquete da minha filha quando ouvimos o treinador dizer uma única palavra para as jogadoras: "Duplas". Imediatamente, a estratégia defensiva mudou de um contra um para duas jogadoras contra a oponente que segurava a bola. Elas foram bem-sucedidas em frustrar os esforços da oponente para lançar e marcar, eventualmente, a dupla levou a bola à sua cesta.

LEITURA:
Eclesiastes 4:1-12

Sozinha, a pessoa corre o risco [...], mas duas pessoas juntas podem se defender melhor. v.12

Quando Salomão lida com as labutas e frustrações do mundo, ele também reconhece que ter companhia no trabalho produz "sucesso" (v.9). Uma pessoa que luta sozinha pode ser "...vencida, mas duas pessoas juntas podem se defender melhor" (v.12). Um amigo próximo pode nos ajudar quando caímos (v.10).

As palavras de Salomão nos incentivam a compartilhar nossa jornada, para que não enfrentemos as provações sozinhos. Isso pode exigir de nós um nível de vulnerabilidade com o qual não estamos familiarizados nem confortáveis. Outros dentre nós anseiam por esse tipo de intimidade e lutam para encontrar amigos com quem compartilhar. Seja qual for o caso, não devemos desistir do esforço.

Salomão e os treinadores de basquete concordam: os colegas de equipe ao nosso redor são a melhor estratégia para enfrentarmos as lutas que surgem na quadra e na vida.

Senhor, obrigado por aqueles que nos encorajam e apoiam. *KHH*

Quem o ajudou num momento difícil?
Quem poderia se beneficiar do seu apoio e encorajamento?
Como você os ajudará?

Deus nos dá amigos para nos ajudar a enfrentarmos as batalhas da vida.

O cais da saudade

"**Ah, todo** o cais é uma saudade de pedra!", diz Fernando Pessoa no poema "Ode Marítima". O píer de Pessoa representa as emoções que sentimos quando um navio se afasta lentamente. Ele parte e o píer permanece, um monumento duradouro às esperanças e sonhos, despedidas e anseios. Desejamos o que está perdido e o que não conseguimos alcançar. O poeta descreve o indescritível. A palavra "saudade" refere-se a um anseio nostálgico que sentimos, uma dor profunda que desafia o seu significado.

LEITURA:
Deuteronômio 34:1–5

...permiti que você a visse com seus próprios olhos, mas você não atravessará o rio para entrar nela. v.4

Talvez o monte Nebo representasse o "cais" para Moisés. Dali, ele contemplou a Terra Prometida, na qual nunca pisaria. Deus disse a Moisés: "permiti que você a visse com seus próprios olhos, mas você não atravessará o rio para entrar nela" (v.4).Isso pode parecer cruel. Mas, se é tudo que vemos, perdemos a essência do que está acontecendo. Deus está consolando Moisés: "Esta é a terra que prometi sob juramento a Abraão, Isaque e Jacó, quando disse: 'Eu a darei a seus descendentes'" (v.4). Breve Moisés deixaria o Nebo para uma terra muito melhor do que Canaã (v.5).

A vida muitas vezes nos encontra no cais. Os queridos partem; as esperanças desaparecem; sonhos morrem. Nisso, sentimos ecos do Éden e indícios do Céu. Nossos anseios nos levam a Deus, que é o cumprimento pelo qual ansiamos.

TLG

Quais são os seus anseios? Você os satisfaz com opções erradas? Como encontrar a verdadeira satisfação somente em Deus?

A coisa mais doce de toda a minha vida é o desejo de alcançar a Montanha para encontrar o lugar de onde veio toda a beleza. C. S. LEWIS

Uma crítica gentil

Na aula de pintura de paisagem, o professor, profissional e experiente, avaliou minha primeira tarefa. Com a mão no queixo, silenciou na frente do meu quadro e pensei: *Aqui vamos nós, ele vai dizer que é terrível.* Mas ele não o fez.

Ele gostou do esquema de cores, da sensação de abertura e disse que as árvores à distância poderiam ser iluminadas. As ervas daninhas precisavam de bordas mais suaves. Ele tinha autoridade para criticar o meu trabalho com base nas regras de perspectiva e cor, e sua crítica era honesta e gentil.

LEITURA:
João 4:7-15,28,29

Pois a lei foi dada por meio de Moisés, mas a graça e a verdade vieram por meio de Jesus Cristo. v.17

Jesus era perfeitamente qualificado para condenar as pessoas por seus pecados, mas não usou os Dez Mandamentos para condenar a mulher samaritana que conheceu num antigo poço de água. Ele gentilmente criticou sua vida com poucas declarações, e ela reconheceu como a sua busca por satisfação a levara ao pecado. Com base nessa consciência, Jesus revelou-se como a única fonte de satisfação eterna (4:10-13).

Experimentamos essa combinação de graça e verdade que Jesus usou nessa situação em *nosso* relacionamento com Ele (1:17). Sua graça nos impede de sermos oprimidos por nossos pecados e Sua verdade evita que pensemos que o assunto não seja sério.

Convidemos Jesus para nos mostrar onde precisamos crescer para nos tornarmos mais semelhantes a Ele.

JBS

Jesus está usando graça e verdade para lhe indicar questões em sua vida? Onde Ele quer que você mude para honrá-lo mais plenamente?

Jesus, sou grato por me libertares das consequências do pecado. Ajuda-me a acolher a Tua correção e o Teu encorajamento.

Quando tudo parece perdido

Em seis meses, a vida de Geraldo se desfez. A crise econômica arruinou seus negócios e um trágico acidente tirou a vida de seu filho. Vencida, sua mãe teve um ataque cardíaco e morreu, a esposa dele entrou em depressão e suas duas filhas ficaram inconsoláveis. Ele ecoou as palavras do salmista: "Meu Deus, meu Deus, por que me abandonaste?" (V.1).

LEITURA:
Salmo 22:1-5

Meu Deus, meu Deus, por que me abandonaste? v.1

A esperança de que Deus, que ressuscitou Jesus, um dia libertaria ele e sua família dessa dor para uma vida eterna de alegria o mantinha em pé. Geraldo esperava em Deus por respostas aos seus pedidos desesperados de ajuda. Em seu sofrimento, como o salmista Davi, ele decidiu confiar em Deus em meio ao seu pesar e manteve a esperança de que Deus o libertaria e salvaria (VV.4,5).

Essa esperança o sustentou. Ao longo dos anos, sempre que lhe perguntavam como estava, ele respondia: "Bem e confiando em Deus".

Deus honrou essa confiança, dando a Geraldo o conforto, a força e a coragem para continuar com o passar dos anos. Sua família lentamente se recuperou da crise e logo ele deu as boas-vindas ao nascimento de seu primeiro neto. Seu choro é agora um testemunho da fidelidade de Deus. Ele já não pergunta mais: "Meu Deus, meu Deus, por que me abandonaste?" O Senhor o abençoou.

Quando parece que não sobrou nada, ainda há esperança. *LK*

Você se apega à esperança da libertação vinda de Deus?
Como o ato de confiar em Deus o sustentou num desafio difícil?

Pai, apego-me à esperança que nos deste através da ressurreição de Cristo: a vida eterna.

A BÍBLIA em UM ANO:
2 REIS 24–25; JOÃO 5:1-24

Abraço de urso

O amor embutido num gigantesco "urso" de pelúcia fora um presente para o meu neto ainda bebê. Ele primeiro se maravilhou, e depois, empolgou-se. Curioso, cutucou o urso explorando o com ousadia. Ele enfiou o dedo gorducho no nariz desse boneco, e quando este caiu para a frente em seus braços, ele reagiu com alegria deitando sua cabeça no peito macio do urso abraçando-o com força. Um sorriso com covinhas se espalhou por suas bochechas enquanto ele se enterrava na maciez do urso. A criança não tinha ideia da incapacidade do urso de realmente amá-lo. Inocente e com naturalidade, ele sentiu o amor do bicho de pelúcia e reagiu com o coração.

LEITURA:
1 João 4:13-19

...Deus é amor... v.16

Na primeira das três cartas aos primeiros cristãos, o apóstolo João afirma ousadamente que o próprio Deus é amor. "Conhecemos e confiamos no amor que Deus tem por nós", escreve ele. "Deus é amor" (v.16).

Deus ama. Não com a maciez de um animal de pelúcia, mas, sim, com os braços estendidos de um ser humano real envolvendo o coração quebrantado (3:16). Em Jesus, Deus comunicou o Seu amor exuberante e sacrificial por nós.

João prossegue: "Nós amamos porque ele nos amou primeiro" (v.19). Quando acreditamos que somos amados, amamos em retribuição. O verdadeiro amor de Deus possibilita que amemos a Deus e aos outros, com todo o nosso coração.

ELM

O que você acha mais surpreendente sobre o amor de Deus por você? Como revelar o Seu amor aos outros hoje?

Deus, ajuda-me a permitir o Teu amor por mim e ajuda-me a corresponder-te com todo o meu coração.

As maravilhosas mãos de Deus

Depois de 20 minutos voando de Nova Iorque para o Texas, o plano de voo mudou quando a calma deu lugar ao caos. Quando um dos motores do avião falhou, os detritos do motor quebraram uma janela fazendo a cabine descomprimir-se. Infelizmente, vários passageiros se feriram e um morreu. Se não fosse pelo piloto calmo e capaz que estava no comando, treinado como piloto de combate da Marinha, as coisas poderiam ter sido tragicamente piores. A manchete em nosso jornal local dizia: "Em mãos maravilhosas".

LEITURA:
Salmo 31:1-8

Em tuas mãos entrego meu espírito; resgata-me, SENHOR, pois és Deus fiel. v.5

No Salmo 31, Davi revelou que sabia algo sobre as mãos maravilhosas e carinhosas do Senhor. É por isso que ele poderia dizer com confiança: "Em tuas mãos entrego meu espírito..." (v.5). Davi acreditava que podia confiar no Senhor mesmo quando a vida estava difícil. Por Ele ter sido alvo de forças hostis, a vida lhe era muito desconfortável. Embora vulnerável, não estava sem esperança. Em meio ao assédio, Davi pôde respirar aliviado e se alegrar porque seu fiel e amoroso Deus era sua fonte de confiança (vv.5-7).

Talvez você se encontre num momento da vida em que as coisas estão vindo de todas as direções, e é difícil ver o que está à frente. Em meio às incertezas, confusão e caos, uma coisa permanece absolutamente certa: aqueles que estão seguros no Senhor estão em mãos maravilhosas.

TLG

Você entregou a sua vida e bem-estar ao Senhor?
Confia nele nos bons e maus momentos?

Pai, encoraja-me com os salmos que Jesus orou quando entregou a vida dele em Tuas mãos.

Precisamos uns dos outros

Enquanto caminhava com meus filhos, descobrimos uma planta verde clara e macia crescendo em pequenas moitas na trilha. De acordo com uma placa indicativa, a planta é comumente chamada de musgo de cervo, mas na verdade não é um musgo. É um líquen; um fungo e uma alga que crescem juntos em uma relação mutualística na qual ambos os organismos se beneficiam um do outro. Nem o fungo, nem a alga conseguem sobreviver por conta própria, mas juntos formam uma planta resistente que pode viver em algumas áreas alpinas por até 4.500 anos. Como a planta pode resistir à seca e às baixas temperaturas, ela é uma das únicas fontes de alimento para o caribu (rena) no inverno intenso.

LEITURA:
Colossenses 3:12-17

...que a paz de Cristo governe o seu coração, pois, [...] vocês são chamados a viver em paz. v.15

A relação entre o fungo e a alga me faz lembrar de nossas relações humanas. Confiamos um no outro. Para crescer e florescer, precisamos nos relacionar uns com os outros.

Paulo descreve como nossos relacionamentos devem ser. Devemos nos revestir de "compaixão, bondade, humildade, mansidão e paciência" (v.12). Devemos perdoar uns aos outros e viver em paz "como membros do mesmo corpo" (v.15).

Nem sempre é fácil viver em paz com nossas famílias ou amigos. Mas, quando o Espírito nos capacita a exibir humildade e perdão em nossos relacionamentos, nosso amor um pelo outro honra a Cristo (JOÃO 13:35) e traz glória a Deus.

ALP

De que maneira os seus relacionamentos destacam o senhorio de Jesus? Como você pode buscar a paz?

Senhor, enche-nos de compaixão, humildade, gentileza e paciência para o mundo ver o Teu amor em nós.

O campanário torto

Os campanários tortos da igreja deixam as pessoas nervosas. Alguns amigos compartilharam conosco como, após fortes ventos, a bela torre de sua igreja estava torta, causando-lhes preocupação.

A torre fora rapidamente consertada, mas a imagem humorística me fez refletir. Muitas vezes, vemos a igreja como um lugar onde se espera que tudo pareça perfeito; não como um local onde podemos nos apresentar desalinhados. Certo?

LEITURA:
2 Coríntios 12:1-10

Minha graça é suficiente para você, pois meu poder é aperfeiçoado na fraqueza. v.9

Mas, nesse mundo destruído, todos nós somos "desalinhados", cada um tem a própria coleção de fraquezas naturais. Podemos estar predispostos a manter nossas vulnerabilidades em segredo, mas as Escrituras encorajam o oposto. Paulo sugere que é em nossas fraquezas, no caso dele, uma luta sem nome que ele chama de "espinho na carne" (v.7), onde é mais provável que Cristo revele o Seu poder. Jesus disse a Paulo: "Meu poder opera melhor na fraqueza" (v.9). E Paulo concluiu: "Por isso aceito com prazer fraquezas e insultos, privações, perseguições e aflições que sofro por Cristo. Pois, quando sou fraco, então é que sou forte" (v.10).

Podemos não gostar de nossas imperfeições, mas ocultá-las apenas nega o poder de Jesus de trabalhar dentro desses aspectos de nós mesmos. Quando convidamos Jesus para os lugares tortuosos em nós, Ele gentilmente nos conserta e redime de maneiras que nosso esforço nunca poderia realizar.

ARH

De que maneira Deus age
em meio às suas imperfeições?

Convide Jesus para reparar as suas imperfeições.

A fuga divina

No livro de Agatha Christie, *Os relógios* (Ed. Globo, 2014), os antagonistas cometem assassinatos em série. A trama visava uma única vítima, mas outras se foram para encobrir o crime original. Confrontado, o conspirador confessou: "Era para ser um único assassinato".

LEITURA:
João 11:45-53

Daquele dia em diante, começaram a tramar a morte de Jesus. v.53

Após Jesus ressuscitar Lázaro (vv.38-44), as autoridades religiosas também formaram uma conspiração própria. Convocaram uma reunião de emergência e planejaram matar o Senhor (vv.45-53). E não pararam por aí. Depois que Jesus ressuscitou, os líderes religiosos espalharam mentiras sobre o que acontecera no túmulo (MATEUS 28:12-15). Em seguida, eles tentaram silenciar os seguidores de Jesus (ATOS 7:57–8:3). O que começou como conspiração religiosa contra um homem pelo "bem maior" da nação tornou-se uma rede de mentiras, enganos e múltiplas vítimas.

O pecado nos mergulha por uma estrada que muitas vezes não vemos o fim, mas Deus sempre oferece uma maneira de escapar. Quando Caifás, o sumo sacerdote, disse: "É melhor para vocês que um homem morra pelo povo em vez de a nação inteira ser destruída" (JOÃO 11:50), ele não entendia a profunda verdade de suas palavras. A conspiração dos líderes religiosos ajudaria a trazer a redenção da humanidade.

Jesus nos salva do vício do pecado. Você recebeu a liberdade que Ele oferece?

ROO

Que caminho o leva para longe de Deus?
O que é preciso confessar a Cristo hoje?

Dar espaço para o pecado pode arruinar uma vida.

Maravilhosamente único

Em 2005, o zoológico de Londres apresentou uma exposição de 4 dias chamada: "Humanos em seu ambiente natural". Os "cativos" foram escolhidos por concurso. Foram feitos cartazes detalhando a dieta, habitat e ameaças à espécie para ajudar os visitantes a entendê-los. O objetivo era minimizar a singularidade dos seres humanos. Um participante da exposição pareceu concordar. "Quando os vemos apenas como animais, isso nos lembra de que não somos tão especiais".

LEITURA:
Salmo 139:1-14

Eu te agradeço por me teres feito de modo tão extraordinário. v.14

Que contraste gritante com o que a Bíblia diz sobre os seres humanos: O Senhor "de modo tão extraordinário" nos fez "à imagem de Deus" (139:14; GÊNESIS 1:26,27).

Davi começou o Salmo 139 celebrando o conhecimento íntimo de Deus sobre ele (vv.1-6) e Sua presença envolvente (vv.7-12). Como um mestre tecelão, Deus não apenas formou os meandros das características internas e externas de Davi (vv.13,14), mas também fez dele uma alma vivente, dando vida espiritual e a capacidade de se relacionar intimamente com Deus. Meditando na obra do Senhor, Davi reagiu com temor, admiração e louvor (v.14).

Os seres humanos *são* especiais. Deus nos criou com singularidade maravilhosa e impressionante capacidade de termos um relacionamento íntimo com Ele. Como Davi, podemos louvá-lo porque somos a obra de Suas mãos amorosas. *MLW*

Quais as implicações práticas em acreditar que fomos maravilhosamente criados por Deus? E as de não acreditar nisso?

Deus criou os seres humanos para serem como Ele.

A essência do jejum

As dores da fome roeram meus nervos. Meu mentor recomendou o jejum como forma de concentrar-me em Deus. Mas, à medida que o dia passava, eu questionava: *Como Jesus fez isso por 40 dias?* Esforcei-me para confiar no Espírito Santo para ter paz, força e paciência. Especialmente paciência.

LEITURA:
Zacarias 7:1-10

Os jejuns [...] se tornarão festas de alegria e celebração [...] Portanto, amem a verdade e a paz. v.19

Se somos fisicamente capazes, o jejum pode nos ensinar a importância de nosso alimento espiritual. Como Jesus disse: "Uma pessoa não vive só de pão, mas de toda palavra que vem da boca de Deus" (MATEUS 4:4). No entanto, como aprendi em primeira mão, jejuar por conta própria não necessariamente nos aproxima de Deus!

De fato, Deus uma vez disse ao Seu povo através do profeta Zacarias que a prática do jejum era inútil, já que não os levava a servir aos pobres: "...foi, de fato, para mim que jejuaram?", Deus perguntou incisivamente (v.5).

A pergunta de Deus revelou que o problema inicial não era o estômago; e sim o coração frio. Servindo a si mesmos, falhavam em aproximar-se de Deus. Então Ele os desafiou: "Julguem com justiça e mostrem compaixão e bondade uns pelos outros. Não oprimam as viúvas, nem os órfãos, nem os estrangeiros, nem os pobres" (vv.9,10).

Nosso objetivo é nos aproximarmos de Jesus. Assim, à medida que crescemos em semelhança a Ele, temos amor por quem Ele ama.

TLG

Como Deus rompe o solo rochoso do nosso coração?
O que o ajudou a se aproximar de Jesus recentemente?

Deus, ajuda-me a satisfazer-te servindo aos outros e a não buscar apenas o prazer e a aprovação.

Jogando pedras

LEITURA:
João 8:1-11

Aquele de vocês que nunca pecou atire a primeira pedra. v.7

Lisa não sentia simpatia por aqueles que traíam seu cônjuge, até que ela se viu profundamente insatisfeita com seu casamento e lutando para resistir a uma atração perigosa. Essa experiência dolorosa ajudou-a a ter nova compaixão pelos outros e maior compreensão das palavras de Cristo: "Aquele de vocês que nunca pecou atire a primeira pedra" (v.7).

Jesus fez essa declaração quando ensinava nos pátios do Templo. Um grupo de mestres da Lei e fariseus tinha acabado de arrastar uma mulher apanhada em adultério à presença dele e desafiou: "A lei de Moisés ordena que ela seja apedrejada. O que o senhor diz?" (v.5). Por considerarem que Jesus era uma ameaça à sua autoridade, a questão era uma "...armadilha, ao fazê-lo dizer algo que pudessem usar contra ele" (v.6) e livrar-se dele.

No entanto, quando Jesus respondeu: "Aquele de vocês que nunca pecou..." nenhum dos acusadores da mulher conseguiu pegar uma pedra. Um por um, eles se afastaram.

Antes de julgarmos criticamente o comportamento do outro, olhemos de leve para o nosso próprio pecado e lembremo-nos de que todos nós não alcançamos "o padrão da glória de Deus" (ROMANOS 3:23). Em vez de condenação, nosso Salvador mostrou a essa mulher, e a você e a mim, graça e esperança (JOÃO 3:16; 8:10,11). Como podemos deixar de fazer o mesmo pelos outros? *ADK*

Como você pode usar sua experiência para ajudar outros a enfrentarem desafios semelhantes?

Senhor, ajuda-nos a olhar para os outros com compaixão e a termos misericórdia em nosso dia a dia.

Deus salvou minha vida

Aos 15 anos, Arão começou a invocar a Satanás e relatou: "Senti como se nós fôssemos parceiros". Arão começou a mentir, roubar e manipular sua família e amigos. Ele também teve pesadelos: "Certa manhã acordei e vi o diabo ao pé da cama. Ele me disse que eu passaria nas provas escolares e depois morreria. No entanto, quando terminei meus exames, continuei vivo". E concluiu: "Ficou claro para mim que ele era um mentiroso".

LEITURA:
João 8:42-47

Quando ele mente, age de acordo com seu caráter, pois é mentiroso e pai da mentira. v.44

Na esperança de conhecer garotas, Arão foi a um festival cristão, no qual um homem se ofereceu para orar por ele. "Enquanto ele orava, senti uma sensação de paz inundar meu corpo. Era algo mais poderoso e mais libertador do que o que sentira ao invocar Satanás". O homem que orou disse-lhe que Deus tinha um plano e que Satanás era um mentiroso. Esse homem confirmou o que Jesus dissera sobre Satanás ao responder a seus opositores: ele "é mentiroso e pai da mentira" (v.44).

Arão saiu do satanismo e voltou-se para Cristo e agora "pertence a Deus" (v.47). Ele ministra em uma comunidade urbana e compartilha a diferença que faz seguir o Mestre Jesus. Ele é um testemunho do poder salvador de Deus: "Posso dizer com confiança que Deus salvou minha vida".

Deus é a fonte de tudo o que é bom, sagrado e verdadeiro. Podemos nos voltar a Ele para encontrar a verdade. *ABP*

Deus já o resgatou do mal? Com quem você pode compartilhar sua história nesta semana?

Deus é mais poderoso do que o pai da mentira.

Algemado, mas não silencioso

Em 1963, após uma viagem de ônibus que durou toda a noite, a ativista dos direitos civis Fannie Lou Hamer e seis outros passageiros negros pararam para comer numa lanchonete em Winona, Mississippi, EUA. Os policiais os forçaram a sair dali e os prenderam. A humilhação não terminou com a prisão ilegal. Todos foram severamente agredidos, mas para Fannie foi pior. Depois do ataque brutal que a deixou quase morta, ela começou a cantar: "Paulo e Silas foram presos, deixe meu povo ir". E ela não cantou sozinha. Outros prisioneiros, contidos no corpo, mas não na alma, juntaram-se a ela nessa adoração.

LEITURA:
Atos 16:25-34

Por volta da meia-noite, Paulo e Silas oravam e cantavam hinos a Deus, e os outros presos ouviam. v.25

Em Atos 16, Paulo e Silas se viram num lugar difícil quando foram presos por anunciar Jesus. Mas o desconforto não diminuiu sua fé. "Por volta da meia-noite, Paulo e Silas oravam e cantavam hinos a Deus" (v.25). Essa adoração ousada criou a oportunidade de continuar a falar sobre Jesus. "Então pregaram a palavra do Senhor [ao carcereiro] e a toda a sua família" (v.32).

A maioria de nós provavelmente não enfrentará essas circunstâncias extremas encontradas por Paulo, Silas ou Fannie, mas cada um de nós enfrentará situações desconfortáveis. Quando isso acontece, a nossa força vem do nosso Deus fiel. Que haja uma canção em nosso coração que o honre e nos encoraje para falar por Ele, mesmo em meio às provações.

ALJ

Como Deus o ajudou a praticar a sua fé e a testemunhar nas situações difíceis?

Os tempos difíceis exigem oração e louvor ao Senhor — que controla todas as coisas.

O chamado à coragem

N**uma exposição** de estátuas masculinas, em Londres, está a estátua solitária de uma mulher, Millicent Fawcett, que lutou pelo direito das mulheres ao voto. Imortalizaram-na em bronze segurando um estandarte exibindo palavras que ela ofereceu em tributo a um sufragista: "A coragem exige coragem em todos os lugares". Ela insistiu que a coragem de alguém encoraja outros e convoca à ação as almas tímidas.

LEITURA:
1Cr 28: 8-10,19-21

Seja forte e corajoso. 28:20

Quando Davi se preparava para entregar seu trono a Salomão, seu filho, explicou-lhe sobre as responsabilidades que logo pesariam sobre os ombros dele. Talvez Salomão tivesse estremecido sob o peso do que enfrentaria levando Israel a seguir todas as instruções de Deus e a guardar a terra que o Senhor lhes confiara e supervisionando a monumental tarefa de construir o Templo (vv.8-10).

Conhecendo o filho, Davi o encorajou: "Seja forte e corajoso [...]. Não tenha medo nem desanime, pois o SENHOR Deus, meu Deus, está com você" (v.20). A verdadeira coragem nunca surgiria da própria habilidade ou confiança de Salomão, mas, sim, de confiar na presença e força de Deus. O Senhor proveu a coragem que Salomão precisava.

Quando nos deparamos com dificuldades, muitas vezes tentamos despertar a ousadia ou nos encher de bravura. Deus, no entanto, é aquele que renova a nossa fé. Ele estará conosco e a Sua presença nos enche de coragem.

WC

Como buscar a presença e o poder de Deus para ser forte e corajoso?

Deus, quando eu estiver propenso a confiar em mim mesmo, concede-me a Tua coragem.

Memorial da bondade

Cresci numa igreja cheia de tradições. Uma delas ocorria quando um membro da família ou amigo amado morria. Muitas vezes, um banco de igreja ou uma pintura no corredor aparecia pouco depois com uma placa de latão afixada: "Em memória de..." com o nome do falecido gravado, lembrando-nos dessa pessoa. Sempre gostei desses memoriais e ainda gosto. No entanto, sempre me fazem parar porque são objetos estáticos e inanimados, literalmente, algo "não vivo". Há uma maneira de adicionar "vida" ao memorial?

LEITURA:
2 Samuel 9:1-7

Davi perguntou: "Resta alguém da família de Saul, a quem eu possa mostrar bondade por causa de Jônatas?". v.1

Após a morte de seu amado amigo Jônatas, Davi quis lembrar-se dele e manter uma promessa feita (20:12-17). Mas, em vez de simplesmente buscar algo estático, Davi procurou e encontrou algo muito vivo — um filho de Jônatas (9:3). A decisão do rei Davi foi dramática. Ele escolheu mostrar bondade (v.1) a Mefibosete (vv.6,7) na forma de propriedade restaurada dando-lhe todas as terras que pertenciam ao seu avô Saul e a oferta perpétua de comer à mesa do rei.

À medida que, com placas e pinturas, continuamos a lembrar aqueles que morreram, que também possamos lembrar o exemplo de Davi e mostrar bondade aos que ainda estão vivos. *JB*

Quem morreu que você não quer esquecer?
Para você o quer dizer demonstrar
bondade específica para outra pessoa?

Jesus, por Tua grande benignidade, ajuda-me a demonstrar bondade em memória do que os outros me ensinaram.

Nunca sozinho

Enquanto escrevia um guia bíblico para os pastores na Indonésia, um amigo escritor ficou fascinado com a cultura de união daquela nação. Chamado de *gotong royong*, que significa "assistência mútua", o conceito é praticado em aldeias. Os vizinhos trabalham juntos para consertar o telhado de alguém ou reconstruir uma ponte ou caminho. Nas cidades também, meu amigo disse: "As pessoas acompanham a outra numa consulta médica, por exemplo. Essa prática é cultural. Então você nunca está sozinho".

LEITURA:
João 14:15-18

E eu pedirei ao Pai, e ele lhes dará outro Encorajador, [...] É o Espírito da verdade. vv.16,17

Em todo o mundo, os cristãos se alegram em saber que também nunca estamos sozinhos. Nosso companheiro constante e para sempre é o Espírito Santo, a terceira pessoa da Trindade. Muito mais do que um amigo leal, o Espírito de Deus é dado a todo seguidor de Cristo pelo nosso Pai celestial "que nunca [nos] deixará" (v.16).

Jesus prometeu que o Espírito de Deus viria após o Seu próprio tempo na Terra findar. "Não os deixarei órfãos", disse Jesus (v.18). Em vez disso, o Espírito Santo, "o Espírito da Verdade" que "habita com vocês agora e depois estará em vocês", apela para cada um de nós que recebe a Cristo como Salvador (v.17).

O Espírito Santo é nosso Ajudador, Consolador, Encorajador e Conselheiro, um companheiro constante neste mundo onde a solidão aflige tantos. Que possamos permanecer eternamente em Seu reconfortante amor e ajuda.

PR

Você já negligenciou o conforto que vem de Deus? Como?

Jesus prometeu que nunca nos desamparará.

A cama vazia

Eu estava ansioso para voltar ao hospital na Jamaica, e me reconectar com Renato, que dois anos antes havia aprendido sobre o amor de Jesus. Eva, uma adolescente do coro da escola com o qual viajo anualmente, leu as Escrituras com esse senhor, explicou-lhe o evangelho e ele aceitou Jesus como seu Salvador.

LEITURA:
Mateus 28:16-20

Portanto, vão e façam discípulos de todas as nações. v.19

Ao visitar a seção masculina da casa, olhei para a cama dele, que estava vazia. Fui até a enfermaria e me disseram o que eu não queria ouvir. Ele falecera apenas cinco dias antes de chegarmos.

Com lágrimas, mandei a triste notícia para Eva. Sua resposta foi simples: "Ele está celebrando com Jesus". Mais tarde, ela disse: "Que bom que lhe falamos de Jesus na época que o fizemos".

Suas palavras me lembraram da importância de estar pronto para compartilhar amorosamente com os outros a esperança que temos em Cristo. Não, nem sempre é fácil proclamar a mensagem do evangelho sobre Aquele que sempre estará conosco (v.20), mas, quando pensamos sobre a diferença que ela fez para nós e para pessoas como Renato, talvez sejamos mais encorajados e prontos para fazer discípulos onde quer que formos (v.19).

Jamais esquecerei a tristeza de ver aquela cama vazia e também a alegria de saber que diferença uma adolescente fiel fez na vida eterna daquela pessoa.

JDB

Como você pode apresentar Jesus às pessoas hoje?
Ao compartilhar sua fé, como esta
o encoraja a saber que Jesus está "sempre com você"?

Deus, sabemos que todos precisam de ti.
Ajuda-nos a anunciar aos outros sobre a Tua salvação.

Amor destemido

Por anos usei o medo para proteger-me. Tornou-se a minha desculpa para evitar coisas novas, seguir meus sonhos e obedecer a Deus. Mas o medo da perda, mágoa e rejeição me impediram de desenvolver relacionamentos com Deus e com os outros. Isso tornou-me uma esposa insegura, ansiosa, ciumenta e uma mãe superprotetora. Enquanto aprendo sobre o quanto Deus me ama, Ele muda a maneira como me relaciono com Ele e com os outros. Por saber que Deus cuidará de mim, sinto-me mais segura e disposta a colocar as necessidades dos outros antes das minhas.

LEITURA:
1 João 4:7-12

Nós amamos porque ele nos amou primeiro. v.19

Deus é amor (vv.7,8). A morte de Cristo na cruz, a demonstração suprema do amor, mostra a profundidade de Sua paixão por nós (vv.9,10). Podemos amar os outros com base em quem Ele é e no que Ele faz porque Deus nos ama e vive em nós (vv.11,12).

Jesus nos concede o Seu Espírito Santo quando o recebemos como Salvador (vv.13-15). Quando o Espírito nos ajuda a conhecer e confiar no amor de Deus, Ele nos torna mais semelhantes a Jesus (vv.16,17). Crescer em confiança e fé pode gradualmente eliminar o medo, porque sabemos, sem sombra de dúvida, que Deus nos ama profunda e completamente (vv.18,19).

Ao experimentarmos o amor pessoal e incondicional de Deus por nós, amadurecemos e nos arriscamos a nos relacionarmos com Ele e com os outros com amor destemido. *XED*

Ao refletir sobre o grande amor de Deus por você, como isso o ajuda a aliviar o medo?

Senhor, obrigado por derramares amor ilimitado em nós para que possamos te amar e amar os outros sem medo.

Aqui para você

Em Paris e em muitas cidades ao redor do mundo, as pessoas auxiliam os sem-teto em suas comunidades. Roupas dentro de bolsas impermeáveis são penduradas em cercas para os que vivem nas ruas satisfazerem suas necessidades. Com etiquetas dizendo: "Não estou perdida; São suas se estiver com frio". As roupas aquecem os necessitados e ensina sobre a importância de ajudar os sem-teto da comunidade.

LEITURA:
Dt 15:7-11

...ordeno que compartilhem seus bens generosamente com os pobres e com outros necessitados de sua terra. v.11

A Bíblia destaca a importância de cuidar dos que são pobres instruindo-nos a sermos "mãos abertas" em relação a eles (v.11). Podemos ser impelidos a desviar nossos olhos para o sofrimento dos pobres, mantendo firmemente nossos recursos em vez de compartilhá-los. No entanto, Deus nos desafia a reconhecer que estaremos sempre cercados por aqueles que têm necessidades e, portanto, para reagirmos com generosidade, não com "má vontade" (v.10). Jesus diz que, ao dar aos pobres, recebemos um tesouro duradouro no Céu (LUCAS 12:33).

Nossa generosidade pode não ser reconhecida por ninguém além de Deus. No entanto, quando doamos livremente, não apenas satisfazemos as necessidades daqueles que nos rodeiam, mas também experimentamos a alegria que Deus deseja para nós ao provermos aos outros. Que o Senhor nos ajude a ter os olhos e mãos abertos para suprir as necessidades daqueles que Ele coloca em nossos caminhos!

KHH

Você está retendo os seus recursos? Se sim, porquê?
Qual necessidade você pode suprir hoje?

A generosidade demonstra confiança na provisão amorosa e fiel de Deus.

Maus consoladores

Um dos enterros mais difíceis em que preguei foi o de um pastor que se atirou de um prédio. Eu não sabia o que falar diante daquele cenário. Meses depois, a viúva me procurou para me agradecer. Disse-lhe que não a entendia porque eu havia ficado sem palavras naquela ocasião. A senhora respondeu: "Todos me disseram algo, e ouvi muitas coisas esquisitas. Mas o senhor foi o único que me abraçou e chorou comigo".

LEITURA:
Jó 42:1-9

Os comentários de algumas pessoas ferem, mas as palavras dos sábios trazem cura.
Provérbios 12:18

Quando damos respostas simplistas ao problema do sofrimento, geramos mais sofrimento em vez de consolar. Um dos reducionismos mais comuns diz que todo o mal que sofremos é fruto de alguma falha nossa em relação a Deus. Como se o viver de acordo com a vontade do Senhor garantisse que tudo sempre dará certo. Devíamos ouvir o conselho de Jó: "Escutem com atenção o que eu digo; essa é a consolação que podem me dar" (JÓ 21:2).

Esse homem enfrentava as piores experiências de vida cercado por amigos bem-intencionados, mas que, infelizmente, só faziam aumentar a sua dor. Suas "consolações" consistiam em acusações para tentar provocar "arrependimento" no pecador Jó, conforme interpretavam. No final do livro, eles são repreendidos por Deus por terem um discurso errado diante da situação.

As pessoas que sofrem não querem respostas de nossa teologia brilhante. Elas querem o coração de Jesus em nós. *PPJ*

As soluções para os problemas da vida não são instantâneas. Exigem tempo e paciência.

Deus, ajuda-me a ser sensível ao sofrimento alheio e a abraçar as pessoas com a atitude correta.

À imagem de Deus

Quando a sua linda pele marrom começou a perder a sua cor, a jovem senhora se assustou, sentiu-se como se ela estivesse desaparecendo ou perdendo o seu "eu". Com maquiagem pesada, ela cobria o que chamava de suas "manchas" de pele mais claras causadas por vitiligo — a perda de melanina, pigmento da pele que lhe dá o tom.

LEITURA:
Gênesis 1:26-31

...Deus criou os seres humanos à sua própria imagem, à imagem de Deus os criou; homem e mulher os criou. v.27

Porém, certo dia, ela se perguntou: "Por que esconder? Confiando na força de Deus para se autoaceitar, ela parou de usar maquiagem pesada. Logo, começou a receber atenção por sua autoconfiança. Por fim, tornou-se a primeira porta-voz do vitiligo para uma marca global de cosméticos.

"É uma enorme bênção", disse a um apresentador de TV, acrescentando que sua fé, família e amigos são sua fonte de encorajamento.

A história dessa mulher nos convida a lembrar que cada um de nós foi criado à Sua imagem. "...Deus criou os seres humanos à sua própria imagem, à imagem de Deus os criou; homem e mulher os criou" (v.27). Não importa a nossa aparência exterior, todos nós somos portadores da imagem divina. Como Suas criaturas, refletimos Sua glória; e como cristãos estamos sendo transformados para representar Jesus neste mundo.

Você luta para amar a sua aparência? Olhe-se no espelho e sorria para Deus. Ele o criou à Sua imagem.

PR

O que lhe é mais importante: como os outros o veem ou se veem Deus em você? De quais maneiras você pode representar a Sua imagem para os outros?

Ajuda-me a aceitar como me fizeste, Senhor.
Reina em meu coração para que outros possam ver-te em mim.

Relógios noturnos

Durante os meus tempos de estudante, eu passava os verões trabalhando numa pousada entre as belíssimas montanhas. Os membros da equipe faziam rodízios de vigílias noturnas para ficar de olho nos incêndios florestais a fim de proteger os hóspedes enquanto dormiam. O que parecia ser tarefa exaustiva e ingrata era uma oportunidade única para aquietar-me, refletir e encontrar consolo na majestosa presença de Deus.

LEITURA:
Salmo 63:1-8

Quando me deito, fico acordado pensando em ti, meditando a teu respeito a noite toda. v.6

O rei Davi buscava e ansiava sinceramente pela presença de Deus (v.1), até mesmo de seu leito e nas vigílias da noite (v.6). O salmo deixa claro que Davi estava ansioso. É possível que as palavras contidas no salmo reflitam sua profunda tristeza pela rebelião de seu filho Absalão. No entanto, a noite tornou-se um tempo para que Davi encontrasse ajuda e restauração à sombra das Suas asas (v.7) e em Seu poder e presença.

Talvez você esteja enfrentando alguma crise ou dificuldade em sua vida, e os relógios noturnos não são nada reconfortantes. Talvez o seu próprio "Absalão" pese no seu coração e alma ou outros encargos de família, trabalho ou finanças atormentem os seus momentos de descanso. Em caso afirmativo, considere esses momentos insones como oportunidades para clamar e apegar-se a Deus permitindo que a Sua forte mão o sustente (v.8). *EVAN MORGAN, AUTOR CONVIDADO.*

As promessas de Deus o encorajam ao enfrentar os desafios? As vigílias da noite o atraem a Deus?

Querido Deus, obrigado por estares sempre ao meu lado em todas as vigílias noturnas.

Podemos descansar?

LEITURA:
João 14:25-31

...Portanto, não se aflijam nem tenham medo. v.27

Daniel entrou no consultório da fisioterapeuta sabendo que sofreria muita dor. A terapeuta estendeu e dobrou o braço dele em posições que há meses, desde sua lesão, não tinham sido feitas. Depois de segurar cada posição desconfortável por alguns segundos, ela gentilmente lhe disse: "Ok, pode descansar". Mais tarde, ele afirmou: "Acho que ouvi pelo menos 50 vezes em cada sessão de terapia: 'Ok, pode descansar'".

Pensando nessas palavras, Daniel percebeu que elas poderiam se aplicar ao restante de sua vida também. Ele poderia descansar na bondade e fidelidade de Deus em vez de se preocupar.

Quando Jesus se aproximava de Sua morte, Ele sabia que Seus discípulos precisariam aprender isso. Eles logo enfrentariam uma época de convulsão e perseguição. Para encorajá-los, Jesus disse que enviaria o Espírito Santo para viver com eles e lembrar-lhes do que Ele havia ensinado (v.26). E assim Ele pôde dizer: "Eu lhes deixo um presente, a minha plena paz [...] não se aflijam nem tenham medo" (v.27).

Há motivo suficiente para estarmos tensos em nossa vida cotidiana. Mas podemos aumentar a nossa confiança em Deus, lembrando-nos de que o Seu Espírito vive em nós e nos oferece a Sua paz. Firmando-nos em Sua força, podemos ouvi-lo nas palavras da terapeuta: "Ok, pode descansar".

AMC

O que o estressa? Quais características divinas podem ajudá-lo a aprender a confiar mais no Senhor?

Ensina-me, Jesus, a confiar na Tua fidelidade, a conhecer a Tua presença, a experimentar a Tua paz e a descansar em ti.

Encontrando o tesouro

João e Maria andavam com seu cachorro em sua propriedade quando tropeçaram numa lata enferrujada parcialmente desenterrada pelas recentes chuvas. Abriram a lata e descobriram ali moedas de ouro com mais de um século! O casal voltou ao local e achou mais sete latas com 1.427 moedas no total. Eles protegeram o seu tesouro, enterrando-o em outro lugar.

LEITURA:
Mateus 13:44-46

O reino dos céus é como um tesouro escondido que um homem descobriu num campo. v.44

As moedas avaliadas em US$ 10 milhões são a maior descoberta do gênero na história dos EUA. Lembra-nos de uma parábola de Jesus: "O reino dos céus é como um tesouro escondido que um homem descobriu num campo. Em seu entusiasmo, ele o escondeu novamente, vendeu tudo que tinha e, [...] comprou aquele campo" (V.44).

Contos de tesouros enterrados capturaram a imaginação durante séculos, embora tais descobertas raramente aconteçam. Mas Jesus fala de um tesouro acessível a todos os que confessam seus pecados, o recebem e o seguem (JOÃO 1:12).

Nunca chegaremos ao fim desse tesouro. Quando abandonamos nossa vida antiga e buscamos a Deus e Seus propósitos, encontramos Seu valor. Por meio "da riqueza insuperável de sua graça, revelada na bondade que ele demonstrou por nós em Cristo Jesus" (EFÉSIOS 2:7), Deus nos oferece um tesouro além da imaginação, nova vida como Seus filhos e filhas, novo propósito na Terra e a alegria incompreensível da eternidade com Ele.

JBB

Você valoriza o seu relacionamento com Deus?
Como compartilhar esse tesouro?

Jesus, louvo-te por dares Tua vida por mim na cruz, pois nela encontrei perdão e nova vida em ti.

Florescendo no deserto

O **Deserto de Mojave** tem dunas de areia, cânions, planaltos e montanhas como a maioria dos desertos. Um biólogo observou que de tempos em tempos a abundância de chuvas traz "tamanha riqueza de flores que quase toda areia ou cascalho se esconde sob as flores". Mas esse show de flores silvestres não é um fenômeno anual. Os pesquisadores confirmam que o solo precisa ser encharcado por tempestades e aquecido pelo Sol, nos momentos certos, antes que as flores cubram o deserto com cores vibrantes.

LEITURA:
Isaías 35:1-10

Ali o SENHOR mostrará sua glória, o esplendor de nosso Deus. v.2

A imagem de Deus trazendo vida ao terreno árido me faz lembrar do profeta Isaías. Ele compartilhou a visão encorajadora de esperança depois de entregar a mensagem do julgamento divino sobre todas as nações (ISAÍAS 35). Descrevendo o futuro em que Deus "fará tudo se realizar", o profeta diz: "As regiões desabitadas e o deserto exultarão; a terra desolada se alegrará e florescerá" (v.1). Declarou que o povo resgatado de Deus entrará em Seu reino "cantando [...] coroados com alegria sem fim. A tristeza e o lamento desaparecerão..." (v.10).

Com o nosso futuro eterno garantido pelas promessas de Deus, podemos confiar nele durante as estações de seca e tempestades encharcadas. Profundamente enraizados em Seu amor, podemos crescer, florescendo à Sua semelhança, até que, na hora certa, Jesus retorne e corrija todas as coisas.

XED

Você enfrenta tempestades?
Como Deus tem lhe demonstrado a Sua presença?

Pai, obrigado por estares conosco para nos fazeres crescer em cada momento tempestuoso de nossa vida.

Não perca a chance

"**Nunca perca** a chance de mostrar a Lua aos seus bebês!", ela disse. Antes de nosso culto de oração do meio da semana começar, alguns comentaram sobre a Lua cheia da noite anterior. A Lua cheia no horizonte era impressionante. Dona Iolete, já idosa, era uma admiradora da grande criação de Deus. Ela sabia que minha esposa e eu tínhamos dois filhos ainda em casa nessa época e queria me ajudar a educá-los de maneira que valesse a pena. *Nunca perca a chance de mostrar a Lua aos seus bebês!*

LEITURA:
Salmo 19:1-4

Os céus proclamam a glória de Deus; o firmamento demonstra a habilidade de suas mãos. v.1

Dona Iolete teria sido uma boa salmista. Seu tipo de atenção se reflete na descrição dos corpos celestes que Davi fez: que "não há som [...] Sua mensagem, porém, chegou a toda a terra, e suas palavras, aos confins do mundo" (vv.3,4). Nem o salmista nem a dona Iolete tinham qualquer intenção de adorar a Lua ou as estrelas, mas, sim, as mãos criativas por trás delas. Os Céus e os céus proclamam nada menos do que a glória de Deus (v.1).

Nós também podemos encorajar as pessoas ao nosso redor — de bebês e adolescentes a cônjuges e vizinhos — a parar, olhar e ouvir declarações e proclamações da glória de Deus à nossa volta. Chamar atenção para o trabalho de Suas mãos, por sua vez, leva-nos a adorar o maravilhoso Deus por trás de todo o espetáculo. Não perca essa chance.

JB

Como desacelerar e contemplar a obra das mãos de Deus nesse momento? De que maneira você pode encorajar os outros a fazerem isso?

Se pararmos, olharmos e escutarmos, veremos a criação proclamando a glória de Deus.

Derrubando os pinos

Fiquei intrigada quando notei a tatuagem dos pinos de boliche no tornozelo da minha amiga. A música "*Setting Up the Pins*" (Organizando os pinos) de Sara Groves a inspirou para fazer essa tatuagem. A canção encoraja a alegrar-se com as tarefas rotineiras e repetitivas que às vezes parecem tão inúteis quanto arrumar manualmente os pinos de boliche, apenas para alguém vir derrubá-los.

LEITURA:
Eclesiastes 1:3-11

A história [...] se repete. O que foi feito antes será feito outra vez. Nada debaixo do sol é realmente novo. v.9

Lavar. Cozinhar. Cortar a grama. A vida parece cheia de tarefas que, uma vez concluídas, precisam ser refeitas. Não é uma luta nova, mas uma frustração antiga, registrada no livro de Eclesiastes. O livro começa com o escritor reclamando sobre os intermináveis ciclos da vida humana como fúteis (vv.2,3), sem sentido, pois "O que foi feito antes será feito outra vez" (v.9).

No entanto, o escritor foi capaz de recuperar o sentimento de alegria e significado, lembrando-nos que a nossa realização final vem de como reverenciamos a Deus e "obedecemos aos Seus mandamentos" (12:13). Confortamo-nos em saber que Deus valoriza até mesmo os aspectos comuns e aparentemente mundanos da vida e recompensará a nossa fidelidade (v.14).

Quais são os "pinos" que você está posicionando continuamente? Nos momentos em que as tarefas repetitivas começam a parecer cansativas, que tenhamos um momento para oferecê-las como oferta de amor a Deus.

LMS

Você pode fazer uma tarefa diferente hoje sabendo que Deus a valoriza?

Pai, obrigado por valorizares as rotinas comuns da vida. Ajuda-nos a nos alegrarmos nelas diariamente.

A oração de Ana

Quando Ana estava no segundo ano do Ensino Médio, ela e sua mãe ouviram a notícia sobre um jovem gravemente ferido num acidente de avião que levara a vida de seus pais. Embora não o conhecessem, a mãe de Ana disse: "Precisamos orar por ele e sua família". E assim o fizeram.

LEITURA:
Efésios 6:16-20

...que sejam feitas petições, orações, intercessões e ações de graça em favor de todos. 1 Timóteo 2:1

Anos mais tarde, quando Ana frequentava a universidade, um colega de classe ofereceu-lhe o assento ao lado dele. Ele era o rapaz acidentado por quem Ana tinha orado anos antes. Começaram a namorar e casaram-se em 2018.

"É uma loucura pensar que eu estava orando pelo meu futuro marido", disse Ana em uma entrevista pouco antes de se casarem. Pode ser fácil limitarmos nossas orações às nossas próprias necessidades pessoais e às pessoas mais próximas a nós, sem investir nosso tempo para orar pelos outros. No entanto, Paulo, escrevendo aos cristãos em Éfeso, disse-lhes: "Orem no Espírito em todos os momentos e ocasiões. Permaneçam atentos e sejam persistentes em suas orações por todo o povo santo" (EFÉSIOS 6:18). E 1 Timóteo 2:1 nos diz para orar "em favor de todos", incluindo autoridades.

Oremos pelos outros, até por pessoas que não conhecemos. É uma das maneiras pelas quais podemos "levar os fardos uns dos outros" (GÁLATAS 6:2).

JDB

Quais são as pessoas — algumas que você nem conhece pessoalmente — que precisam de suas orações hoje? Você pode arranjar tempo para conversar com Deus sobre as necessidades deles?

Jesus, abre meus olhos para as necessidades dos que estão ao meu redor, mesmo que eu não os conheça.

Compartilhando as fatias

Estêvão, de 62 anos, veterano militar e sem-teto, escolheu um lugar de clima mais ameno onde dormir ao relento fosse tolerável o ano todo. Certa noite, enquanto exibia as suas artes manuais na tentativa de ganhar algum dinheiro, uma jovem se aproximou e ofereceu-lhe várias fatias de pizza. Estêvão aceitou com gratidão. Momentos depois, ele as compartilhou com outro sem-teto faminto. A mesma jovem ressurgiu com outro prato com pizzas, reconhecendo a generosidade dele.

LEITURA:
Provérbios 11:23-31

O generoso prospera; quem revigora outros será revigorado. v.25

Essa história retrata bem Provérbios 11:25: pois quando somos generosos com os outros, é provável que também experimentemos a generosidade. Mas não devemos dar esperando algo em troca; raramente a generosidade retorna de forma tão rápida e óbvia quanto o foi para Estevão. Ao contrário, nós damos para ajudar os outros como resposta amorosa às instruções de Deus (FILIPENSES 2:3,4; 1 JOÃO 3:17). E quando o fazemos, Deus fica satisfeito. Embora Ele não tenha obrigação de encher nossas carteiras ou barrigas, Ele frequentemente encontra uma maneira de nos revigorar, às vezes materialmente, outras espiritualmente.

Estêvão também compartilhou sua segunda pizza com um sorriso e as mãos abertas. Apesar de sua falta de recursos, ele é um exemplo do que significa viver generosamente, disposto a compartilhar com alegria o que temos, em vez de guardar para nós mesmos. À medida que Deus nos guia e fortalece, que o mesmo possa ser dito de nós.

KHH

Você foi abençoado
pela generosidade de outra pessoa?

Podemos ser generosos com o que Deus nos deu.

Deus de todas as pessoas

O **ex-vocalista da** banda *Newsboys*, Peter Furler, descreve o efeito que a canção "Ele reina" tem. Ela une cristãos de todas as nações para adorar a Deus. Furler observou que sempre que a cantavam, ele podia sentir a ação do Espírito Santo entre os cristãos.

LEITURA:
Atos 2:1-12

Naquela época, judeus devotos de todas as nações viviam em Jerusalém. v.5

A descrição de Furler sobre "Ele Reina" provavelmente ressoaria entre as multidões que convergiram para Jerusalém no dia de Pentecostes. Quando os discípulos estavam cheios do Espírito Santo (v.4), as coisas começaram a acontecer além das experiências individuais. Em consequência, os "judeus devotos de todas as nações" se reuniram espantados, "pois cada um deles ouvia em seu próprio idioma [...] as coisas maravilhosas que Deus fez" (vv.5,6,11). Pedro explicou à multidão que isso era o cumprimento da profecia na qual Deus disse: "derramarei meu Espírito sobre todo tipo de pessoa" (v.17).

Essa exibição inclusiva do poder de Deus fez a multidão aceitar o evangelho que Pedro anunciou e "naquele dia houve um acréscimo de três mil pessoas" (v.41). Depois disso, esses novos cristãos retornaram ao seu canto do mundo, levando as boas-novas com eles.

As boas-novas ainda ressoam hoje! É a mensagem de esperança de Deus para todos. Ao louvarmos a Deus juntos, o Seu Espírito move-se entre nós, reunindo as pessoas de todas as nações em maravilhosa união. *Ele reina*!

ROO

Você vê a imagem de Deus em outras pessoas?
Você as enxerga pelas lentes de Jesus?

Querido Pai celestial, ajuda-me a refletir o Seu coração para todo o Seu povo.

Removendo a nuvem

Um acidente de carro devastou Mary Ann Franco. Embora ela tenha sobrevivido, os ferimentos a deixaram cega. Ela via apenas escuridão. Passados 21 anos, ela feriu-se numa queda. Ao acordar da cirurgia (que não era dos olhos), a visão dela voltou milagrosamente! Pela primeira vez em mais de duas décadas, Mary viu o rosto da sua filha. O neurocirurgião insistiu em que não havia explicação científica para sua visão restaurada. A escuridão que parecia definitiva deu lugar à beleza e luz.

LEITURA:
Isaías 25:1-9

Ali removerá a nuvem de tristeza, a sombra escura que cobre toda a terra. v.7

As Escrituras, assim como a nossa experiência, dizem-nos que uma mortalha de ignorância e mal cobre o mundo, cegando a todos nós para o amor de Deus (v.7). Egoísmo e ganância, nossa autossuficiência, nosso desejo por poder ou imagem, todas essas compulsões obscurecem a nossa visão, tornando-nos incapazes de ver claramente o Deus que faz "coisas maravilhosas" (v.1).

A Bíblia (ARA) chama essa nuvem: "a coberta que envolve a todos". Se somos deixados por nossa conta, experimentamos apenas escuridão, confusão e desespero. Muitas vezes nos sentimos aprisionados tateando e tropeçando, incapazes de ver o caminho à nossa frente. Felizmente, Isaías afirma que Deus "removerá a nuvem de tristeza, a sombra escura que cobre toda a terra" (v.7)

Deus não nos deixará sem esperança. Seu amor radiante remove o que nos cega, surpreendendo-nos com a bela visão de uma vida maravilhosa e graça abundante.

WC

Onde você sente a escuridão em seu mundo?
Como você imagina que Jesus destrói esse lugar?

Deus, a escuridão está em todo lugar.
É tão difícil ver a Tua verdade e amor, mas confio somente em ti.

Apenas um menino cigano

"É **apenas um** cigano", alguém sussurrou com desdém quando Rodney Smith foi à frente para receber Cristo como Salvador num culto em 1877. Ninguém dava valor a esse filho de ciganos sem instrução. Porém, Smith não os ouviu. Ele tinha certeza de que Deus tinha um propósito para ele e, por isso, comprou para si uma Bíblia e um dicionário e aprendeu sozinho a ler e escrever. Smith afirmou: "O caminho para Jesus não é de Cambridge, Harvard, Yale ou o dos poetas. É o monte chamado Calvário". Contrariando todas as expectativas, Smith se tornou o evangelista que Deus usou para trazer muitos para Jesus no Reino Unido e nos EUA.

LEITURA:
1 Pedro 2:4-10

Vocês, porém, são povo escolhido, reino de sacerdotes, nação santa, propriedade exclusiva de Deus. v.9

Pedro também era um homem simples, sem "instrução religiosa formal" nas escolas religiosas rabínicas (ATOS 4:13). Era pescador quando Jesus o chamou com duas simples palavras: Siga-me (MATEUS 4:19). No entanto, o mesmo Pedro, apesar de sua educação e dos fracassos que experimentou ao longo do caminho, afirmou mais tarde que aqueles que seguem a Jesus são "povo escolhido, reino de sacerdotes, nação santa, propriedade exclusiva de Deus" (1 PEDRO 2:9).

Por meio de Jesus Cristo, todas as pessoas seja qual for sua educação, instrução, criação, gênero ou etnia, podem fazer parte da família de Deus e serem usadas por Ele. Tornar-se "propriedade exclusiva" de Deus é para todos os que creem em Jesus. *EPE*

Como você é encorajado pelo fato de Deus poder usá-lo para Sua honra?

Deus, agradeço-te por minha identidade estar fundamentada em ti.

Comunicação clara

Viajando pela Ásia, meu iPad (com material de leitura e documentos de trabalho) "morreu" repentinamente; uma condição descrita como "a tela preta da morte". Busquei ajuda numa loja de informática e tive outro problema. Não falo chinês e o técnico da loja não falava inglês. A solução? Ele pegou um software no qual ele digitava em chinês e eu lia em inglês. O processo se invertia quando eu escrevia em inglês e ele lia em chinês. Pudemos nos comunicar claramente, mesmo em diferentes idiomas.

LEITURA:
Romanos 8:8-27

E o Espírito nos ajuda [...] orar segundo a vontade de Deus, [...] o próprio Espírito intercede por nós... v.26

Às vezes, sinto que não consigo me comunicar e expressar-me quando oro ao meu Pai celestial — e não estou sozinho nisso. Às vezes lutamos com a oração. Mas o apóstolo Paulo escreveu: "E o Espírito nos ajuda em nossa fraqueza, pois não sabemos orar segundo a vontade de Deus, mas o próprio Espírito intercede por nós com gemidos que não podem ser expressos em palavras. E o Pai, que conhece cada coração, sabe quais são as intenções do Espírito, pois o Espírito intercede por nós, o povo santo, segundo a vontade de Deus" (ROMANOS 8:26,27).

Quão incrível é o dom do Espírito Santo! Melhor do que qualquer programa de computador, Ele comunica claramente os meus pensamentos e desejos em harmonia com os propósitos do Pai. A ação do Espírito faz a oração "funcionar"!

WEC

Quais desafios você experimentou em sua vida de oração?
Como se apoiar no Espírito Santo
ao procurar orar mais apaixonadamente a Deus?

Pai, agradeço-te por Teu Espírito e pelo privilégio da oração. Confio em ti quando não sei como orar.

Palavras que ferem

"**Magrela", provocou** o menino. "Vareta", outro emendou. Em resposta, eu poderia ter respondido "o que vem de baixo não me atinge". Mas, mesmo sendo uma garotinha, eu sabia que não era bem assim. As palavras cruéis e impensadas doíam, às vezes doíam demais, deixando ferimentos que iam mais fundo e duravam muito mais tempo do que o vergão causado por uma pedra ou pedaço de pau.

LEITURA:
1 Samuel 1:1-8

Os comentários de algumas pessoas ferem, mas as palavras dos sábios trazem cura.
Provérbios 12:18

Ana certamente conhecia a dor das palavras impensadas. Seu marido, Elcana, amava-a, mas ela não tinha filhos, enquanto a segunda esposa dele, Penina, tinha muitos. Em uma cultura em que o valor da mulher era muitas vezes baseado no fato de ter filhos, Penina aumentava a dor de Ana ao "provocá-la" continuamente por ainda não ter filhos. Ela agiu assim até Ana chorar e deixar de comer (1 SAMUEL 1:6,7).

As intenções de Elcana eram provavelmente boas, mas a sua pergunta impensada: "Ana, por que você chora? [...] Será que não sou melhor para você do que dez filhos?" (v.8) ainda era dolorosa.

Como Ana, nós também cambaleamos com palavras ofensivas. E talvez reagimos às nossas dores atacando e ferindo outros com as nossas palavras. Mas todos nós podemos recorrer ao nosso Deus amoroso e compassivo em busca de força e cura (SALMO 27:5,12-14). Ele nos recebe com palavras de amor e graça.

ADK

Você foi ferido por palavras indelicadas? O que o ajudou a curar-se? Quem precisa ouvir as suas palavras de graça?

Senhor, obrigado pela cura e esperança que há em ti! Concede-nos sabedoria antes de falarmos.

O Salvador que nos conhece

"P**ai, que** horas são?", perguntou meu filho. "São 5h30", respondi. Eu sabia exatamente o que viria em seguida. "Não, são 5h28!". Vi seu rosto se iluminar. "Peguei vocês!", disse radiante. Senti-me encantado pelo fato de conhecer meu filho, de um jeito que só um pai conhece.

LEITURA:
João 1:43-51

"Como o senhor sabe a meu respeito?", perguntou Natanael. v.48

Como qualquer pai atencioso, eu os conheço. Sei como vão reagir ao acordarem, o que vão querer almoçar, seus inúmeros interesses, desejos e preferências.

Mas, mesmo assim, nunca os conhecerei perfeitamente, por dentro e por fora, como o nosso Senhor nos conhece.

Temos um vislumbre do conhecimento que Jesus tem de Seu povo em João 1 quando Natanael, a quem Felipe havia pedido para encontrar Jesus, foi em Sua direção. Jesus lhe disse: "Aí está um verdadeiro filho de Israel, um homem totalmente íntegro" (v.47). Surpreendido, Natanael reagiu: "Como o senhor sabe a meu respeito?". Um tanto misteriosamente, Jesus respondeu que Ele o vira sob a figueira (v.48).

Podemos não saber por que Jesus escolheu compartilhar esse detalhe em particular, mas parece que Natanael sabia! E extasiado, respondeu: "Rabi, o senhor é o Filho de Deus" (v.49).

Jesus nos conhece assim: íntima, completa e perfeitamente — como desejamos ser conhecidos. E nos aceita completamente — convidando-nos a sermos, não apenas Seus seguidores, mas Seus amados amigos (15:15).

ARH

Jesus nos conhece, ama, perdoa
e nos aceita como realmente somos.

***Jesus, obrigado por me conheceres
e me convidar à aventura de seguir-te.***

Lição com desenhos

Minha amiga e conselheira desenhou um boneco de palitos numa folha de papel. E a rotulou como "particular". Depois, desenhou um contorno em torno da figura, e chamou-o de "público". A diferença entre o eu particular e o público representa o grau de nossa integridade.

LEITURA:
2 Coríntios 10:1-11

...quando [...] presentes em pessoa, nossas ações serão tão enérgicas quanto aquilo que dizemos a distância... v.11

Fiz uma pausa e questionei-me: "Sou a mesma pessoa em público que sou em particular? Tenho integridade?".

Paulo escreveu cartas para a igreja em Corinto tecendo amor e disciplina em seus ensinamentos para serem como Jesus. Ao aproximar-se do final da segunda carta aos coríntios, ele se dirigiu aos acusadores que desafiaram sua integridade dizendo que ele era ousado em suas cartas, mas fraco pessoalmente (10:10). Esses críticos usavam a oratória profissional para receber dinheiro de seus ouvintes. Paulo tinha conhecimento acadêmico, mas falava com simplicidade e clareza. "Minha mensagem e minha pregação foram muito simples", escreveu numa carta anterior, "me firmei no poder do Espírito" (1 CORÍNTIOS 2:4). Sua carta posterior revelou sua integridade: "Essa gente deveria perceber que, quando estivermos presentes em pessoa, nossas ações serão tão enérgicas quanto aquilo que dizemos a distância" (2 CORÍNTIOS 10:11).

Paulo se apresentou como a mesma pessoa em público que era em particular. E nós?

ELM

De que maneira você integra a sua vida privada e pública? Como você pode honrar a Deus mais plenamente e com total integridade?

Deus, ajuda-me a ser íntegro a ti em particular, para depois me apresentar com integridade em público.

Salvando vilões

Os heróis dos quadrinhos são mais populares do que nunca. Em 2017, seis filmes de super-heróis contabilizaram mais de 4 bilhões de dólares em bilheterias. Por que esses filmes atraem tantos?

LEITURA:
Daniel 3:26-30

Louvado seja o Deus de Sadraque, Mesaque e Abede-Nego! Ele enviou seu anjo para livrar seus servos... v.28

Talvez porque essas histórias se assemelham à grande história de Deus. Há o herói, o vilão, o povo necessitado de resgate e muita ação fascinante.

Nessa história, Satanás é o maior vilão, o inimigo de nossas almas. Mas há outros "pequenos" vilões. Em Daniel, Nabucodonosor é um exemplo. Ele era o rei de grande parte do mundo e decidiu matar qualquer um que não adorasse sua estátua gigante (vv.1-6). Quando três corajosos oficiais judeus se recusaram (vv.12-18), Deus os salvou dramaticamente de uma fornalha ardente (vv.24-27).

Entretanto, numa reviravolta surpreendente, vemos o coração desse vilão começar a mudar. Em resposta a esse acontecimento espetacular, Nabucodonosor disse: "Louvado seja o Deus de Sadraque, Mesaque e Abede-Nego" (v.28).

No entanto, ele ameaçou matar quem desafiasse a Deus (v.29), ainda não entendendo que o Senhor não precisava de sua ajuda. Ele aprenderia mais sobre Deus no capítulo 4, mas isso é outra história.

Não vemos apenas um vilão em Nabucodonosor, mas alguém numa jornada espiritual. Na história da redenção de Deus, nosso herói, Jesus, alcança todos os que precisam de ajuda incluindo os vilões entre nós.

TLG

Como você pode ajudar alguém que necessite do resgate de Deus?

Jesus orou por aqueles que o perseguiram. Nós podemos fazer o mesmo.

Em nossa fraqueza

Embora Anne Sheafe Miller tenha morrido em 1999 com 90 anos, ela quase falecera em 1942 ao desenvolver septicemia após um aborto espontâneo e todos os tratamentos terem sido infrutíferos. Quando um paciente no mesmo hospital mencionou sua conexão com um cientista, que estava trabalhando em uma nova droga milagrosa, o médico de Anne pressionou o governo a liberar uma pequena quantia para sua paciente. Em apenas um dia, sua temperatura voltou ao normal! A penicilina salvou a vida dela.

LEITURA:
Romanos 8:1-2,10-17

E o Espírito nos ajuda em nossa fraqueza... v.26

Desde a queda, todos os seres humanos experimentaram uma condição espiritual devastadora provocada pelo pecado (5:12). Somente a morte, a ressurreição de Jesus e o poder do Espírito Santo nos possibilitaram sermos curados (8:1,2). O Espírito Santo nos permite desfrutar de uma vida abundante na Terra e da eternidade na presença de Deus (vv.3-10). "E, se o Espírito de Deus que ressuscitou Jesus dos mortos habita em vocês, o Deus que ressuscitou Cristo Jesus dos mortos dará vida a seu corpo mortal, por meio desse mesmo Espírito que habita em vocês" (v.11).

Quando sua natureza pecaminosa ameaça tirar a sua vida, olhe para a fonte de sua salvação, Jesus, e fortaleça-se pelo poder do Seu Espírito (vv.11-17). "O Espírito nos ajuda em nossa fraqueza" e "intercede por nós, o povo santo, segundo a vontade de Deus" (vv.26,27).

ROS

Como tornar-se mais consciente da presença e obra do Espírito Santo?

Pai, obrigado por Teu Filho e pelo poder do Espírito Santo que me permite desfrutar da verdadeira vida em ti.

Presente na tempestade

O **fogo consumiu** a casa de uma família de seis pessoas da nossa igreja, mas o pai e um filho sobreviveram. O pai estava hospitalizado enquanto sua esposa, mãe e dois filhos pequenos eram levados ao descanso eterno. Infelizmente, esses acontecimentos continuam se repetindo. E a antiga pergunta também: "Por que coisas ruins acontecem a pessoas boas?". Não nos surpreende que esse velho questionamento não tenha novas respostas.

LEITURA:
Salmo 46

O Senhor dos Exércitos está entre nós; o Deus de Jacó é nossa fortaleza. v.7

Porém, a verdade que o salmista apresenta no Salmo 46 também foi repetida, ensaiada e aceita repetidamente. "Deus é nosso refúgio e nossa força, sempre pronto a nos socorrer em tempos de aflição" (v.1). Nos versículos 2 e 3, as condições são catastróficas: terra e montanhas se movendo e as águas furiosas. Estremecemos ao nos imaginarmos nessas condições tempestuosas retratadas poeticamente. Mas, às vezes, encontramo-nos assim: nos espasmos de uma doença terminal, numa crise financeira devastadora, atormentados e atordoados pela morte de entes queridos.

É tentador racionalizar que a presença de problemas significa a ausência de Deus. Mas a verdade das Escrituras contraria essas noções. "O Senhor dos Exércitos está entre nós; o Deus de Jacó é nossa fortaleza" (vv.7,11). Ele está presente quando as circunstâncias são insuportáveis e encontramos o conforto em Seu caráter: Ele é bom, amoroso e confiável.

ALJ

Um desafio na vida já o fez questionar se Deus estava presente?

Pai, ajuda-me a confiar na Tua Palavra quando me é difícil sentir o Teu cuidado ou presença.

Acabar com a inveja

O **famoso artista** francês Edgar Degas é lembrado por suas pinturas de bailarinas. Poucos sabem que ele invejava seu amigo e rival artístico Édouard Manet, outro mestre da pintura. Sobre ele, Degas disse: "Ele acerta de primeira, enquanto eu sofro e nunca acerto".

LEITURA:
Romanos 6:11-14

Cada um preste muita atenção em seu trabalho...
Gálatas 6:4

Paulo classifica a inveja como uma das piores emoções, tão má quanto "toda espécie de perversidade, pecado, ganância, ódio, [...] homicídio, discórdia, engano, malícia e fofocas". É o resultado de pensamentos tolos, de adoração a ídolos em vez de adoração a Deus (ROMANOS 1:28,29).

Christina Fox, escritora, diz que, quando a inveja se desenvolve entre os cristãos, é "porque o nosso coração se afastou do nosso amor verdadeiro". Baseados nesse sentimento, "perseguimos os prazeres inferiores deste mundo em vez de olhar para Jesus. De fato, esquecemo-nos de quem somos".

No entanto, há remédio. Volte-se para Deus. "Ofereça cada parte sua a Ele", escreveu Paulo (6:13), especialmente seu trabalho e vida. Em outra de suas cartas, Paulo alertou: "Cada um preste muita atenção em seu trabalho, pois então terá a satisfação de havê-lo feito bem e não precisará se comparar com os outros" (GÁLATAS 6:4).

Agradeça a Deus por Suas bênçãos e pela liberdade de Sua graça. Vendo nossos próprios dons concedidos por Deus, encontramos novamente o contentamento.

PR

Quais talentos, dádivas e bênçãos Deus lhe concedeu e você deixou de apreciar?

Querido Senhor, aproxima-me de ti, pois somente tu és o meu único amor verdadeiro e generoso.

Esconde-esconde

"Ele vai me achar", pensei. Meu coração bateu mais rápido quando ouvi os passos do meu primo de 5 anos se aproximando. Ele chegava *mais perto*. Cinco. Três. Dois. "Achei!".

LEITURA:
Gênesis 3:1-10

Então o SENHOR Deus chamou o homem e perguntou: "Onde você está?". v.9

Esconde-esconde. A maioria das pessoas tem boas lembranças desse jogo. No entanto, às vezes, na vida, o medo de ser encontrado não é divertido e está enraizado num instinto de fuga. As pessoas podem não gostar do que veem.

Como filhos deste mundo caído, somos propensos a interpretar o que um amigo meu rotula de "confuso jogo de esconde-esconde" entre Deus e nós. Fingimos que nos escondemos, pois, de qualquer forma, Ele vê todo o caminho e até nossos pensamentos confusos e escolhas erradas. Sabemos disso, embora gostemos de fingir que Ele não pode realmente ver.

No entanto, Deus continua a procurar. Ele nos chama: "Venha, quero ver até mesmo as partes que o envergonham", ecoando a mesma voz que chamou o primeiro ser humano que se escondeu por medo: "Onde você está?" (v.9). Um convite tão caloroso e tão penetrante: "Saia do seu esconderijo, querido filho, e volte a se relacionar comigo".

Pode parecer arriscado demais, até mesmo absurdo. Mas dentro dos limites seguros dos cuidados de nosso Pai, qualquer um de nós, não importa o que tenhamos feito ou deixado de fazer, pode ser totalmente conhecido e amado.

JRO

É reconfortante e libertador saber que Deus o vê e ainda assim anseia que você venha a Ele?

Aquele que nos conhece plenamente nos ama incondicionalmente.

O Senhor se alegra

Minha avó recentemente me enviou uma pasta cheia de fotografias antigas e, enquanto eu as olhava, uma delas me chamou a atenção. Nela, tenho 2 anos e estou sentada frente à lareira. No outro extremo, meu pai está abraçando a minha mãe. Ambos estão olhando para mim com expressões de amor e satisfação.

LEITURA:
Sofonias 3:14-20

Pois o SENHOR, seu Deus, [...] se alegrará em vocês com gritos de alegria! v.17

Coloquei essa foto sobre a minha cômoda, onde a vejo todas as manhãs. É uma lembrança maravilhosa do amor deles por mim. Na verdade, até mesmo o amor dos bons pais é imperfeito. Guardei essa foto porque me lembra que, embora o amor humano possa falhar às vezes, o amor de Deus nunca falha e, de acordo com as Escrituras, Deus olha para mim como meus pais estão me olhando nessa foto.

O profeta Sofonias retrata esse amor de maneira que me surpreende. Ele descreve Deus se regozijando com gritos de alegria. O povo de Deus não merecia esse amor. Eles não conseguiram obedecê-lo nem se trataram com compaixão. Mas Sofonias prometeu que, no final, o amor de Deus prevaleceria sobre os seus fracassos. Deus removeria o castigo deles (v.15) e se alegraria com Seu povo (v.17). O Senhor os reuniria em Seus braços, e os traria para casa, e os restauraria (v.20).

Vale a pena refletir sobre esse amor todas as manhãs. *ALP*

O que você sente ao saber que Deus se alegra com você com cânticos? Como você experimentou o amor do Senhor?

Deus, obrigado por Teu perdão e amor fiel por nós.

Brincando com alegria

Um dos nossos filhos, Brian, é treinador de basquete no Ensino Médio. Um ano, enquanto sua equipe se preparava para participar dos Jogos Estaduais, algumas pessoas bem-intencionadas da cidade perguntavam: "Vocês vão levar todas este ano?". Os jogadores e os treinadores sentiram a pressão, então Brian adotou um lema: "Joguem com alegria!".

LEITURA:
Gálatas 5:22-26

Mas o Espírito produz este fruto: amor, alegria... v.22

Pensei nas últimas palavras do apóstolo Paulo aos líderes efésios: "completar minha carreira" (ATOS 20:24). Seu objetivo era completar a missão que Jesus lhe havia confiado. Tornei essas palavras o meu lema e a minha oração: "Que eu complete a missão que me foi confiada". Ou, como Brian diz: "Que possamos jogar com alegria!". E a propósito, a equipe de meu filho ganhou o campeonato estadual naquele ano.

Todos nós temos boas razões para ficarmos ranzinzas: as notícias desencorajadoras, as tensões cotidianas, os problemas de saúde. No entanto, se pedirmos a Deus, Ele pode nos conceder a alegria que transcende essas condições. Podemos ter o que Jesus chamou de "minha alegria" (JOÃO 15:11).

A alegria é fruto do Espírito Santo (GÁLATAS 5:22). Por isso, devemos nos lembrar de cada manhã pedir que Jesus nos ajude: "Que eu possa viver com alegria!". O autor Richard Foster disse: "Orar é mudar. E isso é uma enorme graça. Como é bom que Deus provê o caminho pelo qual podemos viver com alegria".

DHR

O que o desencoraja?
Onde você encontra sua alegria?

Deus, elevo os meus olhos a ti e sou grato por poder contar com a Tua fidelidade. Concede-me a Tua alegria.

A BÍBLIA em UM ANO:
JÓ 3-4; ATOS 7:44-60

Vaidade em chamas

Em fevereiro de 1497, o monge Girolama Savonarola iniciou um incêndio. Antes disso, ele e seus seguidores passaram vários meses coletando itens que pudessem induzir as pessoas a pecar ou negligenciar seus deveres religiosos, incluindo obras de arte, cosméticos, instrumentos e vestidos. No dia marcado, milhares de itens "de vaidade" foram reunidos e incendiados numa praça pública em Florença, Itália. Esse evento é conhecido como a Fogueira das Vaidades.

LEITURA:
Mateus 5:21-30

Cria em mim, ó Deus, um coração puro... Salmo 51:10

Savonarola pode ter encontrado inspiração para suas ações extremas nas declarações do Sermão do Monte. "Se o olho direito o leva a pecar, arranque-o e jogue-o fora [...] E, se a mão direita o leva a pecar, corte-a e jogue-a fora" (MATEUS 5:29,30). Porém se interpretarmos literalmente as palavras de Jesus, perderemos o ponto da mensagem. Todo o sermão ensina a ir além da superfície, centrar-se no estado de nosso coração em vez de culpar nosso comportamento por distrações e tentações externas.

A Fogueira das Vaidades fez um grande espetáculo de destruição de pertences e obras de arte, mas é improvável que os corações dos envolvidos tenham sido alterados nesse processo. Só Deus pode transformar o coração. Por isso o salmista orou: "Cria em mim, ó Deus, um coração puro" (SALMOS 51:10). É o nosso coração que conta.

ROO

Quais comportamentos ou distrações podem estar em sua lista de "vaidades"? Como você tenta "administrá-los"?

Senhor, dá-me a graça de entregar meu coração a ti e minhas vaidades ao fogo purificador do Espírito Santo.

A BÍBLIA em UM ANO:
JÓ 5-7; ATOS 8:1-25

Seu elogio

Apesar de ser uma despedida, senti-me grato por ter ido ao funeral de uma serva fiel a Deus. Sua vida não fora espetacular, não era muito conhecida fora de sua igreja e vizinhança. Contudo, ela amava a Jesus, seus 7 filhos e 25 netos. Tinha o riso fácil, servia generosamente com alegria.

LEITURA:
Eclesiastes 7:1-6

...afinal, todos morrem, e é bom que os vivos se lembrem disso. v.2

Eclesiastes diz: "É melhor ir a funerais que ir a festas" (v.2). "O sábio pensa na morte com frequência", pois com ela aprendemos o que mais importa (v.4). O colunista de um renomado jornal diz que há dois tipos de virtudes: as que ficam bem num currículo e as que você quer que digam em seu funeral. Às vezes elas se sobrepõem, embora muitas vezes pareçam competir. Na dúvida, escolha sempre as virtudes do elogio.

Aquela serva não tinha um currículo impressionante, mas seus filhos testemunharam que "ela deu vida a Provérbios 31" descrevendo-a como uma mulher piedosa. Ela os inspirou a amar a Jesus e se importar com os outros. Como Paulo disse: "Sejam meus imitadores, como eu sou imitador de Cristo" (1 CORÍNTIOS 11:1), e seus filhos nos desafiaram a imitar a vida dela como ela imitava Jesus.

O que será dito sobre você em seu funeral? O que deseja que digam? Nunca é tarde para desenvolver as virtudes que o dignificam. Descanse em Jesus, pois a salvação que Ele nos concede nos liberta para vivermos o que mais importa. *MEW*

Como sua vida mudaria se você tivesse as suas homenagens póstumas sempre à mente?

Pai, dá-me a coragem de viver para o que mais importa.

Desatando a corda

Uma organização cristã promove a natureza terapêutica do perdão, e uma de suas atividades é um esquete no qual a pessoa que foi injustiçada é amarrada com uma corda ao transgressor. Só quem sofreu o pecado pode desatar a corda. Não importa o que fizer, terá alguém em suas costas. Sem perdão, sem desatar a corda, não há escape.

LEITURA:
Gênesis 33:1-11

Esaú correu ao encontro de Jacó e o abraçou; [...] e o beijou. E os dois choraram. v.4

Oferecer o perdão a quem vem a nós triste pelos erros cometidos inicia o processo de nos liberarmos da amargura e da dor que podem se apegar a nós pelos erros que sofremos. No texto de hoje, os dois irmãos ficaram separados por 20 anos depois que Jacó roubou de Esaú o direito de primogenitura. Após tanto tempo, Deus disse a Jacó para retornar à sua terra natal (v.3). Ele obedeceu, mas nervosamente enviou para Esaú rebanhos de animais como presentes de (32:13-15). Quando os irmãos se encontraram, Jacó inclinou-se aos pés de Esaú sete vezes com humildade (33:3). Imagine a sua surpresa quando Esaú correu e o abraçou, ambos chorando pela reconciliação (v.4). Jacó não estava mais preso ao pecado que cometera contra seu irmão.

Você se sente preso por falta de perdão, com raiva, medo ou vergonha? Saiba que Deus, através de Seu Filho e Espírito, pode libertá-lo quando você busca Sua ajuda. Ele permitirá que você inicie o processo de desvincular-se de quaisquer amarras e o libertará.

ABP

Você se humilharia diante de quem feriu?
A quem você precisa perdoar ainda hoje?

Deus, o Teu desejo é que vivamos em harmonia e falhamos tanto. Ajuda-nos a amarmos uns aos outros.

Digressões divinas

LEITURA:
Atos 16:6-10

[Eles] tentaram ir para o norte, em direção à Bitínia, mas o Espírito de Jesus não permitiu. v.7

Pode ser difícil ouvirmos "não" ou "agora não", especialmente quando sentimos que Deus abriu uma porta para servirmos aos outros. No início do meu ministério, tive duas oportunidades nas quais achava que meus dons e habilidades correspondiam às necessidades das igrejas, mas tais portas se fecharam. Depois, surgiu outra posição e fui selecionado. Com isso vieram 13 anos de ministério tocando vidas em trabalhos pastorais.

Deus redirecionou Paulo e seus companheiros duas vezes. Primeiro, "o Espírito Santo os impediu de pregar a palavra na província da Ásia". Então, "...tentaram ir para o norte, [...] mas o Espírito de Jesus não permitiu" (vv.6,7). Eles não sabiam, mas Deus tinha outros planos que seriam úteis para o Seu trabalho e servos. O "não" divino aos planos anteriores os fizeram ouvir e confiar na liderança divina (vv.9,10).

Quem dentre nós não se entristeceu com o que pensávamos ser uma perda dolorosa? Sentimo-nos feridos se não conseguimos um emprego, se uma oportunidade de serviço não se concretizou ou se uma mudança foi interrompida. Embora essas coisas possam ser momentaneamente pesadas, o tempo muitas vezes revela que, na verdade, tais desvios são "digressões divinas" que o Senhor graciosamente usa para nos levar na direção que Ele nos quer, e, por isso, somos gratos.

ALJ

Você está grato pelo que desejou e não conseguiu?
Como essa situação reforçou sua confiança no Senhor?

Pai, louvo-te, pois sabes como melhor organizar minha vida e me proteges através de Teus desvios.

A BÍBLIA em UM ANO:
JÓ 14–16; ATOS 9:22-43

Quando os tubarões não mordem

Meus filhos e eu visitamos um aquário onde as pessoas podiam acariciar os pequenos tubarões mantidos num tanque especial. Perguntei à atendente se as criaturas alguma vez tinham ferido alguém, e ela explicou que eles tinham sido recém-alimentados e recebido comida *extra*. Não mordiam porque estavam saciados.

LEITURA:
Provérbios 27:1-10

Quem está satisfeito recusa o mel... v.7

O que aprendi sobre acariciar o tubarão faz sentido de acordo com um provérbio: "Quem está satisfeito recusa o mel, mas para o faminto até o alimento amargo é doce" (v.7). A fome, essa sensação de vazio interior, enfraquece o nosso discernimento ao tomarmos decisões. Convence-nos de que não há problema em aceitar qualquer coisa que nos preencha, mesmo que isso nos leve a "morder" alguém.

Deus quer mais para nós do que uma vida à mercê de nossos apetites. Ele deseja que sejamos cheios do amor de Cristo, para que tudo o que fizermos flua da paz e estabilidade que Ele provê. Saber que somos amados incondicionalmente nos torna confiantes. Permite-nos sermos seletivos ao considerarmos as coisas "doces" da vida: conquistas, bens e relacionamentos.

Apenas o relacionamento com Jesus gera a verdadeira plenitude. Que possamos compreender Seu incrível amor por nós, para que sejamos "preenchidos com toda a plenitude de vida e poder que vêm de Deus" (EFÉSIOS 3:19) por nossa causa e pelo bem dos outros.

JBS

Você crê que Jesus pode nos satisfazer com plenitude de vida e poder?

Aqueles que creem que Jesus é o Pão da Vida nunca mais terão fome.

Através de uma nova lente

"**Deve ser** incrível olhar uma árvore e ver as folhas e não apenas uma mancha verde!", meu pai falou. Eu não poderia ter dito isso de forma melhor. Aos 18 anos, eu não gostava de usar óculos, mas eles mudaram a maneira como eu via tudo, deixando as "manchas" lindas!

LEITURA:
Êxodo 25:31-40

Por meio de tudo que ele fez desde a criação do mundo, podem perceber [...] sua natureza divina.
Romanos 1:20

Ao folhear as Escrituras, leio certos livros como se estivesse sem óculos. Não parece haver muito para ler. Mas perceber os detalhes do texto pode revelar a beleza no que pode parecer uma passagem enfadonha.

Isso ocorreu quando eu lia o Êxodo. As instruções de Deus para a construção do tabernáculo, Sua morada temporária entre os israelitas, pareciam um monte de detalhes maçantes. Mas parei no capítulo 25, onde Deus orientou a confecção do candelabro. Por fora, deveria ser "de ouro puro batido", incluindo sua base, haste central, lâmpadas, botões e flores (v.31). As taças deveriam ter "a forma de flor de amendoeira" (v.34). As amendoeiras são de tirar o fôlego. E Deus incorporou essa beleza natural em Seu tabernáculo!

Paulo escreveu que os atributos invisíveis de Deus podem ser percebidos claramente pelo Seu poder e Sua natureza divina (ROMANOS 1:20). Para vê-la, às vezes, temos que olhar através de uma nova lente para a criação e passagens bíblicas que possam parecer desinteressantes.

JS

É possível olhar as Escrituras de uma nova maneira e ver a beleza de Deus? Como a Sua bela criação o atraiu para mais perto dele?

Senhor, obrigado por nos criares à Tua imagem e ajuda-nos a lembrar que o nosso valor vem de ti.

Deus cuida de mim

O **joão-de-barro é** um pássaro muito inteligente, pois escolhe bem onde vai construir sua casa. Deus me ensinou algo através de um desse pássaros que se instalou no galho de um pinheiro que avisto de meu apartamento. Se esse é um pássaro inteligente, aquele, a meu ver, era insensato, porque escolheu mal o galho para sua casa.

LEITURA:
Mateus 6:25-34

"...não se preocupem com a vida diária, se terão o suficiente para comer, beber ou vestir." v.25

À medida que o pinheiro cresce, os galhos de baixo ficam fracos e acabam caindo. E foi ali que o joão-de-barro construiu sua casa! Vindo um temporal, aquele galho seria um dos primeiros a cair. Mas a tempestade chegou, e houve um "milagre". O galho partiu a um metro do tronco, e a casa do joão-de-barro ficou intacta.

Jesus, em Seu Sermão do Monte, nos convida a observar os pássaros: "Observai as aves do céu: não semeiam, não colhem, nem ajuntam em celeiros; contudo, vosso Pai Celeste as sustenta. Porventura, não valeis vós muito mais do que as aves?" (MATEUS 6:26). Isso não é um convite para uma vida ociosa, mas uma chamada para que confiemos na providência de Deus.

Quando nossa mente é tomada por preocupações com a saúde, as limitações financeiras, os filhos, os netos e mil coisas mais, aquele galho de pinheiro partido e a casa do joão-de-barro a salvo são um convite para descansarmos naquele que prometeu estar conosco até o fim. São dele as palavras: "De maneira alguma te deixarei, nunca jamais te abandonarei" (HEBREUS 13:5).

SM

Pai, quando minha mente se ocupar com preocupações inúteis, ajuda-me a confiar que cuidas de mim.

Como encontrar paz

"O **que você** pensa a respeito da paz?", meu amigo me perguntou. "Paz?, não tenho certeza, mas por que a pergunta?". Ele me respondeu: "Bem, enquanto você sacudia seus pés durante o culto, achei-a inquieta por algo. Você já refletiu sobre a paz que Deus dá aos que o amam?".

LEITURA:
Colossenses 3:12-17

Permitam que a paz de Cristo governe o seu coração, pois [...] vocês são chamados a viver em paz. v.15

Naquele dia, fiquei magoada com a pergunta dele, mas isso deu início a uma jornada interior. Busquei na Bíblia para ver como o povo de Deus aceitou o presente de tranquilidade, de paz, mesmo em meio aos sofrimentos. Ao ler a carta de Paulo aos colossenses, refleti a respeito da ordenança do apóstolo para deixar que a paz de Cristo governasse o coração deles (v.15).

Paulo estava escrevendo para uma igreja que jamais tinha visitado, mas da qual ouvira falar por meio do seu amigo Epafras. Ele estava preocupado porque, ao se depararem com falsos ensinamentos, estavam perdendo a paz de Cristo. Mas, em vez de admoestá-los, Paulo os encorajou a confiar em Jesus, que lhes daria esperança e segurança (v.15).

Todos nós enfrentaremos momentos em que poderemos escolher aceitar ou rejeitar o domínio da paz de Cristo em nosso coração. Ao nos voltarmos a Jesus, pedindo-lhe que habite em nós, Ele gentilmente nos libertará da ansiedade e dos cuidados que pesam sobre nós. Ao buscarmos a Sua paz, confiamos que Ele nos alcançará com o Seu amor.

ABP

O que pesa em sua mente e coração?
Você quer pedir a Jesus para lhe dar a paz?

Jesus, tu dás a paz que excede todo o entendimento. Ajuda-me a aceitá-la em todas as áreas da minha vida.

Honesto com Deus

O dia do meu neto de 3 anos tinha começado mal. Ele não conseguia encontrar a sua camiseta favorita. Os sapatos que ele queria calçar esquentavam muito. Irritou-se e criou confusão com a avó e depois se sentou para chorar.

"Por que você está tão chateado?", perguntei-lhe. Conversamos e, quando ele se acalmou, questionei: "Você foi bondoso com a vovó?". Ele olhou para baixo e respondeu: "Não, eu fui mau, desculpe".

LEITURA:
Isaías 1:12–18

Finalmente, confessei a ti todos os meus pecados e não escondi mais a minha culpa...
Salmo 32:5

Meu coração se solidarizou. Ele fora honesto. Juntos, pedimos a Jesus para nos perdoar quando cometemos erros e que nos ajudasse a melhorar.

Em Isaías 1, Deus confronta o Seu povo sobre os erros que tinham cometido. Os subornos e injustiças nos tribunais eram excessivos, tirava-se proveito de órfãos e viúvas para lucros pessoais. Mesmo assim, Deus agiu com misericórdia pedindo ao povo de Judá que eles confessassem e se afastassem do pecado: "Venham, vamos resolver este assunto, diz o SENHOR. Embora seus pecados sejam como o escarlate, eu os tornarei brancos como a neve..." (1:18).

Deus quer que nos abramos com Ele em relação ao pecado. Quando honestamente nos arrependemos, Ele nos aceita com o Seu perdão amoroso: "Mas, se confessamos nossos pecados, ele é fiel e justo para perdoar nossos pecados e nos purificar de toda injustiça" (1 JOÃO 1:9). Pelo fato de o nosso Deus ser misericordioso, um novo começo nos espera.

JBB

O que o impede de confessar os seus pecados a Deus?

Aba, Pai, ajuda-me a me afastar do pecado e a ter um novo começo contigo hoje.

A história e Seu nome

Abri a Bíblia ilustrada das crianças e comecei a ler para o meu neto. Ficamos encantados com a história do amor e provisão de Deus derramada em prosa. Marcando a página, virei e li o título mais uma vez: *A Bíblia das histórias de Jesus: Cada história sussurra o Seu nome.*

LEITURA:
Lucas 24:17-27

Então Jesus os conduziu por todos os escritos de Moisés e dos profetas, explicando o que as Escrituras diziam a respeito dele. v.27

Para ser honesta, a Bíblia, especialmente o Antigo Testamento, é difícil de compreender. Por que os que não conhecem a Deus parecem triunfar sobre os filhos de Deus? Como Ele pode permitir tal crueldade quando sabemos que o Seu caráter é puro e que os propósitos de Deus são para o nosso bem?

Após Sua ressurreição, Jesus encontrou dois discípulos na estrada para Emaús que não o reconheceram e lutavam com a decepção pela morte de seu Messias (LUCAS 24:19-24). Eles tinham "esperança de que ele fosse aquele que resgataria Israel..." (v.21). Lucas registra como Cristo os tranquilizou: "Jesus os conduziu por todos os escritos de Moisés e dos profetas, explicando o que as Escrituras diziam a respeito dele" (v.27).

Cada história sussurra o Seu nome, até mesmo as difíceis, pois revelam a total fragilidade do mundo e nossa necessidade de um Salvador. Toda ação, acontecimento, e intervenção aponta à redenção que Deus preparou aos Seus teimosos entes queridos: trazer-nos de volta a Ele.

ELM

Como o resgate de Deus age em sua vida? Quais histórias o incomodam hoje? Você consegue ver Deus agindo?

Deus, ajuda-me a ouvir-te enquanto sussurras o Teu nome em cada histórias das Escrituras.

A BÍBLIA em UM ANO:
JÓ 30–31; ATOS 13:26-52

A prática do que pregamos

O pastor e escritor Eugene Peterson participou de uma palestra do médico suíço e respeitado pastor conselheiro Paul Tournier. Peterson lera os trabalhos do médico e admirava sua abordagem sobre a cura. A palestra causou-lhe profunda impressão. Enquanto ouvia, tinha a sensação de que Tournier praticava o que falava e falava o que praticava. Peterson escolheu a palavra *congruência* para descrever a sua experiência. "É a melhor palavra que posso sugerir".

LEITURA:
1 João 2:7-11

Se alguém afirma: "Estou na luz", mas odeia seu irmão, ainda está na escuridão. v.9

Congruência é o que alguns chamam de "praticar o que você prega" ou "fazer o que se fala" — uniformidade no proceder. João enfatiza que, se algum de nós afirma estar na luz, "mas odeia seu irmão, ainda está na escuridão" (1 JOÃO 2:9). Na realidade, nossa vida e palavras simplesmente não combinam. João vai além dizendo que esse alguém "Não sabe para onde vai" (v.11). Qual a palavra que ele escolheu para descrever como a incongruência nos deixa? *Cegos*.

Viver intimamente alinhado com Deus permite que a Sua Palavra ilumine os nossos caminhos e nos impeça de vivermos cegos. Como consequência, enxergamos com a visão divina o que traz clareza e foco aos nossos dias — nossas palavras e ações se complementam. Quando os outros observam isso, a impressão não é necessariamente a de quem conhece todos os lugares para onde se dirige, mas de alguém que sabe claramente a quem está seguindo.

JB

Como viver com maior congruência
e *maior* consistência?

Jesus, quero ser consistente em minhas ações e palavras. Ajuda-me a trazer outros a ti.

Começando agora

Quando a biópsia da minha irmã mais velha revelou um câncer no final de fevereiro de 2017, mencionei aos meus amigos: "Preciso passar o máximo de tempo possível com a Carolyn — começando agora". Alguns me disseram que os meus sentimentos eram uma reação exagerada às notícias. Mas ela morreu em dez meses. E mesmo eu tendo passado horas com ela, quando amamos alguém, nunca há tempo o bastante para o nosso coração amar o suficiente.

LEITURA:
1 Pedro 4:7–11

Acima de tudo, amem uns aos outros sinceramente... v.8

O apóstolo Pedro encorajou os cristãos da Igreja Primitiva: "amem uns aos outros sinceramente..." (v.8). Eles estavam sofrendo perseguição e precisavam do amor de seus irmãos e irmãs em sua comunidade cristã mais do que nunca. Por Deus ter derramado Seu próprio amor no coração deles, em retorno eles amariam outros. Seu amor se expressaria pela oração, por generosa hospitalidade, gentileza e conversa sincera — tudo por meio da força que Deus concede (vv.9-11). Através da Sua graça, Deus lhes dotou para sacrificialmente servirem uns aos outros para os Seus bons propósitos. Para que "...tudo que você realizar [traga] glória a Deus por meio de Jesus Cristo" (v.11). Esse é o poderoso plano de Deus que realiza a Sua vontade por nosso intermédio.

Precisamos dos outros e eles precisam de nós. Usemos todo o tempo ou recursos que já recebemos de Deus para amar — começando agora.

AMC

Você ama sinceramente os que o cercam?
O que Deus lhe deu que pode ser usado para servir alguém hoje?

"Não há nada insignificante no serviço a Deus."
FRANCIS DE SALES

Deus é o mais importante

Giles Kelmanson, guia florestal sul-africano, descreveu a luta entre dois texugos-do-mel e seis leões. Em desvantagem, os dois não recuaram diante dos predadores, dez vezes o tamanho deles. Para os leões parecia simples matá-los, no entanto, os texugos lutaram com arrogância.

LEITURA:
1 Samuel 17:41-50

Você vem a mim com uma espada, uma lança e um dardo, mas eu vou enfrentá-lo em nome do SENHOR dos Exércitos. v.45

A história de Davi e Golias parece ainda mais improvável. O jovem inexperiente confrontou Golias. O filisteu era bem mais alto do que o seu oponente, tinha força bruta e arsenal incomparável: armadura de bronze e lança letal afiada (vv.5,6). Davi era aprendiz de pastor e trazia apenas uma funda quando chegou ao campo de batalha trazendo pão e queijo aos seus irmãos (vv.17,18).

Golias desafiou Israel à batalha, porém ninguém estava disposto a lutar. O rei Saul e os israelitas estavam "aterrorizados e muito abalados" (v.11). Espantaram-se quando Davi se voluntariou. O que lhe deu a coragem que nenhum dos maiores guerreiros israelitas possuía? A maioria enxergava apenas Golias. Davi, porém, viu Deus e insistiu: "o SENHOR entregará [Golias] em minhas mãos" (v.46). Enquanto todos acreditavam na superioridade de Golias, Davi creu que Deus é o mais importante. Ao cravar a pedra na testa do gigante, o jovem provou a sua fé no verdadeiro Deus.

Tendemos a crer que os "nossos problemas" comandam a nossa história de vida. Mas Deus é maior e a conduz.

WC

Quais preocupações o ameaçam?
A existência de Deus transforma a sua perspectiva?

Deus, às vezes os meus questionamentos são muitos. Ajuda-me a ver o quão grande tu és.

Intervenção soberana

Bárbara cresceu sob os cuidados do governo britânico nos anos 1960, mas aos 16 anos ela e seu bebê recém-nascido, Simon, ficaram desabrigados. O governo não era mais obrigado a ampará-la. A jovem escreveu à rainha da Inglaterra pedindo ajuda e obteve resposta! A rainha doou-lhe uma casa própria.

LEITURA:
Êxodo 3:1-9

Olhou para os israelitas e percebeu sua necessidade. v.25

A rainha tinha os meios disponíveis para ajudar Bárbara e a sua compaixão pode representar um pequeno reflexo do poder de Deus. O Rei dos céus conhece as nossas necessidades e soberanamente realiza os Seus planos em nossa vida. À medida que o faz, entretanto, Deus deseja que nos acheguemos a Ele e que compartilhemos as nossas necessidades e outras preocupações como parte de nosso relacionamento de amor com Ele.

Os israelitas trouxeram seu desejo de liberdade diante de Deus. Eles estavam sofrendo sob o fardo da escravidão egípcia e clamaram por socorro. O Senhor os ouviu e lembrou-se da Sua promessa (v.25). Deus instruiu Moisés a libertar o Seu povo e declarou que mais uma vez Ele os libertaria e os levaria "...a uma terra fértil e espaçosa. É uma terra que produz leite e mel com fartura" (3:8).

Nosso Rei ama quando nos achegamos a Ele! Deus supre sabiamente o que precisamos, não necessariamente o que desejamos. Descansemos em Sua soberania e amorosa provisão. *ROS*

Por que é importante levarmos nossas necessidades a Deus em oração? Como aprender a confiar na provisão de Deus?

Amado Deus, ajuda-me a estar contente em quaisquer caminhos e provisões que tu escolheres.

Sem fugir mais

Em 18 de julho de 1983, um capitão da Força Aérea dos EUA desapareceu no Novo México, sem deixar vestígios. As autoridades o encontraram na Califórnia 35 anos depois. Um jornal relatou que, "deprimido com o seu trabalho", ele simplesmente fugiu.

LEITURA:
Jonas 2:1-10

Em minha angústia, clamei ao SENHOR, e ele me respondeu. Gritei da terra dos mortos, e tu me ouviste. v.2

Ele fugiu por 35 anos! Passou a metade da vida ansioso pelo que os outros poderiam lhe fazer! A ansiedade e a paranoia o acompanhavam constantemente.

Mas tenho que admitir, também sei um pouco sobre "fugas". Não, eu nunca fugi fisicamente de algo na minha vida. Entretanto, às vezes sei que há algo que Deus quer que eu faça, algo que preciso enfrentar ou confessar. Não quero fazer, e, ao meu modo, fujo também.

Jonas foi infame por literalmente fugir da ordem de Deus para que pregasse à cidade de Nínive (JONAS 1:1-3). Mas, claro, ele não pôde deixar Deus para trás. Você provavelmente já ouviu o que aconteceu (vv.4,17): uma tempestade. Um peixe. Um estômago. E, no ventre do animal aquático, uma avaliação, na qual Jonas enfrentou o que havia feito e clamou por ajuda de Deus (2:2).

Jonas não era um profeta perfeito. Mas a sua notável história me conforta, pois, apesar da sua teimosia, Deus nunca desistiu dele. O Senhor ainda respondeu à sua oração desesperada, restaurando o seu relutante servo (v.2) — exatamente como Ele faz conosco.

ARH

Você já tentou fugir de algo? De que maneira você pode crescer ao entregar a Deus as pressões que o dominam?

Senhor, ajuda-me em minhas dificuldades. Sei que sempre ouves o meu pranto, não importa o que houver.

Realidades invisíveis

Stephen Cass, editor da revista *Discover*, decidiu investigar algumas coisas invisíveis que fazem parte de seu cotidiano. Enquanto caminhava em direção a seu escritório, pensou: "Se as ondas de rádio fossem visíveis, o topo do Empire State Building [com seu conjunto de antenas de rádio e TV] estaria aceso como um caleidoscópio, iluminando toda a cidade". Ele percebeu que estava cercado por um campo eletromagnético invisível de sinais de rádio e TV, wi-fi e muito mais.

LEITURA:
2 Reis 6:8-17

Então Eliseu orou: "Ó SENHOR, abre os olhos dele, para que veja". v.17

Certa manhã ao acordar o servo de Eliseu aprendeu sobre outra realidade invisível: o mundo espiritual. Ao despertar, ele viu-se a si mesmo, e o seu mestre, cercado pelo exército sírio. Até onde seus olhos podiam ver, havia soldados montados em poderosos "carros de guerra e cavalos" (v.15)! O servo se amedrontou, mas Eliseu estava confiante porque vira o exército de anjos que os cercava. E disse: "Pois do nosso lado há muitos mais que do lado deles!" (v.16). Então, Eliseu pediu a Deus que abrisse os olhos de seu servo para que ele também pudesse ver que o Senhor cercara seu inimigo e estava no controle (v.17).

Você se sente derrotado e desamparado? Lembre-se de que Deus está no controle e luta por você e "ordenará a seus anjos que o protejam aonde quer que você vá" (SALMO 91:11). *PFC*

Como você pode aprender a confiar na ajuda sobrenatural de Deus? De que modo isso mudaria a maneira de enfrentar as dificuldades?

Não tema, pois Deus está conosco e é por nós.

A BÍBLIA em **UM ANO:**
SALMOS 1-3; ATOS 17:1-15

Futebol e pastores

No futebol inglês é sempre intrigante ouvir o hino do time cantado pelos torcedores no início de cada partida. Essas músicas vão desde o divertido (*Glad All Over* — Totalmente feliz) ao caprichoso (*I'm Forever Blowing Bubbles* — Estou sempre soprando bolhas) até o inesperado "Salmo 23", por exemplo, o qual é o hino do clube do *West Bromwich Albion*. As palavras desse salmo aparecem na fachada interior do estádio da equipe, declarando os cuidados do bom e maravilhoso Pastor a todos que vêm assistir uma partida.

LEITURA:
João 10:11-15

Eu sou o bom pastor. O bom pastor sacrifica sua vida pelas ovelhas. v.11

No Salmo 23, Davi fez sua declaração atemporal: "O SENHOR é meu pastor" (v.1). Mais tarde, Mateus nos diria: "Quando viu as multidões, teve compaixão delas, pois estavam confusas e desamparadas, como ovelhas sem pastor" (9:36). E em João 10, Jesus declarou Seu amor e preocupação pelas "ovelhas" humanas de Sua geração. "Eu sou o bom pastor. O bom pastor sacrifica sua vida pelas ovelhas" (v.11). A compaixão de Jesus conduziu as Suas interações com as multidões, Suas respostas às suas necessidades e, finalmente, Seu sacrifício em favor de todos (inclusive nós).

"O SENHOR é meu pastor" é muito mais do que uma antiga letra ou um lema inteligente. É a declaração confiante do que significa ser conhecido e amado por nosso maravilhoso Deus — e o que significa ser resgatado por Seu Filho.

WEC

De que maneiras você viu o cuidado de Deus por você?
Com quem você pode conversar sobre o Senhor hoje?

Que presente o nosso Pastor é para nós, Pai!
Ajuda-nos a atender à Tua voz e a aproximarmo-nos de ti.

Seguidores do Filho

Os girassóis são polinizados por abelhas e brotam despreocupadamente ao lado de rodovias, sob alimentadores de aves e nos campos. Para uma boa colheita, necessitam de solo fértil: boa drenagem, acidez e riqueza de nutrientes "com matéria orgânica ou compostagem". Finalmente, o solo produz saborosas sementes, óleo puro e também o meio de subsistência para os produtores que trabalham arduamente.

LEITURA:
Lucas 8:11-15

E as que caíram em solo fértil representam os que, com coração bom e receptivo, ouvem a mensagem... v.15

Nós também precisamos de "solo fértil" para o crescimento espiritual. Jesus ensinou em Sua parábola do semeador que a Palavra de Deus pode brotar mesmo entre as pedras ou espinhos (vv.6,7). Mas só prospera em pessoas "com o coração bom e receptivo, [que] ouvem a mensagem, a aceitam e, com paciência, produzem uma grande colheita" (v.15).

O crescimento dos girassóis também é lento. Eles seguem o movimento solar ao longo do dia e diariamente se voltam para o Sol num processo chamado heliotropismo. Os girassóis mais amadurecidos são tão cautelosos quanto os recém-plantados. Voltam-se para o leste permanentemente, aquecendo a face da flor para melhorar a polinização resultando numa colheita ainda maior.

Que sejamos um solo fértil para a Palavra de Deus crescer, apegando-nos aos Seus ensinamentos e seguindo o Filho de Deus — desenvolvendo a honestidade e o "coração bom" para que as Escrituras nos aperfeiçoem. Esse processo é diário. Que sigamos a Cristo e cresçamos.

PR

Como está o seu solo espiritual?

Senhor, que Tua Palavra desenvolva diariamente uma boa colheita em minha vida.

Belo para Deus

Quando Denise começou a namorar, ela tentou ficar mais magra e se vestir elegantemente, acreditando que, dessa maneira, estaria mais atraente para seu namorado. Afinal, esse era o conselho de todas as revistas femininas. Mais tarde, ele confidenciou: "Preferia mais quando você tinha o peso de antes e não se preocupava tanto com o que vestir".

LEITURA:
Salmo 8:4-9

Quem são os simples mortais, para que penses neles? Quem são os seres humanos, para que com eles te importes? v.4

Denise percebeu como a "beleza" era subjetiva. Nossa visão da beleza é facilmente influenciada por outros, muitas vezes focada no exterior, e esquecemo-nos do valor da beleza interior. Mas Deus nos vê como Seus belos e amados filhos. Gostaria de pensar que, quando o Senhor criou o mundo, Ele deixou o melhor para o fim — nós! Tudo o que o Criador fez era bom, mas nós somos muito especiais porque somos feitos à imagem de Deus (GÊNESIS 1:27).

O Senhor nos considera belos! Não admira que o salmista tenha ficado maravilhado ao comparar a grandeza da natureza com os seres humanos. "Quem são os simples mortais, para que penses neles? Quem são os seres humanos, para que com eles te importes?", perguntou (v.4). No entanto, Deus escolheu coroar os mortais com a "glória e honra" que outras espécies não tinham (v.5).

Essa verdade nos concede segurança e motivo para louvá-lo (v.9). Não importa o que os outros pensem de nós — ou o que pensemos de nós mesmos — saibamos o seguinte: somos belos para Deus.

LK

Como você vê-se a si mesmo? Como você crê que Deus o vê?

Pai, tu sabes como nos sentimos inseguros sobre nós mesmos. Somos gratos por nos amares tanto!

Ao vivo e a cores

X**avier McCoury,** de 10 anos, colocou os óculos que sua tia lhe mandara como presente de aniversário e começou a chorar. Daltônico até aquele momento, ele só tinha visto o mundo em tons de cinza, branco e preto. Com os novos óculos *EnChroma*, Xavier viu as cores pela primeira vez. A euforia dele em testemunhar a beleza ao seu redor fez a família se sentir como se estivesse presenciando um milagre.

LEITURA:
Apocalipse 4:1-6

Aquele que estava sentado no trono brilhava como pedras preciosas... v.3

Testemunhar o esplendor radiante de Deus também evocou uma poderosa reação no apóstolo João (1:17). Após se deparar com a glória do Cristo ressuscitado, João vislumbrou "um trono no céu e alguém sentado nele. Aquele que estava sentado no trono brilhava como pedras preciosas, como jaspe e sardônio. Um arco-íris, com brilho semelhante ao da esmeralda, circundava seu trono [...]. Do trono saíam relâmpagos" (4:2-5).

Em outra época, Ezequiel teve visão semelhante: "havia algo parecido com um trono de safira", com uma figura acima do trono que "tinha a aparência de âmbar reluzente que cintilava como o fogo" (EZEQUIEL 1:26,27). Essa figura magnífica estava cercada de brilho semelhante ao arco-íris (v.28).

Um dia encontraremos Cristo face a face. Essas visões são indícios da magnificência que nos espera. Ao celebrarmos a beleza da criação de Deus, que possamos viver na expectativa da glória por ser revelada.

ROO

Quais reações a beleza da criação evocam em você?
Como você expressa sua gratidão a Deus?

Pai, faltam-nos palavras, mas somos gratos pelos vislumbres da Tua beleza que colocaste em nosso mundo.

A BÍBLIA em **UM ANO:**
SALMOS 13–15; ATOS 19:21-41

Fora da armadilha

A **Vênus papa-moscas** é encontrada numa pequena área de terra úmida e arenosa perto de onde moro. É fascinante observar essas plantas carnívoras.

Elas liberam um néctar doce em armadilhas coloridas que lembram flores abertas. Quando um inseto pousa, seus sensores são acionados na borda externa, a armadilha se fecha em menos de um segundo capturando sua vítima. A armadilha, então, fecha-se ainda mais e emite enzimas que consomem a sua presa, dando à planta os nutrientes não fornecidos pelo solo arenoso.

LEITURA:
1 Timóteo 6:6-10

Sei viver na necessidade e também na fartura.
Filipenses 4:12

A Bíblia fala de outra armadilha que pode capturar de repente. O apóstolo Paulo advertiu o jovem Timóteo: "...aqueles que desejam enriquecer caem em tentações e armadilhas e em muitos desejos tolos e nocivos, que os levam à ruína e destruição". E "alguns, por tanto desejarem dinheiro, desviaram-se da fé e afligiram a si mesmos com muitos sofrimentos" (1 TIMÓTEO 6:9,10).

O dinheiro e os bens materiais podem prometer felicidade, mas, se estiverem em primeiro lugar em nossa vida, caminhamos em terreno perigoso. Evitamos essa armadilha tendo o coração agradecido e humilde, atentos à bondade de Deus conosco por Jesus: "...devoção acompanhada de contentamento é, em si mesma, grande riqueza" (v.6).

As coisas temporais deste mundo nunca satisfarão como Deus o faz. O contentamento duradouro encontra-se apenas em nosso relacionamento com Ele.

JBB

Como podemos dar ao Senhor a prioridade em nossa vida?

Amado Senhor, tu és a maior bênção da minha vida! Ajuda-me a contentar-me com tudo o que tu és hoje.

Precioso

"**Meu precioso...**". Retratado primeiro na trilogia *O Senhor dos Anéis*, de Tolkien, a imagem da emaciada criatura Gollum em sua obsessão com o "*precioso* anel do poder" tornou-se um ícone hoje — por ganância, obsessão, até insanidade.

LEITURA:
Salmo 16:1-11

Eu disse ao SENHOR: "Tu és meu Senhor! Tudo que tenho de bom vem de ti". v.2

É também uma imagem problemática. Em sua atormentada relação de amor e ódio com o anel e consigo mesmo, a voz de Gollum ecoa a fome em nosso coração. Seja direcionada a algo em particular, ou apenas um desejo vago por "mais", temos certeza de que, uma vez que finalmente conseguirmos o que nos é "precioso", ficaremos satisfeitos. Mas, em vez disso, o que pensávamos que nos tornaria completos nos deixa ainda mais vazios do que antes.

Há uma maneira melhor de viver. Como Davi expressa no Salmo 16, quando os anseios do coração ameaçam nos enviar numa busca fútil e desesperada por satisfação (v.4), podemos nos lembrar de nos voltar a Deus por refúgio (v.1), lembrando-nos de que distantes dele nada temos (v.2).

E à medida que os nossos olhos deixam de procurar satisfação "lá fora" para contemplar a beleza de Deus (v.8), finalmente encontramo-nos experimentando o verdadeiro contentamento — a vida de prazer na alegria da presença de Deus, andando com Ele a cada momento no "caminho da vida" — agora e para sempre (v.11). *MRB*

O que você procura quando perde Deus de vista?
Quem pode lhe ser fonte de apoio
e amor ao se sentir preso ao seu vício por "mais"?

Deus, perdoa-me por pensar que posso encontrar o que preciso neste mundo. Que eu caminhe sempre contigo.

Desfile da vitória

Em 2016, quando o Chicago Cubs venceu o campeonato pela primeira vez em 108 anos, algumas fontes afirmam que 5 milhões de pessoas comemoraram nas ruas.

Os desfiles não são invenções modernas. O Triunfo Romano foi um antigo e famoso desfile, no qual generais vitoriosos lideravam seus exércitos e cativos em procissão por ruas lotadas.

LEITURA:
2 Coríntios 2:14-17

Mas graças a Deus, que, em Cristo, sempre nos conduz triunfantemente. v.14

Talvez Paulo tenha pensado nisso quando agradeceu a Deus por liderar os cristãos "que, em Cristo, sempre [são conduzidos] triunfantemente " (v.14). Acho fascinante que nessa imagem, os seguidores de Cristo são "conduzidos". Como cristãos não somos obrigados a participar; porém somos voluntariamente "conduzidos" a participar do desfile liderado pelo vitorioso Cristo ressuscitado. Como seguidores de Jesus, celebramos que, por Sua vitória, Cristo está construindo o Seu reino "e as forças da morte não [o] conquistarão" (MATEUS 16:18).

Ao falarmos sobre a vitória de Jesus na cruz e a liberdade que Ele dá aos cristãos, ajudamos a espalhá-la "por toda parte, como um doce perfume" (v.14). Quer esse aroma seja visto como a agradável garantia da salvação ou o odor de sua derrota, essa invisível e poderosa fragrância está presente em todos os lugares por onde formos.

Ao seguirmos a Cristo, declaramos que a Sua ressurreição e vitória trazem a salvação ao mundo.

LMS

O que a vitória de Jesus na cruz significa para você? Como você vivencia o poder da Sua ressurreição?

Jesus é o nosso Rei vitorioso.

Ajuda sábia

Parado no sinal vermelho, vi novamente o mesmo homem parado ao lado da avenida com uma placa de papelão: "Preciso de dinheiro para comida. Qualquer valor ajuda". Desviei o olhar e suspirei. Será que eu era um dos que ignoravam os necessitados?

LEITURA:
1Ts 5:12-15

Encorajem os desanimados. Ajudem os fracos. Sejam pacientes com todos. v.14

Alguns fingem ter necessidades, mas na verdade são trapaceiros. Outros têm necessidades legítimas, mas enfrentam dificuldades para superar hábitos destrutivos. Os assistentes sociais dizem-nos que é melhor dar dinheiro aos ministérios de ajuda em nossa cidade. Engoli em seco e passei por ele. Senti-me mal, mas posso ter agido com sabedoria.

Deus nos ordena: "advirtam os indisciplinados. Encorajem os desanimados. Ajudem os fracos. Sejam pacientes com todos" (v.14). Para fazer isso bem, devemos saber quem pertence a qual categoria. Se alertarmos uma pessoa fraca ou desalentada, poderemos desanimá-la; se ajudarmos o ocioso, poderemos incentivar a preguiça. Na verdade, ajudamos melhor quando conhecemos a pessoa o suficiente para saber o que ela precisa.

Deus o chama para ajudar alguém? Ótimo! Agora o trabalho começa. Não presuma que você já sabe o que essa pessoa precisa. Ouça-a. Em espírito de oração, doe sabiamente e não apenas para se sentir melhor. Quando desejamos fazer o bem aos outros, somos mais pacientes mesmo se eles desanimam (vv.14,15). *MEW*

Quando outras pessoas mais o ajudaram?
O que você aprendeu sobre como ajudar melhor os outros?

Pai, ajuda-me a amparar o necessitado com sabedoria e regularidade.

Quem é Ele?

Voltando de nossa lua de mel, nós esperávamos a nossa bagagem no aeroporto quando cutuquei meu marido e lhe mostrei um ator parado a poucos metros. Meu esposo apertou os olhos e perguntou: "Quem é ele?".

Destaquei os seus papéis mais notáveis, aproximei-me dele e pedi para tirarmos uma foto juntos. Isso faz 24 anos e ainda gosto de compartilhar sobre o dia em que conheci um astro do cinema.

LEITURA:
Salmo 24

Quem é o Rei da glória? O SENHOR dos Exércitos; ele é o Rei da glória. v.10

Reconhecer um ator famoso é legal, mas há alguém mais importante que sou grata por conhecer pessoalmente. "Quem é o Rei da glória?" (v.8). O salmista aponta para o Senhor Todo-Poderoso como Criador, Sustentador e que domina sobre todas as coisas. Ele canta: "A terra e tudo que nela há são do SENHOR; o mundo e todos os seus habitantes lhe pertencem. Pois sobre os mares ele edificou os alicerces da terra e sobre as profundezas do oceano a estabeleceu" (vv.1,2). Com admiração Davi proclama que embora Deus esteja acima de tudo, Ele é acessível (vv.3,4). Podemos conhecê-lo, sermos capacitados por Ele e confiar nele para lutar em nosso favor, enquanto vivemos para Sua glória (v.8).

Deus dá oportunidades para que o declaremos como o único famoso que realmente vale a pena compartilhar. Os que não o reconhecem podem ter mais razões para perguntar: "Quem é?". Como Davi, podemos apontar para o Senhor com admiração e contar a Sua história!

XED

Como compartilhar o que
o Senhor revelou sobre si mesmo a você?

***Senhor, obrigado pelo prazer e privilégio de te encontrar
e oportunidades de compartilhar sobre ti.***

Aprendizagem prática

O**wen, meu filho** de 6 anos, emocionou-se ao receber um novo jogo de tabuleiro, mas frustrou-se após ler as instruções por meia hora, pois não conseguia descobrir o seu funcionamento. Mais tarde, quando um amigo que já sabia jogar veio ajudá-lo Owen finalmente aproveitou o seu presente.

LEITURA:
Tito 2:1-8

Sejam meus imitadores, como eu sou imitador de Cristo. 1 Coríntios 11:1

Ao vê-los jogar, lembrei-me de como é mais fácil aprender algo novo se você tem um professor experiente. Quando estamos aprendendo, ler as instruções nos ajudam a compreender, mas ter um amigo que possa nos demonstrar isso faz enorme diferença.

O apóstolo Paulo também entendeu isso. Escrevendo a Tito sobre como ele poderia ajudar sua igreja a crescer na fé, Paulo enfatizou o valor dos cristãos experientes que poderiam demonstrar a sua fé em Cristo. É claro que ensinar a "boa doutrina" era importante, mas isso não precisava apenas de palavras — precisava ser vivenciado. Paulo escreveu que homens e mulheres mais velhos devem exercer o autocontrole, bondade e amor (TITO 2:2-5). Ele disse: "você mesmo deve ser exemplo" (v.7).

Sou grato pelo ensino sólido, mas também pelas muitas pessoas que foram professores práticos. Elas demonstraram, por suas vidas, como ser um discípulo de Cristo e facilitaram para eu ver como posso percorrer esse caminho também.

ALP

Quais lições você aprendeu com os que lhe ensinaram por palavras e ações como viver por Jesus? O que outros veem quando observam a prática da sua fé?

Deus, agradeço-te por concederes o Teu filho para nos demonstrar o único modelo perfeito de fé.

Ajuda sábia

Minha sogra recebeu atendimento médico imediato momentos após ter um infarto. Mais tarde, o médico me disse que o tratamento dentro de 15 min resulta numa taxa de 33% de sobrevivência para pacientes críticos, e apenas 5% sobrevivem se tratados após esse período.

LEITURA:
Marcos 5:35-43

Jesus, porém, ouviu essas palavras e disse a Jairo: "Não tenha medo. Apenas creia". v.36

No caminho para curar a filha de Jairo (carente de cuidados médicos imediatos), Jesus fez o impensável: uma pausa (v.30). Ele parou para identificar quem o tocara, e depois falou gentilmente com a mulher. Você pode imaginar o que Jairo pensou: Não há tempo para isso, minha filha está morrendo! E depois, seus piores medos se tornaram realidade — Jesus parecia ter demorado demais e sua filha morrera (v.35).

Mas Jesus se virou para Jairo e o encorajou: "Não tenha medo. Apenas creia" (v.36), e, ignorando a zombaria dos espectadores, Cristo falou com a filha de Jairo e ela voltou a viver! Ele revelou que nunca é tarde demais. O tempo não pode limitar o que Jesus é capaz de fazer e nem quando Ele escolhe fazê-lo.

Quantas vezes nos sentimos como Jairo, pensando que Deus estava atrasado demais para realizar o que esperávamos. Mas com Deus não existe isso. Ele nunca está atrasado para realizar a Sua boa e misericordiosa obra em nossa vida.

PC

Como você experimentou a intervenção divina?
É importante descansar na soberania de Deus reconhecendo que os planos dele são os melhores? Por quê?

Jesus, sei que tu és sempre soberano, e que nunca é tarde para realizares os Teus planos perfeitos.

Fiel em cativeiro

Numa manhã em 1948 o pastor Haralan Popov não sabia que rumo sua vida tomaria quando tocaram a campainha de sua casa. Sem aviso, a polícia búlgara o encarcerou por causa de sua fé. Popov passou 13 anos presos clamando ao Senhor por força e coragem. Apesar do tratamento horrível que recebia, Popov sabia que Deus estava com ele e compartilhava as boas-novas com outros prisioneiros e muitos criam no Senhor.

LEITURA:
Gênesis 39:6-12,20-23

Mas o SENHOR estava com ele na prisão e o tratou com bondade. v.21

José não tinha ideia do que lhe aconteceria após ser vendido por seus furiosos irmãos aos mercadores que o levaram ao Egito e o venderam a Potifar, um oficial egípcio. Ele se viu numa cultura que adorava milhares de deuses. Para piorar, a esposa de Potifar tentou seduzi-lo. José a recusou, e, mesmo assim, ela o acusou falsamente, levando-o à prisão (vv.16-20). Deus não o abandonou. O Senhor não somente estava com ele na prisão, mas "lhe dava sucesso em tudo que ele fazia" e "o tratou com bondade" concedendo-lhe favor com as autoridades sobre ele (39:3,21).

Imagine o medo que José deve ter sentido. No entanto, ele permaneceu fiel e íntegro. Deus estava com José nessa difícil jornada e tinha um propósito para a sua vida. O Senhor tem um plano para você também. Encoraje-se e caminhe por fé, confiando que Ele vê e sabe.

EPE

Você passou por alguma situação difícil recentemente — talvez uma em que você foi falsamente acusado? Por que é essencial preservar a integridade nesses momentos?

Senhor, graças por Tua presença, independentemente das circunstâncias. Ajuda-me a ser fiel a ti.

Olhos detrás da minha cabeça

Fui tão travessa quanto outras crianças em meus primeiros anos e tentava esconder o meu mau comportamento para evitar problemas. Porém, minha mãe geralmente descobria o que eu tinha feito. Lembro-me de ficar espantada com a rapidez e precisão que ela descobria minhas travessuras. Ao me surpreender e perguntar-lhe como sabia, a resposta era sempre: "Tenho olhos detrás da cabeça". Isso, é claro, levou-me a observá-la sempre que ela virava de costas. Seus olhos eram invisíveis ou encobertos por seus cabelos ruivos? Ao crescer, desisti de procurar por evidências de seus olhos extras e percebi que eu não era tão sorrateira quanto supusera. Seu olhar atento era a prova de seu amoroso cuidado por seus filhos.

LEITURA:
Salmo 33:6-19

De seu trono ele observa todos os habitantes da terra. v.14

Por mais grata que eu seja pelo cuidado atencioso de minha mãe (apesar de ocasionalmente desapontar-me por não ter escapado com alguma coisa!), sou mais grata ainda por Deus ver "toda a humanidade" quando nos olha lá do Céu (v.13). Ele vê muito mais do que aquilo que fazemos; vê nossas tristezas, alegrias e nosso amor uns pelos outros.

Deus vê o nosso verdadeiro caráter e sempre sabe exatamente o que precisamos. Com visão perfeita, vê até o funcionamento do nosso coração, cuida dos que o amam e depositam sua esperança nele (v.18). Ele é nosso Pai — amoroso e atencioso.

KHH

Saber que Deus vê tudo e cuida de você o consola? Como? De que maneira o Senhor está forjando o seu caráter?

Querido Pai, obrigado por cuidares de todas as pessoas e por veres o que acontece em nosso mundo.

Algo para se gabar

O que significa ser real? Essa é a grande questão respondida no clássico livro infantil "O coelho de veludo", (Ed. Poetisa, 2015). Essa é a história dos brinquedos numa creche e da jornada do coelho de veludo para se tornar real, permitindo-se ser amado por uma criança. Um dos outros brinquedos é o velho e sábio *Skin Horse*. Ele "tinha visto uma longa sucessão de brinquedos mecânicos chegarem para se gabar e aos poucos falharem... e serem esquecidos". Esses brinquedos e seus sons pareciam impressionantes, mas o orgulho acabava e era inútil quando se tratava de amor.

LEITURA:
Jeremias 9:23-26

...Que o sábio não se orgulhe de sua sabedoria, nem o poderoso de seu poder, nem o rico de suas riquezas. v.23

O orgulho começa forte; mas no final, sempre desvanece. Jeremias lista três áreas onde isso é evidente: "sabedoria... poder... riquezas" (v.23). O sábio e velho profeta tinha vivido tempo suficiente para saber algumas coisas, e ele contra-atacava com a verdade do Senhor: "Aquele que deseja se orgulhar, que se orgulhe somente disto: de me conhecer e entender que eu sou o SENHOR..." (v.24). Que nos lembremos das palavras do profeta Jeremias.

Que nós, os filhos, nos orgulhemos de Deus, nosso bom Pai. No desdobramento da história do Seu grande amor, essa é a maneira maravilhosa como você e eu crescemos para nos tornar mais e mais reais.

JB

Pense em alguém que você conhece e que seja capaz de "se orgulhar no Senhor". De que maneira você pode seguir esse exemplo?

Pai, que o meu único orgulho esteja em conhecer o Teu grande e eterno amor.

A BÍBLIA em **UM ANO:**
SALMOS 37–39; ATOS 26

Apenas um sopro

Roberta trouxe-me a dura realidade da morte e brevidade. Minha amiga de infância tinha apenas 24 anos quando um trágico acidente ceifou a vida dela. Roberta crescera numa família disfuncional e parecia que estava seguindo em frente. Era recém-convertida em Jesus. Como a vida dela poderia terminar tão cedo?

LEITURA:
Salmo 39:1-13

...És minha única esperança. v.7

Às vezes a vida parece curta demais e cheia de tristeza. No Salmo 39, Davi lamenta o seu sofrimento e exclama: "Mostra-me, SENHOR, como é breve meu tempo na terra; mostra-me que meus dias estão contados e que minha vida é passageira. A vida que me deste não é mais longa que alguns palmos, e diante de ti toda a minha existência não passa de um momento; na verdade, o ser humano não passa de um sopro" (vv.4,5). A vida é curta. Mesmo se vivermos para ver um século, nossa vida terrena é apenas uma gota no tempo.

No entanto, com Davi, podemos dizer: "És minha única esperança" (v.7). Podemos confiar que a nossa vida tem significado. Embora "nosso exterior esteja morrendo", como cristãos temos confiança de que "nosso interior está sendo renovado a cada dia" — e que um dia desfrutaremos da vida eterna com Ele (2 CORÍNTIOS 4:16–5:1). Sabemos disso porque Deus "nos preparou para isso e, como garantia, nos deu o Espírito"! (5:5).

ADK

Conforta-o saber que Deus o tornou digno de compartilhar de Sua vida eterna? A dádiva de cada momento o encoraja a aproveitar ao máximo o seu tempo?

Senhor, ajuda-nos a viver os nossos dias na Terra para o Teu serviço.

Coisas inteiras de novo

No documentário "Um retrato de Wendell Berry: Olhe e veja", Berry falou sobre como o *divórcio* descreve o nosso mundo. Estamos divorciados um do outro, da nossa história, da terra. Coisas que deveriam estar inteiras são separadas. Questionado sobre isso, Berry afirmou: "Não podemos colocar tudo de volta. Pegamos apenas *duas coisas* e as colocamos juntas. Duas coisas quebradas tornamos uma novamente".

LEITURA:
Mateus 5:9,13-16

Felizes os que promovem a paz. v.9

No entanto, Jesus nos diz: "Felizes os que promovem a paz" (v.9). Promover a paz é trazer *shalom*. E *shalom* refere-se ao mundo que está sendo ajustado corretamente. Um teólogo descreve *shalom* como "florescimento, inteireza e prazer universais... É o jeito que as coisas deveriam ser". *Shalom* é pegar o que está quebrado e tornar inteiro. Como Jesus orienta, esforcemo-nos para fazer as coisas certas. Ele nos chama para sermos pacificadores, para sermos o "sal da terra" e a "luz do mundo" (vv.13,14).

Há muitas maneiras de sermos pacificadores no mundo, que possamos travar em cada uma o combate contra a desolação e não nos rendermos a ela. No poder de Deus, escolhamos não permitir que uma amizade morra ou que um bairro em dificuldades definhe ou ceda à apatia e ao isolamento. Que busquemos os lugares desolados, confiando em Deus para nos dar a sabedoria e a habilidade de colaborar para restaurá-los novamente. *WC*

Cite duas coisas que precisam de restauração e como Deus o chama para colaborar.

Senhor, há muitas coisas quebradas ao redor, e não sei por onde começar. Orienta-me, Pai.

Treinamento interno

A **gerente solicitou** um relatório por escrito dos zeladores de seu hotel. Todos os dias, ela queria saber quem limpava cada cômodo, quais quartos não tinham sido tocados e quanto tempo os funcionários investiam em cada ambiente. O primeiro relatório "diário" chegou uma semana depois, parcialmente concluído.

LEITURA:
Mateus 16:21-28

...sobre esta pedra edificarei minha igreja... Mateus 16:18

Isso a alertou de que a maioria deles não sabia ler. Ela poderia demiti-los, mas providenciou para que tivessem aulas de alfabetização. Em 5 meses, todos liam o nível básico e continuaram trabalhando.

Deus muitas vezes usa nossas lutas em preparação para continuarmos trabalhando para Ele. A vida de Pedro foi marcada por inexperiência e erros. Sua fé vacilou ao andar sobre as águas. Não tinha a certeza se Jesus deveria pagar o imposto do Templo (MATEUS 17:24-27). Rejeitou a profecia de Cristo sobre a crucificação e ressurreição (16:21-23). Com cada questão, Jesus ensinou a Pedro mais sobre quem Ele era — o Messias prometido (v.16). Pedro ouviu e aprendeu o que precisava para ajudar a edificar a Igreja Primitiva (v.18).

Se hoje você está desanimado por alguma falha, lembre-se de que Jesus pode usar isso para ensinar-lhe e levá-lo adiante em seu serviço ao Senhor. Cristo continuou a agir na vida de Pedro, apesar de suas limitações, e Ele pode nos usar para continuar a construir o Seu reino até que Ele volte.

JBS

Deus usou desafios em sua vida
para guiá-lo e prepará-lo para o servir?

Senhor, ensina-me mais sobre ti
e usa os meus fracassos para a Tua glória.

Labutando para Deus

Talvez quem cresceu na mesma vila inglesa com William Carey (1761–1834) tenha pensado que ele não faria muito, porém hoje ele é considerado o pai das missões modernas. Nascido de pais tecelões, ele foi professor e sapateiro não muito bem-sucedido, mas aprendeu sozinho o grego, o hebraico e o latim. Anos depois, tornou-se missionário na Índia. Enfrentou dificuldades, a morte de um filho, os problemas de saúde mental de sua esposa e a falta de resposta daqueles a quem serviu.

LEITURA:
Hebreus 6:9-12

...continuem a mostrar [...] dedicação até o fim, para que tenham plena certeza de sua esperança. v.11

O que o manteve servindo em meio a dificuldades enquanto traduzia a Bíblia em seis idiomas e partes dela em outros 29? "Posso labutar", disse ele. "Posso perseverar em qualquer desafio ao qual me propor". Ele se comprometeu a servir a Deus não importando as provações no caminho.

O escritor aos hebreus aconselhou a contínua devoção a Cristo e convocou os que liam a sua carta a não se tornarem displicentes (v.12), mas a "mostrar essa mesma dedicação até o fim" (v.11) quando procurarem honrar a Deus. Assegurou-lhes de que Deus não se esqueceria "de como trabalharam arduamente para ele" (v.10).

Anos depois, Carey refletiu sobre como Deus sempre supriu suas necessidades. "O Senhor nunca falhou em Sua promessa, então não posso falhar ao servi-lo". Que Deus também nos capacite para o Seu serviço dia a dia.

ABP

Como Deus o ajudou a prosseguir em seu serviço por Ele?
De que maneira você pode ajudar alguém em suas lutas?

Senhor, ajuda-me a seguir-te sempre, pois, nos desafios e nos bons momentos, sei que estás comigo.

Tudo por nada

O **vício em heroína** é corrosivo e trágico, pois gera a tolerância, e doses maiores são necessárias para o mesmo efeito. Logo, a dosagem passa a ser letal. Quando os viciados ouvem que alguém morreu de overdose, seu primeiro pensamento pode não ser o medo, mas "Onde posso conseguir isso?".

LEITURA:
Provérbios 7:10-27

Sua casa é o caminho para a sepultura, seu quarto é a câmara da morte. v.27

C. S. Lewis alertou sobre isso no livro *Carta de um diabo a seu aprendiz* (Martins Fontes, 2009), com sua visão criativa à explicação de um demônio sobre a arte da tentação. Inicia com prazer, se possível, com um dos bons prazeres de Deus — e oferece-o da forma que o Senhor proibiu. Quando a pessoa morde, ofereça menos e incite-a a desejar mais. Forneça "um desejo cada vez maior por prazer cada vez menor", até que finalmente conquistamos "a alma do homem e não lhe damos nada em troca".

Provérbios 7 ilustra esse ciclo devastador com a tentação do pecado sexual. O sexo é uma boa dádiva de Deus, mas, se o buscamos fora do casamento, somos "como boi que vai para o matadouro" (v.22). Pessoas mais fortes do que nós se destruíram ao perseguir alturas que são prejudiciais, então "preste atenção" e "não se perca em seus caminhos tortuosos" (vv.24,25). O pecado pode ser atraente e viciante, mas sempre acaba em morte (v.27). Ao evitar a tentação de pecar — na força de Deus — podemos encontrar a verdadeira alegria e satisfação nele.

MEW

Como buscar a sabedoria de Deus
e se desviar delas ao enfrentar as tentações?

Espírito Santo, sei que sou incapaz de resistir à tentação.
Preciso de ti, ajuda-me.

Pronto para restauração

Enquanto servia ao exército na Alemanha, comprei um Fusca 1969, novinho em folha, uma beleza! O exterior verde-escuro complementava o interior de couro marrom. Mas, com o passar dos anos, as coisas começaram a acontecer. Um acidente arruinou o estribo lateral e destruiu uma das portas. "Era um candidato perfeito para restauração!" E com mais dinheiro, eu o teria restaurado, mas não o fiz.

LEITURA:
Salmo 85

Não nos reanimarás, para que o teu povo se alegre em ti? v.6

Felizmente, o Deus da visão perfeita e recursos ilimitados não desiste tão facilmente de pessoas maltratadas e feridas. O Salmo 85 descreve as pessoas que eram candidatas perfeitas à restauração e o Deus que é capaz de restaurá-las. O cenário é possivelmente após os israelitas retornarem de 70 anos de exílio (sua punição pela rebelião contra Deus). Olhando para trás, eles puderam ver o Seu favor — inclusive o Seu perdão (vv.1-3), sentiram-se motivados a clamar por ajuda divina (vv.4-7) e a esperar coisas boas do Senhor (vv.8-13).

Quem dentre nós não se sente ocasionalmente magoado, ferido, abatido? E às vezes é por causa de algo que fizemos para nós mesmos. Mas os que o buscam humildemente o Senhor nunca ficam sem esperança porque Ele é o Deus da restauração e do perdão. O Senhor acolhe de braços abertos os que se voltam a Ele; e aqueles que o fazem encontram segurança em Seus braços. *ALJ*

Há sinais evidentes de que sua vida precisa de restauração?
Qual é a sua resposta ao Deus da restauração?

Senhor, ajuda-me a não ignorar as evidências de que necessito da Tua restauração em meu viver.

Quem somos

Nunca esquecerei de quando levei minha futura esposa para conhecer minha família. Com um brilho nos olhos, meus dois irmãos mais velhos perguntaram: "O que exatamente você vê nesse cara?". Ela sorriu e garantiu que, pela graça de Deus, eu me tornara o homem que ela amava.

LEITURA:
Atos 9:13-16

...Saulo é o instrumento que escolhi para levar minha mensagem...
Atos 9:15

Amei essa resposta inteligente porque também reflete como, em Cristo, o Senhor vê mais do que o nosso passado. Em Atos 9, Ele orientou Ananias para curar Saulo, um conhecido perseguidor da Igreja a quem Deus cegara. Ananias recebeu essa missão com incredulidade, afirmando que Saulo estava capturando os cristãos, perseguindo-os e até os executando. Deus disse a Ananias que não se concentrasse em quem Saulo tinha sido, mas em quem se tornara: um evangelista que traria as boas-novas ao mundo conhecido, inclusive aos gentios (não judeus) e aos reis (v.15). Ananias viu Saulo, o fariseu e perseguidor, mas Deus viu Paulo, o apóstolo e evangelista.

Às vezes, vemo-nos apenas como temos sido — os nossos fracassos e falhas. Mas Deus nos vê como novas criaturas, não quem éramos, mas quem somos em Jesus e quem estamos nos tornando pelo poder do Espírito Santo. Ó Deus, ensina-nos a ver-nos a nós mesmos e aos outros dessa maneira!

PC

Como você pode ver-se a si mesmo melhor e os outros à luz de quem você é em Cristo? De que maneira o encoraja saber que Deus ainda não terminou Sua obra em você?

Pai, ajuda-me a encontrar-me em ti. Permita-me humildemente ver os outros através dos Teus olhos da graça!

"Lembre-se de mim..."

"**Jesus, lembre-se** de mim quando vier no seu reino". Você lembra dessa frase? Vou refrescar sua memória: três cruzes, Jesus entre dois ladrões, e um deles vem com essa proposta. Ouso dizer que essa é a maior declaração de fé encontrada na Bíblia!

LEITURA:
Lucas 23:26-43

Então ele disse: "Jesus, lembre-se de mim quando vier no seu reino". v.42

Normalmente as expressões de fé nas Escrituras vêm após grandes manifestações do poder de Jesus. Quando Ele acalma a tempestade, quando multiplica pães e peixes, ou quando ressuscita mortos. De repente, nos deparamos com alguém que, sem que Jesus demonstrasse Seu poder, faz uma declaração de fé como essa. O que aquele ladrão tinha a seu lado era um Homem que estava morrendo como ele, totalmente fragilizado. De onde vem essa fé?

Sejamos sinceros: não é mais fácil crer em Cristo naqueles momentos em que Ele realiza coisas fantásticas em nossa vida? No entanto, precisamos entender que nosso relacionamento com o Pai Eterno deve ser calcado em quem Ele é, independentemente do que Ele faça. Nem sempre o que Deus faz em nossa vida é o que esperamos. E quem nos ensina essa lição é um ladrão que vê Jesus sofrendo tanto quanto ele mesmo e enxerga Alguém que pode lhe assegurar a vida eterna.

Gostaria de desafiá-lo a adorar Deus e a confiar nele por quem Ele é, e o Senhor fará maravilhas em sua vida. *NSL*

Nossa fidelidade a Deus não deve ser associada à Sua manifestação de bondade.

Senhor, confio em ti pelo que conheço de Tua natureza.

Tesouro inestimável

A **casa do** "homem do lixo" fica numa rua íngreme na periferia de Bogotá, Colômbia. Esse lar despretensioso abriga uma biblioteca gratuita de 25 mil exemplares com livros descartados que José Alberto Gutierrez juntou para compartilhar com as crianças pobres em sua comunidade. Elas lotam sua casa durante as "horas da biblioteca" no fim de semana. Rondando pelos cantos repletos de livros, as crianças veem essa casa humilde como um tesouro inestimável.

LEITURA:
2 Coríntios 4:5-7

...somos como vasos frágeis de barro que contêm esse grande tesouro. [...] esse grande poder vem de Deus... v.7

Isso também acontece com o cristão. Somos feitos de barro humilde, cheios de rachaduras e facilmente quebráveis. Mas Deus permite que sejamos a habitação para o Seu poderoso Espírito, o qual nos capacita para levarmos as boas-novas de Cristo a um mundo ferido e adoecido. É um trabalho enorme para pessoas comuns e frágeis. Paulo disse à sua congregação em Corinto: "somos como vasos frágeis de barro que contêm esse grande tesouro. Assim, fica evidente que esse grande poder vem de Deus, e não de nós" (v.7). Esse era um grupo diversificado de pessoas de toda a região, sendo assim, muitos poderiam ter sido tentados a falar de si mesmos em vez de proclamar Jesus (v.5).

Paulo lhes advertiu a proclamarem sobre o *Tesouro Inestimável* que habita em nós. É Ele e o Seu poder que transforma a nossa vida comum num precioso tesouro.

PR

O que significa ter o Espírito Santo habitando em você? Reconforta-o saber que Ele o capacita para compartilhar as boas-novas?

Jesus, enche a minha vida com o maravilhoso poder do Teu Espírito.

Por amor ou dinheiro

O poeta irlandês Oscar Wilde disse: "Quando eu era jovem, achava que o dinheiro era a coisa mais importante da vida. Hoje, que sou velho, tenho certeza". Esse comentário foi irônico; uma vez que ele viveu apenas 46 anos, de modo que nunca foi verdadeiramente "velho". Wilde compreendeu plenamente que a vida não se resume ao dinheiro.

LEITURA:
Lucas 19:1-10

...Guardem-se de todo tipo de ganância. A vida [...] não é definida pela quantidade de seus bens. 12:15

O dinheiro é temporário; vem e vai. Portanto a vida deve ser mais do que o dinheiro e o que ele pode comprar. Jesus desafiou o povo de Sua geração — ricos e pobres — a seguir um sistema de valores melhor e mais ajustado. Em Lucas 12:15, Jesus disse: "Cuidado! Guardem-se de todo tipo de ganância. A vida de uma pessoa não é definida pela quantidade de seus bens". Em nossa cultura, onde há um foco permanente em *mais*, *mais novos* e *melhores*, há algo a ser dito tanto sobre o contentamento quanto sobre a perspectiva de como vemos o dinheiro e os bens.

Ao se encontrar com Jesus, um jovem rico saiu triste por ter muitos bens dos quais não queria se desfazer (18:18-25), mas Zaqueu, o coletor de impostos, doou muito do que havia adquirido durante a sua vida (19:8). A diferença está no adotar a essência de Cristo. Em Sua graça, podemos encontrar uma perspectiva saudável sobre os nossos bens para que estes não determinem o nosso valor.

WEC

O que não pode faltar em sua vida? Por quê?
É algo duradouro ou momentâneo?

Pai, concede-me a Tua sabedoria, pois quero manter a perspectiva correta e ter princípios que reflitam a Tua habitação em mim.

Pergunte a quem é dono de um

No início do século 20, a *Packard Motor Car Company* criou um slogan para atrair compradores. "Pergunte a quem é dono de um" tornou-se a propaganda poderosa que contribuiu para a reputação da empresa como fabricante do veículo de luxo dominante na época. Eles demonstraram que entendiam que o testemunho pessoal atrai o ouvinte e que a satisfação de um amigo com um produto é um endosso poderoso.

LEITURA:
Salmo 66:1,8-20

...e eu lhes contarei o que [Deus] fez por mim. v.16

Compartilhar as experiências individuais da bondade de Deus também causa o seu impacto. Deus nos convida a declarar a nossa gratidão e alegria não apenas a Ele, mas aos que nos rodeiam (v.1). Em seu cântico, o salmista compartilhou prontamente o perdão que Deus lhe concedeu quando ele se afastou de seus pecados (vv.18-20).

Deus fez obras incríveis no curso da história, como separar as águas do mar Vermelho (v.6). Ele também age individualmente com cada um de nós: concedendo-nos esperança em meio ao sofrimento, dando-nos o Espírito Santo para compreendermos a Sua Palavra e suprindo as nossas necessidades diárias. Quando compartilhamos as nossas experiências pessoais sobre o agir de Deus em nossa vida, estamos dando algo de muito mais valor do que o endosso de uma compra específica. Com isso, estamos reconhecendo a bondade de Deus e incentivando uns aos outros ao longo da jornada da vida.

KHH

O que você pode dizer sobre a ação de Deus em sua vida? Qual benção você pode compartilhar?

Deus, ajuda-me a declarar as muitas maneiras maravilhosas que agiste em minha vida!

Pães e peixes

Um menino chegou da igreja e anunciou, com grande entusiasmo, que a lição tinha sido sobre um menino que "comia pães e pescava o dia inteiro". Ele, é claro, pensou no garoto que ofereceu seu lanche a Jesus.

LEITURA:
Mateus 14:13-21

"Não há necessidade", disse Jesus. "Providenciem vocês mesmos alimento para elas". v.16

Tendo Jesus ensinado às multidões por todo o dia, os discípulos sugeriram que Ele os enviasse à aldeia para comprar pães. Jesus respondeu: "Providenciem vocês mesmos..." (v.16). Os discípulos ficaram perplexos pois havia mais de 5.000 pessoas para alimentar! Você deve conhecer o restante da história: um menino deu o seu almoço — cinco pães e dois peixes e, com isso, Jesus alimentou a multidão (vv.13-21). Uns afirmam que a generosidade do menino moveu os outros a compartilharem seus alimentos, mas Mateus quer que entendamos que foi um milagre, o qual é relatado em todos os evangelhos.

O que podemos aprender? Família, vizinhos, amigos, colegas e outros estão à nossa volta com diferentes graus de necessidade. Devemos direcioná-los para os que consideramos mais capazes do que nós? Com certeza, as necessidades de algumas pessoas excedem a nossa capacidade de ajudá-las, mas nem sempre. Tenha você um abraço, uma palavra gentil, um ouvido atento, uma breve oração, uma palavra de sabedoria, entregue isso a Jesus e veja o que Ele pode fazer.

DHR

Qual a necessidade de outra pessoa que você pode atender? O que você pode dar a Jesus para ser usado para abençoar outras pessoas?

Jesus, concede-nos olhos para ver como podemos nos importar com os outros. Guia-nos e usa-nos.

Você vai voltar?

O casamento de Ronaldo e Nancy estava se deteriorando rapidamente. Ela teve um caso, mas, após algum tempo, Nancy admitiu o seu pecado a Deus. Ela sabia o que Deus queria que fizesse, mas foi-lhe difícil compartilhar a verdade com o marido. Entretanto, Ronaldo decidiu dar-lhe a chance de reconquistar a sua confiança demonstrando que ela havia mudado. De maneira miraculosa, Deus restaurou o casamento deles.

LEITURA:
Oseias 3:1–5

O SENHOR me disse: ame sua esposa outra vez [...]. Isso mostrará que o SENHOR ainda ama Israel... v.1

As atitudes desse marido refletem o amor de Deus e o perdão que Ele demonstrou por pecadores como você e eu. O profeta Oseias entendeu isso perfeitamente. Deus ordenou que o profeta se casasse com uma mulher infiel a fim de demonstrar a Israel a condição de infidelidade deles diante do Senhor (OSEIAS 1). Como se isso não fosse desolador o suficiente, quando a esposa do profeta o deixou, Deus disse a ele para pedir que ela voltasse: "ame sua esposa outra vez, embora ela cometa adultério com um amante" (3:1). Depois de toda a desobediência deles, Deus ansiava por um relacionamento próximo com o Seu povo. Assim como Oseias amou a sua esposa infiel, buscou-a e se sacrificou por ela, da mesma maneira Deus amou o Seu povo. O Seu ciúme e a Sua justa ira foram motivados por Seu grande amor.

Deus quer que nos acheguemos a Ele com fé e que confiemos que nele encontraremos a completa realização.

EPE

Como você reagirá ao amor de Deus hoje?
Há alguém com quem compartilhar o Seu grande amor?

Deus, como é grande e surpreendente o Teu amor, mesmo para um pecador como eu! Sou grato por Teu perdão.

De volta à batalha

Quando criança, ela tinha proferido palavras maldosas aos seus pais, mal sabendo que aquela seria a sua última interação com eles. Após anos de aconselhamento, ela ainda não se perdoa e a culpa e o arrependimento a paralisam.

LEITURA:
2 Samuel 12:26-31

...se confessamos nossos pecados, ele é fiel e justo para perdoar nossos pecados e nos purificar...
1 João 1:9

Todos nós temos arrependimentos, alguns deles bem terríveis. Mas a Bíblia nos mostra um caminho através da culpa. Vejamos um exemplo: Não há beleza no que o rei Davi fez. Era a época em que "os reis costumavam ir à guerra". [...] Mas "Davi ficou em Jerusalém" (11:1). Longe da batalha, ele roubou a esposa de outro homem e tentou encobrir isso com assassinato (vv.2-5,14,15). Deus impediu a ruína de Davi (vv.1-13), mas o rei viveria o restante de sua vida consciente de seus pecados. Enquanto Davi se levantava das cinzas, seu general, Joabe, vencia a batalha que Davi deveria ter liderado (12:26). Joabe desafiou Davi: "Traga o restante do exército aqui e conquiste a cidade" (v.28). Finalmente, Davi voltou ao lugar que Deus lhe designara como líder de sua nação e do seu exército (v.29).

Quando permitimos que o nosso passado nos domine, na verdade estamos dizendo a Deus que a Sua graça é insuficiente. Independentemente do que fizemos, nosso Pai estende o Seu completo perdão para nós. E como Davi, nós também podemos encontrar graça suficiente para voltar à batalha.

TLG

Com qual pessoa de confiança você pode conversar para obter a reafirmação da graça de Deus?

É o amor de Deus que nos define — não os nossos pecados.

Legado de fé

A devoção dos pais de Billy Graham a Jesus já era evidente bem antes do momento em que o evangelista decidiu crer em Cristo aos 16 anos. Ambos tinham abraçado a fé enquanto cresciam em famílias cristãs e continuaram esse legado educando carinhosamente seus filhos com orações, leitura das Escrituras e participando fielmente da igreja com eles. A base espiritual sólida que os pais lhe proporcionaram era parte do solo que Deus usou para levá-lo à fé e, eventualmente, ao seu chamado como ousado evangelista.

LEITURA:
2 Timóteo 1:5-14

Lembro-me de sua fé sincera, como era a de sua avó, Loide, e de sua mãe, Eunice. v.5

O jovem Timóteo era o protegido do apóstolo Paulo e também se beneficiou de uma forte base espiritual. Paulo escreveu: "sua fé sincera, como era a de sua avó, Loide, e de sua mãe, Eunice" (v.5). Esse legado ajudou a preparar e direcionar o coração de Timóteo para a fé em Cristo. Paulo exorta Timóteo a levar adiante essa tradição de fé (v.5), para "avivar a chama do dom" dentro dele através do Espírito Santo, que "nos dá poder" (vv.6,7). Por causa do poder do Espírito, Timóteo viveu sem se envergonhar do evangelho (v.8).

Um forte legado espiritual não garante que chegaremos à fé, mas o exemplo e a orientação de outros podem ajudar a preparar o caminho. E depois de recebermos a Jesus como Salvador, o Espírito nos guiará quando o servirmos, vivermos para Ele e até ao orientarmos outros à fé.

ADK

Você pode ajudar a estabelecer os alicerces da fé na vida de alguém hoje?

Senhor, ajuda-me a confiar no Teu Espírito para ter a força de testemunhar corajosamente de ti!

Amor indestrutível

A **primeira vez** que vimos o riacho em nosso quintal era apenas uma veia fina de água escorrendo pelas pedras no calor do verão. Pranchas pesadas de madeira serviam como uma ponte para atravessá-lo facilmente. Meses depois caíram torrentes de chuva por vários dias seguidos. Nosso pequeno e manso riacho se transformou num rio que se movia rapidamente com 4 m de profundidade e 3 m de largura! A força dessa água levantou as pontes e as levou a vários metros de distância.

LEITURA:
Ct 8:6,7

As muitas águas não podem apagar o amor, nem os rios podem afogá-lo. v.7

As torrentes de água têm o potencial de arrastar o que está em seu caminho. No entanto, *o amor* é algo indestrutível diante de uma inundação ou outras forças que possam ameaçar destruí-lo. "As muitas águas não podem apagar o amor, nem os rios podem afogá-lo" (v.7). A persistente força e intensidade do amor estão com frequência presentes nos relacionamentos amorosos, mas isso só é expresso plenamente no amor que Deus tem pelas pessoas por meio de Seu Filho, Jesus Cristo.

Quando as coisas que consideramos robustas e confiáveis são removidas, a nossa decepção pode abrir a porta para termos nova compreensão do amor de Deus por nós. Sua afeição é maior, mais profunda, mais forte e duradoura do que qualquer outra coisa na Terra. Seja o que for que enfrentemos, nós o fazemos com Ele ao nosso lado, sustentando-nos, ajudando-nos e nos lembrando de que somos amados.

JBS

Qual é a consequência
do amor de Deus em sua vida?

Pai, ajuda-me a acreditar que posso depender de ti para suprir todas as necessidades da minha alma.

O poder do encorajamento

Quando pequeno, Benjamin West tentou desenhar um retrato de sua irmã, mas fez apenas rabiscos. Sua mãe viu sua criação, beijou-o na cabeça e comentou: "Ora, é a Sally!". Mais tarde, ele diria que foi aquele beijo que o fez tornar-se um artista e o grande pintor norte-americano que foi. O encorajamento é algo poderoso!

LEITURA:
Atos 15:12-21

Todos ouviram em silêncio [...] os sinais e maravilhas que Deus havia realizado por meio deles... v.12

Como uma criança aprendendo a pintar, Paulo não teve muita credibilidade no início de seu ministério, mas Barnabé confirmou o chamado dele. Foi pelo encorajamento de Barnabé que a igreja aceitou Saulo como cristão (9:27). Barnabé também incentivaria a incipiente igreja de Antioquia, ajudando-a a tornar-se uma das mais influentes no livro de Atos (11:22-23). E foi através do encorajamento de Barnabé e de Paulo que a igreja de Jerusalém aceitou os gentios convertidos como cristãos (15:19). Portanto, de muitas maneiras, a história da Igreja Primitiva é realmente uma história de encorajamento.

Deveríamos aplicar isso a nossa vida. Podemos até pensar que encorajar significa apenas dizer algo de bom a alguém. Mas, se pensarmos dessa forma, deixamos de reconhecer o poder duradouro que o encorajamento possui. Ele é um dos meios pelos quais Deus molda a nossa vida individualmente, assim como a vida da Igreja.

Agradeçamos a Deus pelos momentos em que recebemos encorajamento e esforcemo-nos para transmiti-lo aos outros.

PC

O encorajamento moldou sua história de vida de alguma forma?

Pai, ajuda-me a ser grato por Tua provisão e a encorajar as pessoas que estão ao meu redor.

"Ainda que"

Em 2017, após o furacão Harvey, viajamos com um grupo de pessoas para Houston, EUA, para ajudar os que tinham sofrido perdas. Nosso objetivo era encorajar as pessoas que tinham sido afetadas pela tempestade. Nesse processo, a nossa própria fé foi desafiada e fortalecida quando nos colocamos ao lado deles em seus lares e templos danificados.

LEITURA:
Habacuque 3:17-19

...mesmo assim me alegrarei no SENHOR, exultarei no Deus de minha salvação! v.18

Vemos que Habacuque expressa no final de sua profecia do século 7 a.C., a mesma fé radiante exibida por algumas dessas pessoas na esteira do furacão Harvey. O profeta previu que tempos difíceis estavam a caminho (1:5–2:1); as coisas piorariam antes de melhorar. O final da profecia o faz ponderar sobre o potencial das perdas terrenas e a expressão "*ainda que*" aparece três vezes: "Ainda que a figueira não floresça [...] ainda que a colheita de azeitonas não dê em nada [...], ainda que os rebanhos morram nos campos" (v.17).

Como nos posicionamos diante de perdas inimagináveis, como a perda de saúde ou do emprego, a morte de um ente querido ou um desastre natural devastador? A "Ode por Tempos Difíceis" de Habacuque nos convoca a ter fé e a confiar em Deus, que é a fonte da nossa salvação (v.18), força e estabilidade (v.19) para ontem, hoje e sempre. No final, aqueles que confiam no Senhor nunca serão desapontados.

ALJ

Deus atendeu a sua necessidade em tempos difíceis?
Como você pode encorajar os outros quando eles enfrentam uma crise?

Pai, mesmo nas provações, mantém minha fé ancorada em ti, minha fonte de salvação e força.

A criatividade de Deus

A música encheu o auditório da igreja, e o artista daltônico Lance Brown postou-se à frente da tela em branco, de costas à congregação, mergulhando o pincel em tinta preta. E suavemente desenhou a cruz. Pincelada após pincelada, esse "narrador visual" criou imagens da crucificação e da ressurreição de Cristo. Cobriu as grandes manchas da tela com tinta preta, azul e branco e terminou em 6 minutos a pintura que agora era abstrata. Em seguida, Brown virou-a de cabeça para baixo revelando a imagem oculta — a face de Jesus cheia de compaixão. Brown relutou quando um amigo lhe sugeriu que ele pintasse rapidamente durante um culto na igreja. No entanto, ele hoje viaja internacionalmente para levar as pessoas à adoração enquanto pinta e compartilha sobre Cristo.

LEITURA:
Romanos 12:3-8

Deus, em sua graça, nos concedeu diferentes dons. v.6

Paulo confirma o valor e o propósito dos diversos dons que Deus derramou sobre o Seu povo. O Senhor capacita cada cristão para glorificar o Seu nome e edificar os outros em amor (vv.3-5). Paulo nos encoraja a identificar e usar os nossos dons e a servirmos com diligência e alegria para edificar os outros e trazê-los para Jesus, (vv.6-8).

Deus nos concedeu dons espirituais, talentos, habilidades e experiências para servir de todo o coração nos bastidores ou sob os holofotes. Ao celebrarmos a Sua criatividade, Ele usa a nossa singularidade para espalhar o evangelho e edificar outros cristãos em amor.

XED

Como você pode usar os seus dons?

Deus, obrigado por nos equipares com dons únicos e belos! Ajuda-nos a honrar-te usando-os para te servir.

Jesus disfarçado

Meu filho participou recentemente de uma "simulação de desabrigados". Ele passou três dias e duas noites vivendo nas ruas de sua cidade dormindo fora em temperaturas abaixo de zero. Sem comida, dinheiro ou abrigo, ele confiava na bondade de estranhos para suas necessidades básicas. Em um desses dias, sua única comida foi um sanduíche, comprado por um homem que o ouviu pedir pão seco em um restaurante *fast-food*.

LEITURA:
Mateus 25:31-40

Quem é gentil com os pobres empresta ao SENHOR, e ele os recompensará pelo que fizeram.
Provérbios 19:17

Mais tarde, meu filho me disse que essa foi uma das coisas mais difíceis que já fez, mas que isso impactou profundamente sua visão sobre os outros. Ele passou o dia seguinte após sua "simulação" procurando pelos desabrigados que haviam sido gentis com ele durante seu tempo na rua e, de maneira simples, procurou fazer o que podia para ajudá-los. Surpresos ao descobrir que ele não era realmente um sem-teto, ficaram gratos por ele se importar o suficiente para tentar ver a vida através dos olhos deles.

Essa experiência lembra as palavras de Jesus: "Estava nu e me vestiram. Estava doente e cuidaram de mim. Estava na prisão e me visitaram. [...] quando fizeram isso ao menor destes meus irmãos, foi a mim que o fizeram" (vv.36-40). Quer demos uma palavra de encorajamento ou uma sacola de mantimentos, Deus nos chama para suprir amorosamente as necessidades dos outros. Sendo bons aos outros somos bons a Ele.

JBB

Como você pode ser bondoso?
Quando outra pessoa o cercou de bondade?

Querido Jesus, ajuda-me a ver-te nas necessidades dos outros hoje e a te amar amando-os.

A ilusão do controle

O estudo de Ellen Langer intitulado: *A ilusão do controle*, de 1975, examinou o nível de influência que exercemos sobre os acontecimentos da vida. Ela descobriu que nós superestimamos o nosso grau de controle na maioria das situações. O estudo também demonstrou como a realidade quase sempre destrói a nossa ilusão. As conclusões de Ellen são corroboradas por experimentos realizados por outros estudiosos desde que seu estudo foi publicado.

LEITURA:
Tiago 4:13-17

Como sabem o que será de sua vida amanhã? v.14

No entanto, Tiago identificou esse fenômeno muito antes de ela o ter nominado. Ele escreveu: "Prestem atenção, vocês que dizem: 'Hoje ou amanhã iremos a determinada cidade e ficaremos lá um ano. Negociaremos ali e teremos lucro'. Como sabem o que será de sua vida amanhã? A vida é como a névoa ao amanhecer: aparece por um pouco e logo se dissipa" (vv.13,14). Em seguida, Tiago provê uma cura para a ilusão, enaltecendo Aquele que está no controle absoluto: "O que devem dizer é: 'Se o Senhor quiser, viveremos e faremos isso ou aquilo'" (v.15). Nesse versículo, Tiago resumiu ambos: a falha fundamental da condição humana e o seu antídoto.

Que entendamos que o nosso destino não está em nossas mãos. Podemos confiar nos planos de Deus, pois Ele mantém todas as coisas em Suas mãos poderosas.

ROO

De que forma você cedeu à ilusão de que está no controle de seu destino? Como você pode entregar seus planos a Deus e deixar o seu futuro em Suas mãos?

É da natureza humana fazer planos, mas o propósito do Senhor prevalecerá. PROVÉRBIOS 19:21

Encorajamento

Na noite em que Abraham Lincoln, presidente dos EUA, foi baleado, seus bolsos continham: os óculos, um limpa--lentes, um canivete, um relógio de bolso, um lenço e uma carteira de couro contendo uma nota confederada de cinco dólares e oito recortes de jornais elogiosos a ele e suas políticas. Pergunto-me o porquê daquele dinheiro em seu bolso, mas não tenho dúvidas sobre os recortes elogiosos. Todos precisam de encorajamento, até mesmo um grande líder como ele! Você consegue imaginá-lo lendo-os à sua esposa momentos antes da fatídica peça?

LEITURA:
Romanos 15:1-6

Devemos agradar ao próximo visando ao que é certo, com a edificação deles como alvo. v.2

Quem precisa de encorajamento? *Todos!* Olhe a sua volta. Não há uma pessoa sequer em sua linha de visão que seja tão confiante quanto parece. Somos todos um fracasso, irônicos ou mal-humorados por insegurança.

E se todos nós obedecermos ao mandamento de Deus visando "ao que é certo, com a edificação deles como alvo"? (v.2). E se nos determinássemos apenas a falar "palavras bondosas" que são "doces para a alma e saudáveis para o corpo?" (PROVÉRBIOS 16:24). E se as escrevêssemos para que os amigos pudessem reler e saboreá--las? Então, todos nós teríamos anotações em nossos bolsos (ou telefones). E seríamos mais semelhantes a Jesus, que "não [agradou] a si mesmo", mas viveu para os outros (ROMANOS 15:3). *MEW*

De quem foram as palavras que mais o encorajaram?
Você pode encorajar alguém ainda hoje?

Somos melhores quando encorajamos uns aos outros com nossas palavras, ações e presença.

Uma história triste

O **abuso sexual** por homens que exerciam algum poder sobre as mulheres, um mal varrido há muito para debaixo do tapete, veio à luz. Após seguidas manchetes, sofri muito ao ouvir provas do abuso feito por dois homens que eu admirava. A igreja não está imune a tais problemas.

LEITURA:
2 Samuel 11:2-15

...Mas o que Davi fez desagradou o SENHOR. v.27

O rei Davi enfrentou um ajuste de contas. Samuel relata que, certa tarde, Davi "reparou numa mulher [...] que tomava banho" (v.2) e a desejou. Embora Bate-Seba fosse esposa de Urias, um dos seus leais soldados, Davi mesmo assim a possuiu. Quando ela lhe disse que engravidara, o rei entrou em pânico. E com desprezível traição, Davi providenciou para que Joabe facilitasse a morte de Urias no campo de batalha. Não há como esconder o abuso de poder de Davi contra esse casal. Fica evidente e Samuel garante que o vejamos.

Devemos lidar com o nosso próprio mal e ouvir as histórias que alertam contra o abuso de poder em nossos dias. Davi foi um homem segundo o coração de Deus (ATOS 13:22), mas precisava ser responsabilizado por suas ações. Que, em espírito de oração, possamos responsabilizar os líderes pela maneira como usam ou abusam do poder.

Pela graça de Deus, temos a redenção e em 2 Samuel 12:13 lemos sobre o profundo arrependimento de Davi. Felizmente, os corações endurecidos podem mudar da morte para a vida. *WC*

Por que é importante, em espírito de oração,
abordar o abuso de poder em nosso meio e em nosso mundo?

Pai, brilha a Tua luz sobre nós,
cura-nos e nos orienta.

Criado para relacionar-se

Em alguns países aumenta um comércio chamado "alugue uma família" que surgiu para atender às necessidades dos solitários. Uns o usam para manter as aparências, de modo que, num evento social, podem parecer ter uma família feliz. Alguns contratam atores para representar os parentes afastados, para que possam sentir, ainda que brevemente, a conexão familiar que desejam.

LEITURA:
Gênesis 2:15-25

O Senhor Deus disse: "Não é bom que o homem esteja sozinho. Farei alguém que o ajude e o complete". v.18

Tal tendência reflete uma verdade básica: os seres humanos são criados para relacionarem-se entre si. Na história da criação encontrada em Gênesis, Deus olha para cada coisa que fez e vê que é "muito bom" (1:31). No entanto, quando Deus pondera sobre Adão, Ele diz: "Não é bom que o homem esteja sozinho" (2:18). O ser humano precisava de outro semelhante.

A Bíblia não nos ensina apenas sobre a necessidade de conexão. Mostra-nos onde encontrarmos relacionamentos: entre os seguidores de Jesus. O Salvador, ao morrer, disse ao amigo João para considerar a mãe dele como sua. Eles seriam familiares um do outro, mesmo após Jesus partir (JOÃO 19:26,27). E Paulo instruiu os cristãos a tratar os outros como pais e irmãos (1 TIMÓTEO 5:1,2). O salmista nos diz que parte da obra redentora de Deus no mundo é conceder "uma família aos que vivem sós" (SALMO 68:6), e o Senhor projetou a Igreja como um dos melhores lugares para isso.

Deus nos criou e nos deu o Seu povo como família!

ALP

Há alguém solitário que precisa de você como família?

Deus, ajuda-me a depender dos outros e a ser um amigo confiável também.

Exausto espiritualmente?

"**Emocionalmente, às vezes** trabalhamos um dia inteiro em apenas uma hora", escreve Zack Eswine em seu livro *O pastor imperfeito* (Ed. Fiel, 2014). Embora ele se referisse aos fardos que os pastores frequentemente carregam, isso se aplica a todos. As emoções e as responsabilidades podem nos esgotar física, mental e espiritualmente. E tudo o que desejamos é dormir.

LEITURA:
1 Reis 19:1-9

...um anjo o tocou e disse: "Levante-se e coma!". v.5

O profeta Elias encontrou-se numa situação de esgotamento em todos os sentidos. A rainha Jezabel ameaçou matá-lo (vv.1,2) após descobrir que ele havia matado os profetas de Baal (18:16-40). Elias temeu tanto que fugiu e orou para que ele mesmo morresse (19:3,4). Aflito, deitou-se. Um anjo o tocou duas vezes e disse-lhe para se levantar e comer (vv.5,7). Depois do segundo toque, Elias foi fortalecido pelo alimento que Deus proveu, e ele "viajou quarenta dias e quarenta noites" até chegar a uma caverna (vv.8,9). Lá, o Senhor lhe apareceu e o comissionou novamente (vv.9-18). Elias se sentiu revigorado e capaz de continuar o trabalho que Deus tinha para ele fazer.

Às vezes também precisamos ser encorajados no Senhor por meio de uma conversa com outro cristão, um cântico de adoração, um tempo em oração e pela Palavra de Deus. Você se sente exausto? Entregue seus fardos a Deus e seja renovado! Ele os carregará por você.

JS

Qual área em sua vida necessita de encorajamento?
De que forma isso pode acontecer e como você pode buscá-lo?

Deus, ajuda-me a voltar-me a ti quando estiver desgastado. Obrigado, pois em ti encontro descanso.

Nosso novo lar

Como a primeira imigrante para os EUA a passar pela Ilha Ellis em 1892, Annie Moore deve ter sentido uma alegria incrível ao pensar no recomeço em um novo lar. Milhões de pessoas passariam por lá depois. Ainda adolescente, Annie deixou para trás uma vida difícil na Irlanda para recomeçar. Carregando apenas uma pequena bolsa na mão, ela chegou ao novo país com muitos sonhos, esperanças e expectativas de essa ser uma terra de oportunidades.

LEITURA:
Apocalipse 22:1-5

Não haverá mais maldição sobre coisa alguma, porque o trono de Deus e do Cordeiro estará ali. v.3

Quanto maior será a empolgação e a reverência que os filhos de Deus experimentarão quando virmos "um novo céu e uma nova terra" (21:1). Entraremos no que o livro do Apocalipse chama de "a Cidade Santa, a nova Jerusalém" (v.2). O apóstolo João descreve esse lugar incrível com imagens poderosas. Haverá "o rio da água da vida, transparente como cristal, que [flui] do trono de Deus e do Cordeiro" (22:1). A água representa a vida e a abundância, e sua fonte será o próprio Deus eterno. João diz que "não haverá mais maldição" (v.3). O belo e puro relacionamento que Deus pretendia entre Ele e os seres humanos será totalmente restaurado.

Como é incrível saber que Deus, que ama os Seus e nos comprou com a vida de Seu Filho, está preparando um novo lar tão maravilhoso no qual Ele mesmo viverá conosco e será o nosso Senhor (21:3).

EPE

O que lhe vem à mente quando você pensa no Céu?
De que maneira essa passagem do Apocalipse o encoraja?

Pai, obrigado pelo Teu amor! Aguardamos o dia em que viveremos em paz contigo e com os outros no Céu.

Tocado pela graça

LEITURA:
Lucas 6:27-36

...amem os seus inimigos, façam o bem a quem os odeia. v.27

No romance *Paz como um rio*, de Leif Enger (Ed. Difel 2003), Jeremias Land é um pai responsável por seus três filhos. Ele trabalha como o zelador na escola local. É homem de fé profunda, por vezes milagrosa, a qual é frequentemente testada ao longo do livro.

A escola é dirigida por Chester Holden, um homem mesquinho que tem uma doença de pele. Apesar da excelente ética de trabalho de Jeremias, que limpa o vazamento de esgoto sem reclamar e junta os pedaços de garrafas que Holden quebrou, o diretor quer lhe demitir. Um dia, na frente de todos os alunos, numa cena humilhante, o diretor o acusa de embriaguez e o demite. Como Jeremias reage? Ele poderia entrar na justiça trabalhista ou fazer acusações próprias. Poderia fugir, aceitando a injustiça. O que você faria?

Jesus diz: "Amem os seus inimigos, façam o bem a quem os odeia, abençoem quem os amaldiçoa, orem por quem os maltratam" (vv.27,28). Essas palavras desafiadoras não pretendem desculpar o mal nem impedir a busca por justiça. Elas nos convocam para imitar a Deus (v.36), fazendo-nos uma pergunta profunda: Como posso ajudar meu inimigo a se tornar tudo o que Deus quer que ele seja?

Jeremias olha para Holden, chega até ele e toca em seu rosto. Ele recua defensivamente, mas sente-se maravilhado que sua pele fora curada pelo toque da graça.

SMV

Qual seria a tua reação? Como ajudar uma pessoa difícil a se aproximar dos propósitos de Deus?

Senhor, mostra-me como ajudar o meu inimigo a se aproximar de ti.

Reconstruindo sonhos

Estêvão cresceu no leste de Londres e com 10 anos entrou para o crime. Ele disse: "Se todo mundo está vendendo drogas e fazendo roubos e fraudes, então você também se envolve. É apenas um modo de vida". Mas, aos 20 anos, ele teve um sonho que o transformou. Ele ouviu o Senhor lhe dizendo: "Estêvão, você será preso por assassinato". Esse sonho foi muito impactante e lhe serviu como um aviso. Estevão voltou-se para Deus, recebeu Jesus como seu Salvador e o Espírito Santo transformou a vida dele.

LEITURA:
Efésios 4:20-24

...revistam-se de sua nova natureza, criada para ser verdadeiramente justa e santa como Deus. v.24

Estêvão fundou uma organização que através do esporte ensina disciplina, moral e respeito às crianças carentes que vivem nas cidades. Ele credita a Deus o sucesso que tem visto quando ora e disciplina as crianças: "Reconstruímos sonhos mal orientados", diz ele.

Ao buscar a Deus e deixar para trás o passado, nós, como Estêvão, seguimos a ordem de Paulo aos efésios para que acolhessem um novo modo de vida. Embora o nosso antigo "eu" seja "corrompido pelos desejos impuros", podemos procurar nos revestir "de sua nova natureza" a qual foi criada para ser "como Deus" (vv.22,24). Todos os cristãos se envolvem nesse processo contínuo na medida em que pedimos a Deus através do Seu Espírito Santo que nos torne mais semelhantes a Ele.

Estêvão afirmou que a fé foi crucial para transformar sua vida. E a sua fé?

ABP

O que lhe vem à mente como momentos-chave que provocaram mudanças? Houve mudanças duradouras?

Jesus, ajuda-me a ser mais parecido contigo, enquanto deixo minha velha natureza para trás.

Mais do que dicas

Encontrei uma boa dica quando um dos meus netos aqueceu o seu coelho de pelúcia no vidro da nossa lareira. Os resíduos que o coelho de pelúcia deixou no vidro da lareira não eram nada bonitos, mas um especialista em lareiras nos ensinou um grande truque: uma dica para fazer o vidro parecer novo. Funcionou e agora não permitimos mais os bichos de pelúcia por perto da lareira!

LEITURA:
Salmo 111

Ele pagou o resgate por seu povo, garantiu para sempre sua aliança com eles; seu nome é santo e temível! v.9

Falo sobre isso porque às vezes podemos ver as Escrituras como uma coleção de dicas para tornar a vida mais fácil. Embora seja verdade que a Bíblia tenha muito a dizer sobre como viver de forma que se honre a Cristo, esse não é o único propósito desse Livro. O que as Escrituras nos fornecem é uma solução para a maior necessidade da humanidade: o resgate do pecado e da separação eterna de Deus. Da promessa de salvação em Gênesis 3:15 até a verdadeira esperança de um novo Céu e nova Terra (APOCALIPSE 21:1,2), a Bíblia explica que Deus tem um plano eterno para nos resgatar do pecado e permitir que desfrutemos da comunhão com Ele. Em cada história e cada sugestão de como viver, a Bíblia está nos direcionando para Jesus — o Único — que pode resolver o nosso maior problema.

Quando abrimos o Livro de Deus, lembremo-nos de que estamos procurando por Jesus, pelo resgate que Ele oferece e sobre como devemos viver sendo Seus filhos. Ele nos trouxe a melhor solução de todas!

JDB

Como Jesus tocou o seu coração e a sua vida?

Pai, obrigado pela salvação em Jesus que é explicada tão claramente em Tua palavra.

Coração do servo

Cozinhar, planejar eventos, ser nutricionista ou enfermeira. Essas são apenas algumas das responsabilidades desempenhadas pelas mães atuais. Em 2016, uma pesquisa estimou que as mães provavelmente trabalhavam entre 59 e 96 horas por semana realizando tarefas relacionadas aos filhos. Não é de admirar que elas estejam sempre exaustas! Ser mãe significa dar muito tempo e energia para cuidar dos filhos, que precisam de muita ajuda para aprender a transitar pelo mundo.

LEITURA:
Marcos 9:33-37

Quem quiser ser o primeiro, que se torne o último e seja servo de todos. v.35

Quando os meus dias são longos e preciso de um lembrete de que cuidar dos outros é uma atividade digna, sinto enorme esperança ao ver Jesus valorizando os que o servem. Os discípulos estavam discutindo sobre qual deles seria o maior. Jesus calmamente sentou-se e lembrou-lhes de que: "Quem quiser ser o primeiro, que se torne o último e seja servo de todos" (9:35). Ele tomou uma criança em Seus braços para ilustrar a importância de servir aos outros, especialmente aos mais desamparados entre nós (vv.36,37).

A resposta de Cristo redefine a grandeza em Seu reino. Seu padrão é o coração disposto a cuidar dos outros. E Jesus prometeu que Sua presença estará com aqueles que escolherem servir (v.37).

À medida que você tem oportunidades de servir em sua família ou comunidade, saiba que Jesus valoriza o tempo e o esforço que você dedica em serviço aos outros.

LMS

Agradeça hoje a alguém
que gentilmente o amou e lhe serviu.

Senhor Jesus, ajuda-nos a ter o coração disposto a seguir o Teu exemplo de serviço.

Você precisa relaxar!

"**Você precisa relaxar"**, declara o médico no filme *Bernardo e Bianca na terra dos cangurus* (Disney, 1990) tentando tratar o albatroz ferido Wilbur, um paciente relutante. "Relaxar? Estou relaxado!", Wilbur responde *nervoso* e com sarcasmo, enquanto seu pânico aumenta. "Se estivesse mais relaxado, estaria morto!"

LEITURA:
Salmo 116:1-9

Volte, minha alma, a descansar, pois o SENHOR lhe tem sido bom. v.7

Você se identifica? À luz dos métodos duvidosos do médico (como uma motosserra apelidada como "destrutora do tecido epidérmico"), as apreensões de Wilbur parecem justificadas. A cena é engraçada porque mostra como nos sentimos quando estamos em pânico ao enfrentarmos ou não uma ameaça à vida.

Se estivermos aterrorizados, o incentivo para relaxar pode parecer ridículo. Quando os terrores da vida se acumulam ao meu redor, e quando as dolorosas cordas da morte (v.3) apertam o meu estômago, o meu instinto é revidar, em vez de relaxar.

E as minhas tentativas de revidar em pânico apenas aumentam a minha ansiedade paralisando-me de medo. Porém, mesmo com relutância, permito-me sentir a minha dor e a elevo a Deus (v.4), e algo surpreendente acontece. O "nó" em mim relaxa um pouco (v.7) e uma paz que não consigo entender me invade.

À medida que o consolo do Espírito me envolve, entendo mais sobre a essência do evangelho e que lutamos melhor se nos entregamos aos poderosos braços de Deus (1 PEDRO 5:6,7). *MRB*

Como você pode crescer ao se render ao amor e cuidado de Deus nos tempos difíceis?

Deus, ajuda-nos a entregar as nossas ansiedades a ti para encontrar descanso em Tua graça e bondade.

Surpreendido pela sabedoria

"P**arece que** quanto mais velha *eu* fico mais sábio *você* se torna. Quando falo com meu filho, ouço *as tuas* palavras saindo da *minha* boca!".

A franqueza da minha filha me fez rir. Eu sentia o mesmo por meus pais e me via usando as palavras deles ao criar meus filhos. Após me tornar pai, minha perspectiva sobre a sabedoria de meus pais mudou. O que uma vez "descartei" como tolice acabou sendo mais sábio do que eu pensava. A princípio, eu não conseguia enxergar.

LEITURA:
1 Coríntios 1:18-25

Como são grandes as riquezas, a sabedoria e o conhecimento de Deus! Romanos 11:33

A Bíblia ensina que "'a loucura' de Deus é mais sábia" do que a mais sábia sabedoria humana (1 CORÍNTIOS 1:25). "Visto que Deus, em sua sabedoria, providenciou que o mundo não o conhecesse por meio de sabedoria humana, usou a loucura de nossa pregação para salvar 'os que creem'" (v.21). Deus sempre tem maneiras de nos surpreender. Em vez do rei triunfante que o mundo esperava, o Filho de Deus veio como um servo sofredor e morreu a humilhante morte por crucificação, antes de ser ressuscitado em glória indescritível.

Na sabedoria de Deus, a humildade é valorizada em detrimento do orgulho, e o amor demonstra o seu valor em misericórdia e bondade imerecidas. Através da cruz, nosso invencível Messias se tornou a vítima definitiva para "salvar de uma vez por todas" (HEBREUS 7:25) todos os que depositam sua fé nele!

JBB

Quando os caminhos de Deus o deixaram confuso? Como isso ajuda a reconhecer que os caminhos de Deus não são os nossos?

Pai, louvo-te pela sabedoria dos Teus caminhos. Ajuda-me a confiar em ti e a andar ao Teu lado.

Outra chance

Na loja de bicicletas de segunda mão perto do nosso bairro, os voluntários reconstroem as bicicletas descartadas e as doam às crianças carentes. O fundador dessa loja, Ernie Clark, também as doa para adultos carentes, sem-teto, deficientes e veteranos militares que lutam para sobreviver na vida civil. Não só as bicicletas têm uma segunda chance, mas às vezes os seus destinatários também.

LEITURA:
Miqueias 7:1-3,18-20

Voltarás a ter compaixão de nós; [...] e lançarás nossos pecados nas profundezas do mar. v.19

As segundas chances podem transformar a vida de uma pessoa, especialmente quando essa segunda chance vem de Deus. O profeta Miqueias exaltou tal graça num tempo em que Israel se submeteu ao suborno, à fraude e a outros pecados desprezíveis. Ele lamentou: "Os fiéis desapareceram; não resta uma só pessoa honesta na terra" (v.2). Miqueias sabia que Deus puniria o mal com justiça. Mas, sendo amoroso, Ele daria outra chance àqueles que se arrependessem. Humilhado por tal amor, Miqueias perguntou: "Que outro Deus há semelhante a ti, que perdoas a culpa do remanescente e esqueces os pecados dos que te pertencem?" (v.18).

Podemos nos alegrar, pois se pedirmos perdão Deus não nos abandona por causa de nossos pecados. Miqueias questionou: "Que outro Deus há semelhante a ti, que perdoas a culpa do remanescente e esqueces os pecados dos que te pertencem?" (v.19).

O amor de Deus dá segundas chances aos que o buscam. *PR*

De qual pecado você precisa se arrepender
e ganhar uma segunda chance de nosso Deus amoroso?

Pai Celestial, obrigado por nos dares a graça das segundas chances.

Uma razão para cantar

Para um homem que vive por uma lei ou código, por assim dizer, parecia um grande fracasso. O que eu deveria fazer? Bem, adormeci. Nossos filhos têm um toque de recolher quando saem à noite. Eles são bons filhos, mas eu os espero até ouvir suas mãos virarem a maçaneta da porta. Quero certificar-me de que estão seguros em casa. Não preciso agir assim; é minha escolha. No entanto, uma noite acordei com a minha filha me dizendo com um sorriso: "Pai, estou em segurança. Você deveria ir para a cama". Apesar de nossas melhores intenções, às vezes os pais dormem em seus postos de espera. Foi muito humilhante e também muito humano.

LEITURA:
Salmo 121

Aquele que guarda Israel não cochila nem dorme. v.4

Mas isso nunca acontece com Deus. O Salmo 121 é uma canção reconfortante sobre como Ele é o guardião e o protetor de Seus filhos. O salmista declara que o Deus que cuida de nós "não cochilará" (v.3). E, para ênfase, ele repete essa verdade: O Senhor "não cochila nem dorme" (v.4).

Você pode imaginar? Deus nunca dorme no Seu posto. Ele está sempre nos vigiando — os filhos e filhas, tias e tios, mães e até pais. Não é que Ele tenha que fazer isso, mas o Senhor o faz por causa do Seu grande amor. Ele escolhe fazê-lo. Essa promessa é definitivamente motivo de júbilo. Sabemos que isso não significa uma vida sem problemas, mas, sim, uma vida cercada por Seu amor e presença.

JB

De que maneira você sente a presença de Deus?
Quando não a sente, em quais verdades você pode confiar?

Pai, obrigado por Teu constante cuidado sobre a nossa vida. Ajuda-nos a confiar na certeza de que estás sempre a postos.

Viver. Orar. Amar.

Influenciado por seus pais que eram cristãos fiéis, o astro Jesse Owens vivia como um corajoso homem de fé. Durante os Jogos Olímpicos de 1936 em Berlim, Owens, um dos poucos afro-americanos da equipe dos EUA, recebeu quatro medalhas de ouro na presença de nazistas cheios de ódio e de seu líder. Na ocasião, Owens tornou-se amigo do atleta alemão Luz Long. Cercado pela propaganda nazista, o simples ato de Owens viver sua fé impactou a vida de Long. Mais tarde, ele escreveu a Owens: "Naquela hora em Berlim, quando falei com você pela primeira vez, e você estava ajoelhado, percebi que estava orando. Então, acho que posso acreditar em Deus".

LEITURA:
Romanos 12:9-21

Não deixem que o mal os vença, mas vençam o mal praticando o bem. v.21

Owens demonstrou como os cristãos podem responder às palavras do apóstolo Paulo de odiar "...tudo que é mau" e amar com "...amor fraternal" (vv.9,10). Embora ele pudesse ter respondido a maldade ao redor dele com ódio, Owens escolheu viver pela fé e demonstrar amor a um homem que mais tarde se tornaria seu amigo e eventualmente consideraria crer em Deus. Quando o povo de Deus se compromete a não parar de orar (v.12), Ele nos capacita a viver "...em harmonia uns com os outros" (v.16).

Quando dependemos da oração, comprometemo-nos a viver nossa fé e a amar todos os que são criados à imagem de Deus. Se clamarmos a Deus, Ele nos ajudará a derrubar as barreiras e a construir "pontes de paz".

XED

Você pode construir pontes de paz?
A sua fidelidade na oração rendeu frutos?

Pai, fortalece-nos para nos unirmos em oração, totalmente comprometidos em amar os outros e a viver em paz.

Use a sua voz

Fui convidado para conhecer um famoso pianista e como cresci tocando violino e piano, e principalmente fazendo solos na igreja e em outros eventos, emocionei-me com a oportunidade.

Quando o encontrei, percebi que o pianista falava outra língua; e para minha surpresa, deu-me um violoncelo para tocar — um instrumento que eu nunca havia tocado antes. Ele insistiu que eu tocasse e que me acompanharia. Toquei algumas notas, tentando imitar meu treinamento de violino. Finalmente admitindo que estava perdido, nos separamos.

LEITURA:
1 Coríntios 12:1-14

Existem tipos diferentes de dons espirituais, mas o mesmo Espírito é a fonte de todos eles. v.4

Acordei, percebendo que tinha sido um sonho. Mas, como o fundo musical no meu sonho era verdade, fiquei pensando: Por que você não lhe disse que você poderia cantar?

Deus nos equipa para desenvolvermos os nossos talentos naturais e nossos dons espirituais para os outros (v.7). Através da leitura da Bíblia, oração e do sábio conselho de outras pessoas, podemos entender melhor o dom (ou dons) espiritual que é exclusivamente nosso. O apóstolo Paulo nos lembra de que, qualquer que seja o nosso dom espiritual, devemos dedicar um tempo para encontrá-lo e usá-lo, sabendo que o Espírito distribui os dons "que deseja a cada um" (v.11).

Vamos usar as "vozes" que o Espírito Santo nos deu para honrar a Deus e servir aos outros cristãos em Jesus. *EVAN MORGAN, AUTOR CONVIDADO*

Qual é a sua "voz" espiritual e como pode usá-la hoje?
Por que é errado querer os dons espirituais dos outros?

Pai, mostra-me os meus dons e como devo usá-los para o bem dos outros.

Coisas tão maravilhosas!

Em 1989, o mundo ficou surpreso com a queda do Muro de Berlim. O muro que dividira a Alemanha, estava ruindo e a cidade dividida por 28 anos se uniria novamente. Embora o epicentro da alegria fosse na Alemanha, o mundo ao redor compartilhou desse júbilo. Algo maravilhoso aconteceu!

LEITURA:
Salmo 126

Que podemos dizer diante de coisas tão maravilhosas? Se Deus é por nós, quem será contra nós? v.31

Quando Israel retornou à sua terra natal em 538 a.C., depois do exilio por quase 70 anos, também foi grandioso. O Salmo 126 começa com um olhar para o passado àquele momento cheio de alegria na história de Israel. A experiência fora marcada pelo riso, cânticos alegres e o reconhecimento de outras nações de que Deus havia feito grandes coisas por Seu povo (v.2). E qual foi a reação dos destinatários de Sua misericórdia salvadora? Deus fez coisas grandiosas que despertaram grande alegria (v.3). Além disso, Suas obras no passado se tornaram a base para novas orações para a presente e brilhante esperança para o futuro (vv.4-6).

Você e eu não precisamos olhar tão longe em nossas experiências para buscar exemplos de grandes coisas de Deus, especialmente se cremos em Deus através de Seu Filho, Jesus. Fanny Crosby, autora de hinos do século 19, capturou esse sentimento quando escreveu: "A Deus demos glória, com grande fervor, Seu Filho bendito por nós todos deu" (CC 15). Sim, a Deus seja a glória, pois Ele tem feito coisas tão maravilhosas!

ALJ

Que grandes coisas você experimentou da mão de Deus?

As coisas tão maravilhosas do passado podem inspirar grande alegria, muita oração e enorme esperança.

Círculos apertados

Ganhamos uma *collie* com *pedigree* que estava velha demais para procriar. Logo descobrimos que ela havia, infelizmente, passado grande parte de sua vida dentro de um pequeno canil. Ela só andava girando em pequenos círculos e não conseguia buscar algo ou correr em linha reta. E mesmo com um grande quintal para brincar, ela achava que estava cercada.

LEITURA:
Gálatas 5:1,4-14

...permaneçam firmes nessa liberdade, pois Cristo verdadeiramente nos libertou. v.1

Os primeiros cristãos, muitos dos quais eram judeus, estavam acostumados a ser contidos pela Lei mosaica. Embora a Lei fosse boa e tivesse sido dada por Deus para convencê-los do pecado e levá-los a Jesus (GÁLATAS 3:19-25), era a hora de viver sua nova fé baseada na graça de Deus e na liberdade de Cristo. Eles hesitaram. *Depois de tanto tempo, eles estavam realmente livres?*

Nós podemos ter o mesmo problema. Talvez tenhamos crescido em igrejas que nos cercaram com regras rígidas. Talvez tenhamos sido criados em lares permissivos e agora estamos desesperados pela segurança dos limites. De qualquer maneira, é hora de abraçarmos a nossa liberdade em Cristo (GÁLATAS 5:1). Jesus nos libertou para o obedecermos por amor (JOÃO 14:21) e para "servir uns aos outros em amor" (GÁLATAS 5:13). Há muito amor e alegria disponível aos que compreendem que "se o Filho os libertar, vocês serão livres de fato" (JOÃO 8:36).

MEW

Você foi impedido de experimentar a liberdade em Cristo? Como essa percepção de estar liberto em Cristo o ajuda a servir aos outros?

Jesus, ajuda-me a crer que sou tão livre quanto a Tua Palavra afirma.

Arrumando a bagunça do estresse

As colunas de um edifício são projetadas para suportar certo peso, ou estresse. Os materiais usados na sua construção são calculados para essa sustentação. Da mesma forma, Deus nos criou para suportarmos as cargas naturais da vida. Quando acrescentamos pesos desnecessários, arriscamos sucumbir diante desse estresse.

LEITURA:
Salmo 37:1-19

... o SENHOR sustenta os justos. v.17

No Salmo 37, Davi faz recomendações preciosas para que evitemos nos estressar acima da medida. Nos versículos 1 a 3, diz que não invejemos a prosperidade dos perversos. Não nos comparemos aos outros. É importante mantermos o *foco* no fato de que somos singulares, e que Deus tem um propósito para cada um de nós.

Também precisamos ter uma *fonte firme de segurança*. Aqui os conselhos do salmista são: "Busque no SENHOR a sua alegria [...] Entregue seu caminho ao SENHOR, confie nele [...] Aquiete-se na presença do SENHOR" (vv.4,5,7). Como pequenas pílulas, essas recomendações mostram que o alívio para o estresse está no relacionamento dependente de Deus.

Por último, Davi nos adverte a *estabelecermos limite* a tudo o que fazemos, inclusive à ira (vv.8-11) e a *nos contentar* com o que já possuímos (vv.16-19). O desejo pelo progresso não é ruim, mas que ele não seja fruto de insatisfação.

A vida já possui sua própria carga de estresse, e a Bíblia nos fala de alguns pesos inúteis que devemos evitar. Sigamos os conselhos do Senhor para vivermos bem dentro do propósito dele para nós.

MU

Senhor, ensina-nos a ter foco nos Teus propósitos e a estarmos contentes com o que nos concedes.

Um legado duradouro

Thomas Edison inventou a primeira lâmpada. Jonas Salk desenvolveu uma vacina eficaz contra a poliomielite. Amy Carmichael escreveu muitos dos hinos que cantamos na adoração. Mas e você? Por que você foi colocado na Terra? Como você investirá a sua vida?

LEITURA:
Gênesis 4:1,2

[Eva] disse: "Com a ajuda do SENHOR, tive um filho". v.1

Gênesis 4 nos diz que Eva engravidou e "...deu à luz Caim". Depois de segurar Caim pela primeira vez, ela anunciou: "Com a ajuda do SENHOR, tive um filho" (V.1). No esforço para explicar a surpreendente experiência do primeiro nascimento, Eva usa uma frase repleta da dependência da ajuda soberana de Deus: "Com a ajuda do SENHOR". Eventualmente, através da semente de Eva, Deus proveria resgate para Seu povo por meio de outro Filho (JOÃO 3:16). Que legado!

A paternidade é uma das muitas maneiras pelas quais as pessoas fazem contribuições duradouras para esse mundo. Talvez sua oferta surgirá numa sala onde você escreve, tricota ou pinta. Talvez você seja um exemplo para outra pessoa que esteja desprovida de influência divina. Ou o seu investimento pode vir depois da sua morte de formas que você nunca imaginaria. Pode ser o trabalho que você deixa para trás ou sua reputação de integridade nos negócios. Em todo caso, suas palavras ecoarão a mesma dependência de Eva em Deus? "Com a ajuda do Senhor", o que você fará por Sua honra?

ELM

Como você quer ser lembrado na posteridade?
De que maneira você buscará a ajuda de Deus para isso acontecer?

Deus, quero depender de ti em tudo, pois somente com Tua ajuda posso deixar um legado duradouro.

É escorregadio aqui fora!

Anos atrás, quando eu estava aprendendo a esquiar, segui meu filho Josué no que parecia ser um declive suave. Com meu olhar fixo nele, não percebi que ele tinha descido a colina mais íngreme da montanha e desci a encosta completamente fora de controle. E claro, caí violentamente.

LEITURA:
Salmo 141

Não permitas que eu me desvie para o mal... v.4

O Salmo 141 nos mostra como é fácil nos inclinarmos ao pecado. A oração é uma das formas de nos mantermos atentos a esses escorregões: "Não permitas que eu me desvie para o mal" (v.4) é um apelo que ressoa quase exatamente a oração do Senhor: "E não nos deixes cair em tentação, mas livra-nos do mal" (MATEUS 6:13). Em Sua bondade, Deus ouve e responde a essa oração. Nesse salmo, também encontro outro agente da graça: um amigo fiel. "Firam-me os justos! Será um favor! Se eles me corrigirem, será remédio que dá alívio; não permitas que eu o recuse" (v.5). As tentações são sutis. Nem sempre estamos conscientes de que estamos errados. Um amigo verdadeiro pode ser objetivo. "As feridas feitas por um amigo sincero são melhores..." (PROVÉRBIOS 27:6). É difícil aceitar a repreensão, mas, se vemos o ferimento como "bondade", ele pode se tornar uma unção que nos coloca de volta no caminho da obediência.

Que possamos estar abertos à verdade dita por um amigo de confiança e dependermos de Deus em oração.

DHR

Em quais pistas escorregadias você transita? Como você pode proteger o seu coração?

Luz guia

O restaurante era adorável, mas escuro. Apenas uma pequena vela tremeluzia em todas as mesas. Para enxergarem melhor, os clientes usavam os smartphones para ler seus menus, olhar para os colegas de mesa e até mesmo para ver o que estavam comendo. Finalmente, um cliente empurrou a cadeira silenciosamente, aproximou-se de um garçom e fez-lhe um pedido simples: "Você poderia acender as luzes?". Em pouco tempo, acenderam-se as luzes e os fregueses explodiram em aplausos, com risos, conversas alegres e agradecimentos. O marido da minha amiga desligou o telefone, pegou os talheres e falou por todos nós: "Que haja luz! E agora vamos comer!".

LEITURA:
Gênesis 1:1-5

Deus disse: "Haja luz", e houve luz. v.3

Nossa noite obscura se tornara festiva com o toque de um interruptor. Mas quanto mais importante é conhecer a fonte genuína da verdadeira luz. O próprio Deus falou as palavras surpreendentes: "Haja luz", no primeiro dia em que Ele criou o Universo "e houve luz" (v.3). "E Deus viu que a luz era boa" (v.4).

A luz expressa o grande amor de Deus por nós. A Sua luz nos direciona a Jesus, "a luz do mundo" (JOÃO 8:12), que nos afasta da obscuridade do pecado. Andando em Sua luz, encontramos o caminho claro para a vida que glorifica o Filho. Ele é o presente mais reluzente do mundo. À medida que Ele brilha, andemos em Seu caminho.

PR

Em que situação você precisa da luz de Jesus para brilhar?
Quando a Sua luz o guiou?

Senhor, agradecemos-te por Jesus, a Luz do Mundo, e por Teu grande amor e luz que nos orienta.

A última palavra

LEITURA:
1 Coríntios 15:12-19

Se nossa esperança em Cristo vale apenas para esta vida, somos os mais dignos de pena... v.19

Admito que eu tinha uma certa queda por Sara na época de escola. Sua risada era maravilhosa e não tenho certeza se ela sabia dessa minha paixão, mas suspeito que sim. Após a formatura, perdi o contato com ela e seguimos em direções diferentes, como muitas vezes acontece. Continuo em contato com alguns daquela turma de formandos em fóruns online e fiquei muito triste quando soube que Sara morreu. Refleti sobre a direção que a vida dela tinha tomado ao longo dos anos. Quanto mais idoso fico mais perco amigos e familiares. No entanto, muitos de nós temos a tendência de evitar falar sobre isso.

Apesar de nos entristecermos, essa esperança sobre a qual o apóstolo Paulo fala é a de que a morte não tem a palavra final (vv.54,55). Há, em seguida, outra palavra: *ressurreição*. Paulo fundamenta essa esperança no fato de Cristo ter ressuscitado (v.12), e diz: "se Cristo não ressuscitou, nossa pregação é inútil, e a fé que vocês têm também é inútil" (v.14). Se nossa esperança como cristãos é limitada apenas a este mundo, somos os mais dignos de pena (v.19).

Um dia veremos novamente aqueles que "adormeceram crendo em Cristo" (v.18): avós e pais, amigos e vizinhos ou talvez até antigas paixões de pátios de escola. A morte não é a última palavra. A ressurreição sim!

JB

O que a ressurreição de Cristo significa para você?
Como você pode expressar sua fé
e levar alguém à esperança da ressurreição?

Jesus, que o poder de Tua ressurreição fique claro em mim quando interajo com os que não te conhecem.

Sim, quero!

Shirley olhou pela janela e notou um casal mais idoso lutando para retirar um pedaço de cerca velha deixada num quintal e rotulado como "grátis". Shirley e seu marido foram ajudá-los. Os quatro colocaram parte da cerca dentro de uma carreta manual e a empurraram pelas ruas até a casa do casal. Eles riam o tempo todo pelo espetáculo que davam. Quando voltaram para pegar a outra parte da cerca, a mulher perguntou a Shirley: "Você quer ser minha amiga?". "Sim, quero!", ela respondeu. Mais tarde, Shirley descobriu que sua nova amiga vietnamita falava pouco inglês e sentia-se solitária porque seus filhos, já crescidos, tinham se mudado para longe.

LEITURA:
Levítico 19:9-18

...ame o seu próximo como a si mesmo... v.18

Deus lembrou aos israelitas que eles sabiam como era se sentir estrangeiros (v.34) e como deviam tratar aos outros (vv.9-18). Deus os havia separado para ser Sua própria nação e, em troca, deveriam abençoar seus "vizinhos" amando-os como a si mesmos. Jesus, a maior bênção de Deus para as nações, mais tarde reafirmou as palavras do Pai e as estendeu a todos nós: "Ame o Senhor, seu Deus. [...] Ame o seu próximo como a si mesmo" (MATEUS 22:37-39).

Por meio do Espírito de Cristo que vive em nós, podemos amar a Deus e os outros porque Ele nos amou primeiro (GÁLATAS 5:22,23; 1 JOÃO 4:19). Podemos dizer: "Sim, quero!"? *AMC*

Como você foi cuidado por alguém quando se sentiu sozinho? Quem você pode alcançar nesta semana para demonstrar o amor de Jesus?

Senhor, somos gratos pelo amor que nos demonstraste. Que o Teu Espírito nos use para Tua glória.

Andando na contramão

Por um acaso, encontrei um documentário britânico de 1932 sobre Flannery O'Connor, aos 6 anos, na fazenda da sua família. Ela chamou atenção porque ensinou uma galinha a andar para trás. À parte desse fato inusitado, achei esse vislumbre da história uma metáfora perfeita. Ela tornou-se uma aclamada escritora norte-americana. Por suas sensibilidades literárias e convicções espirituais, ela passou seus 39 anos definitivamente andando para trás, pensando e escrevendo de maneira contracultural. Seus editores e leitores ficaram totalmente confusos com a forma como seus temas bíblicos iam contra as visões religiosas que eles esperavam.

LEITURA:
Filipenses 2:1-11

Em vez disso, [Jesus] esvaziou a si mesmo... v.7

É inevitável que os imitadores de Jesus sigam na contramão. Jesus, embora "sendo Deus", não agiu da maneira previsível que esperávamos (2:6). Não usou o Seu poder para benefício próprio, mas "humilhou-se e foi obediente até a morte" (vv.6,7). Cristo, o Senhor da criação, rendeu-se à morte por amor. Não se apegou ao prestígio, mas acolheu a humildade. Não se apegou ao poder, mas cedeu ao controle. Jesus, em essência, andou na contramão — indo contra os poderes do mundo.

As Escrituras nos dizem para fazermos o mesmo (v.5). Como Jesus, servimos em vez de dominar, movemo-nos em direção à humildade não à proeminência, doamos ao invés de retirarmos. No poder de Jesus, andamos na contramão.

WC

Onde Deus o chama para
praticar o exemplo humilde de Cristo?

O único caminho para a cura e a bondade é unir-se a Jesus nessa caminhada pela contramão.

Linhas azuis

As pistas de esqui são marcadas por faixas de tinta azul espalhadas sobre o branco da neve. As marcas imperfeitas podem distrair os espectadores, mas são vitais para o sucesso e a segurança dos competidores. A pintura serve como guia para os esquiadores visualizarem a linha mais rápida até o final da colina. Além disso, o contraste da tinta contra a neve dá a percepção de profundidade aos esquiadores, o que é crítico para a segurança deles quando descem em velocidades tão altas.

LEITURA:
Provérbios 4:10-27

Eu lhe ensinarei o caminho da sabedoria e o conduzirei por uma estrada reta. v.11

Salomão implora aos seus filhos que busquem sabedoria na esperança de mantê-los seguros na corrida da vida. Como as linhas azuis, a sabedoria, diz ele, os conduzirá "por uma estrada reta" e os impedirá de tropeçar (vv.11,12). Sua mais profunda esperança como pai é que seus filhos tenham uma vida rica, livre dos efeitos danosos de viverem separados da sabedoria divina.

Deus, nosso amoroso Pai, oferece-nos orientação "faixa azul" na Bíblia. Embora Ele nos dê a liberdade de "esquiar" onde preferirmos, a sabedoria que Ele oferece nas Escrituras, como delimitadores de trajetos, dão "vida a quem as encontra" (v.22). Quando nos afastarmos do mal e caminharmos com Ele, nosso caminho será iluminado com a Sua justiça, a qual impede que nossos pés tropecem e nos guia a cada dia (vv.12,18). *KHH*

Refletir sobre a sabedoria de Deus já o impediu de tropeçar? De que maneira você está se tornando mais semelhante a Jesus?

Deus, obrigado por Tua palavra.
Ajuda-me a me apegar à sabedoria que ofereces.

Quando sabemos quem ganha

Meu supervisor é fã de um time de basquete que neste ano venceu o campeonato nacional, e outro colega lhe enviou uma mensagem congratulando-o. O único problema foi que meu chefe ainda não tinha tido a chance de assistir ao último jogo! Ele disse que estava frustrado por saber o resultado de antemão. Mas, admitiu que pelo menos quando assistiu ao jogo não estava nervoso quando o placar ficou próximo ao final. Ele sabia quem vencera!

LEITURA:
Apocalipse 21:1-5

Ele lhes enxugará dos olhos toda lágrima... v.4

Nós nunca sabemos realmente o que o amanhã nos trará. Uns dias podem parecer mundanos e tediosos, enquanto outros são cheios de alegria. Ainda outras vezes, a vida pode ser cansativa, angustiante, mesmo por longos períodos de tempo. Mas apesar dos imprevistos da vida, ainda podemos ancorar-nos na paz de Deus. Porque, como meu supervisor, sabemos o final da história. Nós sabemos quem "ganha". O Apocalipse levanta a cortina desse espetáculo. Após a derrota final da morte e do mal (20:10,14), João descreve a vitória (21:1-3) quando Deus habitará com Seu povo e lhes enxugará "dos olhos toda a lágrima" num mundo onde "não haverá mais morte, nem tristeza, nem choro, nem dor" (vv.3,4).

Nos dias difíceis, apeguemo-nos a essa promessa. Não haverá mais perda ou pranto, dúvidas ou corações partidos. Em vez disso, passaremos a eternidade junto ao nosso Salvador. Que celebração gloriosa será!

ARH

Como a esperança do Céu pode dar-lhe coragem e força em tempos difíceis?

Um dia Deus acalmará e curará cada ferida e enxugará toda a lágrima.

Eu não temerei nenhum mal

Em 1957, Melba Pattillo Beals foi escolhida para ser uma das nove afro-americanas a estudar numa escola que anteriormente era só para alunos brancos em Little Rock, Arkansas, EUA. Em seu livro de memórias lançado em 2018 nos EUA, Melba relata as injustiças e o assédio que se esforçou para enfrentar corajosamente todos os dias como estudante aos 15 anos. Escreveu também sobre sua fé profunda em Deus. Em seus momentos mais sombrios, quando o medo quase a dominou, Melba repetiu os versos bíblicos familiares que aprendera desde cedo com a avó. Ao recitá-los, ela lembrava-se da presença de Deus com ela, e as Escrituras lhe davam coragem para resistir.

LEITURA:
Salmo 23

Mesmo quando eu andar pelo escuro vale da morte, não terei medo, pois tu estás ao meu lado... v.4

Melba recitou muitas vezes o Salmo 23, encontrando consolo em confessar: "Mesmo quando eu andar pelo escuro vale da morte, não terei medo" (v.4). O encorajamento de sua avó ressoava também em seus ouvidos, assegurando-lhe que Deus "está tão perto quanto a sua pele, e você só precisa pedir por Sua ajuda".

Embora nossas situações particulares possam variar, todos nós provavelmente enfrentaremos lutas difíceis e circunstâncias avassaladoras que poderiam facilmente nos fazer ceder ao medo. Nesses momentos, que o seu coração encontre encorajamento na verdade de que a poderosa presença de Deus está sempre conosco.

LMS

Quando você sentiu a presença de Deus numa situação de medo? Reconforta-o saber que Deus está sempre ao seu lado?

Pai, quando as circunstâncias me amedrontarem, ajuda-me a encontrar coragem no poder da Tua presença.

Melhor do que nunca

A Catedral de Notre Dame em Paris é um edifício espetacular. Sua arquitetura é fascinante, e seus vitrais e belos detalhes internos são de tirar o fôlego. Mas depois de séculos de imponência elevando-se sobre a paisagem de Paris, o prédio precisou de renovação — que já tinha sido iniciada quando um incêndio devastador causou extensos danos ao glorioso edifício antigo. As pessoas que amam este marco de oito séculos vieram em seu socorro. Mais de um bilhão de dólares foram levantados para restaurar o prédio. A estrutura de pedra teve que ser escorada. O interior danificado e os seus valiosos pertences estão sendo restaurados. Todo esse esforço vale a pena, porque para muitos essa antiga catedral permanece como um símbolo de esperança.

LEITURA:
2 Coríntios 4:16–5:9

...nunca desistimos. Ainda que nosso exterior esteja morrendo, nosso interior está sendo renovado... v.16

O que acontece com as construções acontece conosco. Eventualmente, o nosso corpo, assim como essa igreja antiga, se deteriorará pelo desgaste! Mas, como o apóstolo Paulo explica, há boas-novas: embora possamos perder gradualmente a vitalidade física da juventude, o cerne de quem somos — o nosso ser espiritual — pode ser continuamente renovado (2 CORÍNTIOS 4:16).

Como "o nosso objetivo é agradar ao [Senhor]" (5:9), confiando no Espírito Santo para nos encher e transformar (3:18; EFÉSIOS 5:18), o nosso crescimento espiritual nunca precisa estagnar — não importa como é o nosso "edifício".

JDB

De que maneira o Espírito renovou o seu ser espiritual?
Como o impacta o fato de saber
que o nosso crescimento espiritual nunca para?

Senhor, obrigado por Teu Espírito que nos renova e transforma. Concede-nos força e coragem.

Dominar a língua

A **autora Beryl Markham** detalhou seu trabalho com *Camciscan*, um garanhão mal-humorado que ela fora encarregada de domar. Nele, ela tinha encontrado um oponente à altura. Não importava a sua estratégia, nunca domou completamente o garanhão orgulhoso, e conseguiu apenas uma vitória sobre sua teimosia.

LEITURA:
Tiago 3:1-6

...Que todas as suas palavras sejam boas e úteis, a fim de dar ânimo àqueles que as ouvirem. Efésios 4:29

E nós? Sentimos isso na batalha para domar nossa língua? Tiago compara a língua ao freio na boca do cavalo ou ao leme do navio (vv.3-5) e lamenta: "E, assim, bênção e maldição saem da mesma boca. Meus irmãos, isso não está certo" (v.10).

Como vencer a batalha sobre a língua? Paulo nos oferece conselhos para dominá--la. O primeiro envolve falar apenas a verdade (EFÉSIOS 4:25), mas isso não é uma licença para ser contundente. O apóstolo prossegue com: "Evitem o linguajar sujo e insultante. Que todas as suas palavras sejam boas e úteis, a fim de dar ânimo àqueles que as ouvirem" (v.29). Nós também podemos jogar o lixo fora: "Livrem-se de toda a amargura, raiva, ira, das palavras ásperas e da calúnia, e de todo tipo de maldade" (v.31). Isso é fácil? Não se tentarmos fazer isso sozinhos. Felizmente, temos o Espírito Santo que nos ajuda quando confiamos nele. Com *Camciscan* era necessário ter consistência na batalha das vontades e isso vale também para que as nossas "palavras sejam boas e úteis". *LMW*

Qual o maior desafio para domar sua língua?
Que passos práticos você pode dar para vencer essa batalha?

Senhor Jesus, preciso que me ajudes a ter cuidado com as palavras que uso.

Tudo que você faz

Em ***Surpreendido pela Alegria*** (Mundo Cristão, 1998), C. S. Lewis conta que abraçou o cristianismo aos 33 anos, "chutando, lutando, ressentido e buscando um escape em todas as direções". Apesar de sua resistência, das deficiências e obstáculos que enfrentou, o Senhor o transformou em um corajoso e criativo defensor da fé. Lewis proclamou a verdade e o amor de Deus em ensaios e romances que ainda são lidos, estudados e compartilhados há mais de 55 anos após sua morte. A vida dele refletiu a crença de que "nunca somos velhos demais para definir outro objetivo ou sonhar com novas realizações".

LEITURA:
Provérbios 16:1-9

Confie ao SENHOR tudo que você faz, e seus planos serão bem-sucedidos. v.3

À medida que planejamos e perseguimos os nossos sonhos, Deus pode purificar os nossos motivos e nos capacitar a dedicar-lhe tudo o que fizermos. Das tarefas comuns aos maiores desafios, podemos viver para a glória do nosso Criador Todo-Poderoso, que "fez tudo com propósito". Toda ação, palavra e pensamento podem tornar-se uma expressão de adoração sincera, uma dádiva de sacrifício para honrar nosso Senhor, enquanto Ele cuida de nós (vv.3,47).

Deus não pode ser limitado por nossas restrições, reservas ou tendências de nos acomodarmos ou sonharmos pequeno. Ao escolhermos viver para Ele, dedicados e dependentes dele, Deus cumprirá os Seus planos para nós. Tudo o que fazemos pode ser feito com Ele, por Ele e somente por causa dele.

XED

Quais passos você dará para honrar a Deus
ao seguir um sonho que Ele colocou em seu coração?

Senhor, obrigado por nos lembrares de que nada é pequeno ou grande demais em Teu maravilhoso reino.

Seja qual for o custo

O **filme** ***Paulo, Apóstolo de Cristo*** (2018) traz uma visão inflexível da perseguição nos primeiros dias da Igreja. Até mesmo seus personagens menores revelam como era perigoso seguir a Jesus.

Identificar-se com Cristo muitas vezes teve alto custo. E em grande parte do mundo, ainda é perigoso seguir a Jesus. Muitos na igreja de hoje podem se identificar com esse tipo de perseguição. Alguns de nós, no entanto, podemos nos sentir "perseguidos" e indignados sempre que a nossa fé for ridicularizada ou suspeitarmos que fomos preteridos para uma promoção devido às nossas crenças.

LEITURA:
João 12:37-43

Eles, porém, não declararam sua fé abertamente, por medo... v.42

Obviamente, há uma diferença colossal entre sacrificar o status social e sacrificar a nossa vida. Na verdade, o interesse próprio, a estabilidade financeira e a aceitação social sempre foram intensos motivadores humanos. Vemos isso com os primeiros convertidos a Jesus. João relata que, poucos dias antes da crucificação de Cristo, embora a maioria dos israelitas ainda o rejeitasse, "muitos creram em Jesus, incluindo alguns dos líderes judeus" (vv.37,42). Contudo, eles "não declararam sua fé abertamente [...]. Amaram a aprovação das pessoas mais que a aprovação de Deus" (vv.42,43).

Hoje enfrentamos pressões sociais para esconder a nossa fé em Cristo. Seja qual for o custo, unamo-nos na busca pela aprovação de Deus mais do que o elogio humano.

TLG

Há momentos em que você ficou quieto para esconder sua identificação com Jesus?

Senhor, quero estar mais próximo de ti.

Unidade

No **século 18,** cerca de 300 cristãos morávios que viviam no local onde hoje é a República Tcheca encontraram refúgio da perseguição na propriedade de um generoso conde alemão. Mas, em vez de uma comunidade ideal para refugiados perseguidos, o local encheu-se de discórdia. As diferentes perspectivas sobre o cristianismo causaram divisões. O que eles fizeram pode parecer simples, mas trouxe-lhes um reavivamento incrível. Concentraram-se no que concordavam e não nas suas discordâncias o que resultou em unidade entre eles.

LEITURA:
Efésios 4:1-6

Façam todo o possível para se manterem unidos no Espírito, ligados pelo vínculo da paz. v.3

O apóstolo Paulo encorajou fortemente os cristãos da igreja em Éfeso a viverem em união. O pecado sempre lhes traria problemas, desejos egoístas e conflitos nos relacionamentos. Mas, como "filhos amados de Deus", os efésios foram chamados a viver sua nova identidade de maneiras práticas (EFÉSIOS 5:1,2). Primeiramente, eles deveriam fazer "...todo o possível para se manterem unidos no Espírito, ligados pelo vínculo da paz" (4:3).

Essa união não é apenas uma simples camaradagem alcançada através da força humana. Devemos ser "sempre humildes e amáveis, tolerando pacientemente uns aos outros em amor" (v.2). Da perspectiva humana, é impossível agir dessa maneira. Não podemos alcançar a unidade através do nosso próprio poder, mas através do poder perfeito de Deus "que atua em nós" (3:20). *EPE*

Quais esforços você pode fazer sob o poder de Deus para manter a unidade do Espírito?

Pai, tu estás acima de todos e ages por meio de tudo, habita entre nós para que haja unidade.

Não alimente as provocações

Já ouviu a expressão: "Não alimente os provocadores"? A provocação ou "*trolação*" é um novo problema no mundo digital atual: os provocadores online publicam comentários intencionalmente inflamatórios e prejudiciais em fóruns sociais. Mas ignorar tais comentários, não "alimentar" os provocadores, torna-lhes mais difícil sabotar uma conversa.

LEITURA:
Provérbios 26:4-12

Orem para que [...] suas conversas sejam amistosas e agradáveis...
Colossenses 4:5,6

É fácil encontrar pessoas que não estão genuinamente interessadas em conversas produtivas. "Não responda". Provérbios 26:4 nos adverte que, ao discutir com uma pessoa arrogante e pouco receptiva, arriscamo-nos a nos rebaixarmos ao patamar dela.

No entanto, até a pessoa aparentemente mais teimosa é também uma preciosa portadora da imagem de Deus. Se formos rápidos em dispensar os outros, *podemos* estar correndo o risco de sermos arrogantes e de nos tornarmos não receptivos à graça de Deus (MATEUS 5:22). Isso explica a razão de Provérbios 26:5 oferecer a diretriz exatamente *oposta*. É preciso a humilde dependência a Deus para discernir a melhor maneira de mostrar aos outros o amor em cada situação. Em algumas nos posicionamos; em outras, é melhor mantermos silêncio.

Temos paz em saber que o Deus que nos aproximou quando nos opúnhamos a Ele (ROMANOS 5:6) atua no coração de cada pessoa. Descansemos em Sua sabedoria enquanto tentamos compartilhar o amor de Cristo.

MRB

O conhecimento e o amor aos outros podem dar discernimento sobre quando e como falar?

Meu Salvador, sou grato que, mesmo em minha arrogância e teimosia, ainda me amas e me atrais a ti.

Mais que a água

Uma das minhas primeiras memórias de infância da igreja foi um pastor andando pelo corredor, desafiando-nos a "lembrar as águas do nosso batismo". *Lembram-se das águas?* Eu me perguntei: *Como você pode se lembrar da água?* Ele então começou a espirrar água em todos, o que, quando criança, encantou-me e confundiu.

LEITURA:
Gálatas 3:23-29

Todos que foram unidos com Cristo no batismo se revestiram de Cristo. v.27

Por que devemos pensar sobre o batismo? Quando uma pessoa é batizada, há muito mais do que água. O batismo simboliza como, através da fé em Jesus, nos tornamos revestidos de Cristo (v.27). Ou, em outras palavras, celebramos que pertencemos a Ele e que Jesus vive em e através de nós. Como se isso não fosse significativo o suficiente, a passagem nos diz que, se nos revestimos de Cristo, a nossa identidade é encontrada nele. Somos os "filhos de Deus por meio da fé em Cristo Jesus" (v.26). Como tal, fomos declarados justos com Deus pela fé, não por seguir a lei do Antigo Testamento (vv.23-25). Não somos divididos uns contra os outros por gênero, cultura e status. Somos libertos e trazidos para a unidade por meio de Cristo e agora somos Seus (v.29).

Temos boas razões para lembrar o batismo e tudo o que ele representa. Não estamos simplesmente nos concentrando no ato em si, mas pertencemos a Jesus e nos tornamos filhos de Deus. Nossa identidade, futuro e liberdade espiritual são encontrados nele.

PC

Como você pode celebrar e lembrar-se regularmente do significado do batismo?

Deus, ajuda-me a nunca esquecer que através de Jesus eu sou filho de Deus!

Vire e corra

Ali era bonita, inteligente e talentosa e seus pais muito amorosos. Mas, depois do Ensino Médio, algo a levou a experimentar heroína. Os pais perceberam e a enviaram à clínica de reabilitação após ela admitir o impacto que a droga exercia sobre ela. Após o tratamento, eles lhe perguntaram o que diria a suas amigas sobre o uso das drogas. Seu conselho: "Basta virar e correr" e enfatizou que não seria o suficiente apenas dizer "não". Ali recaiu e morreu de overdose aos 22 anos. Na tentativa de manter outros longe desse destino, os pais dela, com o coração partido, foram à TV local para encorajar outros a "correrem por Ali", ficando longe de situações em que poderiam ser expostos a drogas e demais perigos.

LEITURA:
1 Pedro 5:8-10

Permaneçam firmes contra ele [o diabo] e sejam fortes na fé. v.9

O apóstolo Paulo exortou seu filho espiritual Timóteo (e nós) a fugir do mal (2 TIMÓTEO 2:22), e Pedro também advertiu: "Tomem cuidado com seu grande inimigo, o diabo, que anda como um leão rugindo à sua volta, à procura de alguém para devorar. Permaneçam firmes contra ele e sejam fortes na fé" (1 PEDRO 5:8,9).

Ninguém está imune à tentação e o melhor a fazer é evitar situações em que seremos tentados, embora estas nem sempre possam ser evitadas. Mas podemos estar melhor preparados com a fé firme em Deus baseada na Bíblia e fortalecida pela oração. Quando "[nos firmamos] na fé", sabemos quando virar e correr até o Senhor.

ADK

Em que área você é particularmente suscetível à tentação? O que o ajuda a resistir?

Pai, ajuda-nos a vigiar e orar para não cairmos. Somos gratos por nos receberes de volta quando sucumbimos.

Sentindo-se pequeno

Muitos críticos de cinema consideram *Lawrence da Arábia*, de David Lean, um dos maiores filmes de todos os tempos. Com suas paisagens intermináveis dos desertos árabes, influenciou uma geração de cineastas incluindo o diretor Steven Spielberg. "Fui inspirado na primeira vez que vi *Lawrence*", disse Spielberg. "Isso me fez e ainda faz sentir-me insignificante. É uma medida de sua grandeza". Também, sinto-me pequeno quando contemplo a vastidão da criação ao olhar para o oceano, sobrevoo a calota polar ou observo um céu noturno brilhando com um bilhão de estrelas. Se o Universo é tão extenso, quanto mais grandioso deve ser o Criador que o criou!

LEITURA:
Mateus 6:25-32

Quem são os simples mortais, para que penses neles? Quem são os seres humanos, para que com eles te importes? Salmo 8:4

A grandeza de Deus e nossa insignificância são ecoados por Davi quando ele declara: "Quem são os simples mortais, para que penses neles? Quem são os seres humanos, para que com eles te importes?" (SALMO 8:4). Mas Jesus nos assegura: "Observem os pássaros. Eles não plantam nem colhem, nem guardam alimento em celeiros, pois seu Pai celestial os alimenta. Acaso vocês não são muito mais valiosos que os pássaros?" (MATEUS 6:26).

Posso me sentir pequeno e insignificante, mas, aos olhos de meu Pai, tenho muito valor, do qual tenho provas toda vez que olho para a cruz. O preço que Ele se dispôs a pagar para restabelecer a minha comunhão com Ele é uma evidência de como Jesus me valoriza.

WEC

O Criador o valoriza! De que maneira essa verdade impacta sua vida?

Pai, guia-nos para encontrar nosso verdadeiro significado em ti.

Na videira

Certa primavera, após um inverno particularmente sombrio durante o qual Emma ajudou uma pessoa doente da sua família, ela se encorajava cada vez que passava por uma cerejeira perto de sua casa em Cambridge, Inglaterra. No topo das flores rosas cresceram flores brancas. Um jardineiro criativo tinha enxertado na árvore um ramo de flores brancas. Quando Emma passava pela árvore incomum, pensava nas palavras de Jesus sobre ser Ele a Videira e Seus seguidores os ramos (vv.1-8).

LEITURA:
João 15:1-8

...um ramo não pode produzir fruto se não estiver na videira, vocês também [...] a menos que permaneçam em mim. v.4

Chamando-se a si mesmo de Videira, Jesus se referia a uma imagem familiar aos israelitas no Antigo Testamento, pois para eles a videira simbolizava o povo de Deus (SALMO 80:8,9; OSEIAS 10:1). Jesus estendeu esse simbolismo a si mesmo, dizendo que Ele era a Videira e que os Seus seguidores foram enxertados nele como ramos. E na medida em que permanecessem nele, receberiam o Seu alimento e força e produziriam frutos (v.5).

Quando Emma ajudava o familiar doente, ela precisava lembrar-se de que estava ligada a Jesus. Ver as flores brancas entre as rosas foi uma indicação visual da verdade bíblica de que, enquanto permanecesse na Videira, ela se nutriria por meio de Jesus. Quando nós que cremos em Jesus abraçamos a ideia de estarmos tão ligados dele como um ramo está para uma videira, a nossa fé se fortalece e se enriquece.

ABP

De que maneira você permanece e se fortalece em Jesus para o seu enriquecimento espiritual?

Jesus, obrigado por me ajudares a permanecer em ti e me concederes a paz, a esperança e a força.

Nome dos Nomes

O nome de Antonio Stradivari (1644–1737) é lendário no mundo da música. Seus violinos, violoncelos e violas são muito apreciados por sua habilidade e clareza de som que muitos receberam até nomes próprios. Um deles, por exemplo, é conhecido como o Stradivarius Messias-Salabue. Depois que o violinista Joseph Joachim (1831–1907) o tocou, escreveu: "O som do Strad, aquele único 'Messie', aparece de novo e de novo em minha memória, com sua combinada doçura e grandeza".

LEITURA:
Êxodo 6:1-8

Por isso Deus o elevou ao lugar de mais alta honra e lhe deu o nome que está acima de todos os nomes. Filipenses 2:9

Até mesmo o nome e o som de um Stradivarius, no entanto, não merecem ser comparados ao trabalho de uma Fonte muito maior. De Moisés a Jesus, o Deus dos deuses se apresenta com um nome acima de todos os nomes. Por nossa causa, Ele quer que a sabedoria e a obra de Sua própria mão sejam reconhecidas, valorizadas e celebradas sob o som da música (ÊXODO 6:1; 15:1,2).

No entanto, essa liberação de força em resposta aos gemidos de um povo conturbado foi apenas o começo. Quem poderia prever que, pela fraqueza das mãos crucificadas, Ele um dia deixaria um legado de valor eterno e infinito? Alguém poderia ter predito a maravilha resultante e a grandeza da música cantada em louvor ao nome de Alguém que morreu carregando o insulto de nossos pecados e rejeição para mostrar o quanto Ele nos ama? *MRD*

Você vê a mão do Mestre moldando-o para colocar o nome dele em você? O que Ele está fazendo hoje para lembrar-lhe de que você é Seu filho?

Pai celestial, age através de nós hoje para que outros vejam que devemos tudo a ti.

Crescendo para saber

Aos 17 anos, emocionei-me ao saber que fora aprovado no intercâmbio para estudar na Alemanha, apesar de faltar apenas três meses para partir e eu nunca ter estudado alemão. Passei os dias seguintes preparando-me rapidamente, estudando por horas e escrevendo palavras para memorizar até nas mãos. Meses depois eu estava numa sala de aula na Alemanha, desanimado por não saber mais da língua. Naquele dia, um professor me deu um conselho sábio: "Aprender uma língua é como escalar uma duna de areia. Às vezes você sente que não está chegando a lugar algum. Não desista e chegará".

LEITURA:
Filipenses 4:10–13

Posso todas as coisas por meio de Cristo, que me dá forças. v.13

Às vezes, reflito sobre isso ao refletir sobre o que significa crescer como cristão. Paulo declara: "Aprendi o segredo de viver em qualquer situação". Até mesmo para ele, a paz interior não aconteceu da noite para o dia. Ela *amadureceu nele*. O apóstolo compartilha o segredo de seu progresso: "Posso todas as coisas por meio de Cristo, que me dá forças" (VV.12,13).

A vida tem seus desafios, mas, ao nos voltarmos Àquele que venceu o mundo (JOÃO 16:33), descobrimos não apenas que Deus é fiel para nos fazer passar pelo que passamos, mas também que nada importa mais do que a proximidade com o Senhor. O Senhor Deus nos concede a paz, ajuda-nos a confiar e nos capacita a percorrer a distância à medida que caminhamos com Ele.

JBB

Como você se aproximará de Jesus hoje?
Você pode incentivar outros a se aproximarem dele?

Jesus, obrigado pela paz que me concedes quando te busco. Ajuda-me a sempre permanecer perto de ti.

Um escudo ao meu redor

Foi uma perda dramática quando Paulo, nosso ministro de louvor, morreu aos 31 anos num acidente de barco. Paulo e sua esposa, DuRhonda, conheciam a dor, pois haviam "enterrado" vários filhos que nem chegaram a nascer. Seria mais uma sepultura ao lado das outras desses pequeninos. As crises dramáticas que essa família experimentou atingiram aqueles que os amavam como um nocaute cruel.

LEITURA:
Salmo 3

Mas tu, Senhor, és um escudo ao meu redor; és minha glória e manténs minha cabeça erguida. v.3

Davi também enfrentou crises pessoais e familiares. Ele se viu sobrecarregado por causa da rebelião de seu filho Absalão. Em vez de ficar e lutar, escolheu fugir de casa e do trono (2 SAMUEL 15:13-23). Embora "muitos" o considerassem abandonado por Deus (SALMO 3:2), Davi sabia da verdade; ele viu o Senhor como seu protetor e clamou a Ele (vv.3,4). DuRhonda agiu da mesma maneira. Em meio à sua dor, quando centenas de pessoas se reuniram para se lembrar do marido dela, ela entoou com a sua voz suave e terna uma canção que expressava sua confiança em Deus.

Quando os relatórios médicos são desencorajadores, as pressões financeiras não diminuem, os esforços para conciliar os relacionamentos fracassam e a morte busca aqueles que amamos, que possamos estar fortalecidos para dizer: "Mas tu, Senhor, és um escudo ao meu redor; és minha glória e manténs minha cabeça erguida" (v.3).

ALJ

Como você reagiu a última vez que enfrentou uma situação avassaladora? Como certificar-se de que Deus é um escudo ao seu redor?

Pai, ajuda-me a ver que, embora a vida possa ser desconfortável, posso encontrar conforto em ti.

Qualificado aos olhos de Deus

Fui contratada por uma consultoria em tecnologia embora eu não conseguisse escrever uma linha de código de computador e tivesse pouco conhecimento de negócios. Na entrevista inicial, aprendi que a empresa não valorizava a experiência anterior. As qualidades pessoais como a capacidade de resolver problemas criativamente, bom senso e trabalho em equipe eram mais importantes. Presumiam que os novos funcionários aprenderiam, desde que fossem o tipo de pessoa que procuravam.

LEITURA:
Gênesis 6:9-18

Noé era um homem justo, a única pessoa íntegra naquele tempo, e andava em comunhão com Deus. v.9

Noé não tinha o currículo adequado para construir a arca, não era engenheiro naval nem carpinteiro. Era fazendeiro e sentia-se confortável com a camisa suja e o arado nas mãos. No entanto, pela maneira que Deus decidira lidar com o mal no mundo, Noé se destacou porque "andava em comunhão com Deus" (v.9). O Senhor valorizava a docilidade do seu coração, a força para resistir à corrupção ao seu redor e fazer o que era certo.

Quando surgirem oportunidades de servirmos a Deus, talvez não nos sintamos qualificados para o trabalho. Felizmente, Deus não está necessariamente preocupado com nosso conjunto de habilidades. Ele valoriza o nosso caráter, o amor a Ele e a disposição de confiar nele. Quando essas qualidades estão sendo desenvolvidas em nós pelo Espírito, Deus pode nos usar de maneiras grandes ou pequenas para realizar Sua vontade entre nós.

JBS

Quais qualidades de caráter
Deus precisa desenvolver em você?

Senhor, dá-me um coração disposto a servir-te e enche-me com o Teu Espírito para que eu possa te honrar.

Falsa segurança

LEITURA:
Marcos 1:9-15

"O reino de Deus está próximo! Arrependam-se e creiam nas boas-novas!" v.15

Quando nosso cachorrinho Rupert era pequeno, ele tinha tanto medo de sair que eu tinha que arrastá-lo ao parque. Certo dia, tolamente o soltei de sua coleira. Ele *correu* para casa, de volta à sua segurança. Isso me fez lembrar de alguém que conheci num avião, que começou a se desculpar comigo enquanto taxiávamos pela pista: "Vou ficar bêbado neste voo". "Parece-me que não é isso que você quer", respondi. "Não é", ele replicou: "Mas sempre recorro ao vinho". Ele ficou bêbado, e a parte mais triste foi ver sua esposa abraçá-lo quando ele saiu do avião, cheirar seu hálito e depois afastarem-se. A bebida era a segurança dele, mas esse não era um lugar seguro.

Jesus começou Sua missão com as palavras: "O reino de Deus está próximo! Arrependam-se e creiam nas boas-novas!" (v.15). "Arrepender" significa reverter a direção. O "reino de Deus" é o Seu domínio amoroso sobre nossa vida. Em vez de corrermos para lugares que nos aprisionam, ou sermos dominados por medos e vícios, Jesus diz que podemos ser governados pelo próprio Deus, que amorosamente nos leva à nova vida e liberdade.

Hoje Rupert corre até o parque latindo de alegria. Oro para que aquele homem no avião encontre a mesma alegria e liberdade, deixando para trás seu falso lugar de segurança.

SMV

Para quais lugares de falsa segurança você foge em tempos de medo ou estresse? Como colocar-se sob o domínio libertador de Deus?

Jesus, perdoa-me por buscar felicidade em lugares falsos. Arrependo-me e entrego minha vida a ti. Conduz-me à verdadeira liberdade.

Posicionando-se sobre a fé

Desmond Doss serviu na Segunda Guerra Mundial como não combatente. Suas crenças religiosas o impediam de portar armas, mas ele serviu habilmente como médico de combate. Em uma batalha, ele resistiu ao intenso fogo inimigo para retirar 75 soldados feridos de sua unidade à segurança. Sua história é contada no documentário *O objetor de consciência* (2004) e dramatizada no filme *Até o último homem* (2016).

LEITURA:
João 19:38-42

...envolveram o corpo de Jesus em lençóis compridos de linho, junto com essas especiarias. v.40

A lista dos heróis da fé cristã inclui corajosos como Abraão, Moisés, Davi, Elias, Pedro e Paulo. No entanto, José de Arimateia e Nicodemos são heróis desconhecidos que arriscaram sua posição junto aos líderes judeus para recolher o corpo crucificado de Cristo e dar-lhe um enterro decente (vv.40-42). Esse foi o movimento ousado de um discípulo temeroso e secreto de Jesus e de Nicodemos, que antes se atrevera a visitá-lo apenas à noite (vv.38,39). Por que é impressionante eles terem assumido sua posição de fé *antes* de Jesus sair vitorioso do túmulo?

Talvez a maneira que Jesus morreu e o que se seguiu imediatamente (MATEUS 27:50-54) tenha cristalizado a sua fé inicial. Talvez tenham aprendido a se concentrar em quem Deus é e não no que o homem poderia fazer a eles. Qualquer que tenha sido a inspiração, hoje podemos seguir o exemplo deles e demonstrar coragem para, em favor de outros, assumir riscos pela fé em nosso Deus.

ROO

O que você pode fazer para demonstrar sua fé ao mundo?

"A coragem não é a ausência de medo, mas o triunfo sobre ele". NELSON MANDELA

Vigiem

A música do cantor country Tim McGraw, *Live like you were dying* (Viva como se estivesse morrendo) me inspira. Nela, ele descreve coisas interessantes que um homem fez após receber más notícias sobre sua saúde. Ele também escolheu amar e perdoar as pessoas mais livremente, falando-lhes com mais ternura. A música recomenda que vivamos bem, como se soubéssemos quão breve a vida acabará.

LEITURA:
Mateus 25:1-13

Portanto, vigiem, pois não sabem o dia nem a hora da volta.
Mateus 25:13

O nosso tempo é limitado. É importante não adiarmos o que podemos fazer hoje, porque um dia ficaremos sem os amanhãs daqui. Isso é particularmente urgente para os cristãos que creem que Jesus pode retornar a qualquer momento (talvez no exato segundo que você estiver lendo essa frase!). Jesus nos exorta a estarmos prontos, a não vivermos como as cinco virgens "tolas" que estavam despreparadas quando o noivo voltou (MATEUS 25:6-10).

Mas essa música não conta toda a história. Nós que amamos a Jesus nunca ficaremos sem os amanhãs. Jesus disse: "Eu sou a ressurreição e a vida. Quem crê em mim viverá, mesmo depois de morrer. Quem vive e crê em mim jamais morrerá..." (JOÃO 11:25,26). Nossa vida nele *jamais* acaba. Portanto, não viva como se estivesse morrendo. Porque você não está. Pelo contrário, viva como se Jesus já estivesse chegando. Porque Ele está!

MEW

Como o fato de saber que Jesus voltará a qualquer momento impacta as suas escolhas?

Jesus, estou ansioso pelo dia em que retornarás. Quero usar o tempo que recebi para honrar-te e servir bem aos outros.

"Apenas o escritório"?

Olhei para as colinas verdejantes no norte da Inglaterra observando as cercas de pedra que continham algumas ovelhas espalhadas. Inalei profundamente absorvendo a visão das nuvens que se moviam no céu brilhante. Ao comentar sobre essa cena com a mulher que trabalhava nesse centro de retiros que eu visitava, ela disse: "Nunca tinha percebido isso antes de nossos convidados nos chamarem a atenção. Vivemos aqui há anos e, quando éramos agricultores, aqui era apenas o escritório!".

LEITURA:
Efésios 1:15-23

Oro para que seu coração seja iluminado, [...] que compreendam a esperança concedida àqueles que ele chamou... v.18

Podemos facilmente perder a dádiva diante de nós, especialmente a beleza que faz parte do nosso cotidiano. Também podemos perder as belas maneiras em que Deus trabalha e nos envolve diariamente. Mas como cristãos podemos pedir ao Espírito de Deus que abra os nossos olhos espirituais para entendermos como Ele está agindo, assim como o apóstolo Paulo escreveu em sua carta aos efésios. Paulo orava para que Deus lhes desse sabedoria e entendimento para conhecê-lo melhor. Paulo orou para que seus corações fossem iluminados a fim de que conhecessem a esperança de Deus, o futuro prometido e o poder (vv.17-19).

O Espírito de Cristo, dádiva de Deus, pode nos despertar para a Sua obra em nós e através de nós. Com Ele, o que pode ter parecido "apenas o escritório" pode ser entendido como um lugar que exibe Sua luz e glória.

ABP

Você vê Deus agindo ao seu redor? De que maneira ver o mundo através dos olhos espirituais o ajuda?

Jesus, brilha Tua luz em mim e abre meus olhos e coração para entender melhor Tua bondade e graça.

Quem sou eu?

LEITURA:
Êxodo 3:10-17

Eu Sou o que Sou. v.14

A**pesar de gostar** do seu trabalho, Davi, por um longo tempo, sentiu o desejo por algo mais. Agora ele estava prestes a realizar seu sonho e entrar no trabalho missionário. Mas, estranhamente, ele começou a ter sérias dúvidas.

"Não mereço isso, o conselho da missão não conhece o meu verdadeiro eu. Não sou bom o suficiente", disse ele a um amigo.

Davi tem boa companhia. Mencione o nome de Moisés e pensamos em liderança, força e nos Dez Mandamentos. Tendemos a esquecer que Moisés fugiu para o deserto após assassinar um homem. Perdemos de vista seus 40 anos como fugitivo. Negligenciamos seu problema com a ira e relutância em dizer "sim" a Deus.

Quando Deus apareceu com ordens de marcha (vv.1-10), Moisés deu a cartada: "Eu não sou bom o suficiente". Ele até mesmo entrou numa longa discussão com Deus, perguntando-lhe: "Quem sou eu...?" (v.11). Na sequência, Deus disse a Moisés quem *Ele* era: "Eu Sou o que Eu Sou" (v.14). É impossível explicarmos esse nome misterioso através do qual o nosso Deus indescritível descreve a Sua eterna presença para Moisés.

É saudável termos a percepção de nossas fraquezas, mas se usarmos isso como mera desculpa para impedir que Deus nos use, nós o insultamos. Se agirmos assim estaremos realmente dizendo que *Deus* não é bom o suficiente.

A questão não é — *quem sou eu?* A questão é — quem é o Eu Sou?

TLG

Pensar que você não é bom o suficiente
já o impediu de servir a Deus?

Pai, perdoa as nossas dúvidas e ajuda-nos a aceitar os desafios que trazes ao nosso caminho.

Um remédio pronto

Seguindo o guia do parque, rabisquei anotações enquanto ele ensinava sobre as plantas da floresta primitiva das Bahamas. Ele nos disse quais árvores evitar: "A árvore da madeira venenosa secreta uma seiva negra que provoca uma erupção dolorosa que causa coceira. Mas não se preocupe! O antídoto geralmente pode ser encontrado crescendo próximo a ela. Corte na casca vermelha da goma elemi e esfregue a seiva na erupção. Esta começará a curar imediatamente".

LEITURA:
Isaías 53:1-6

Sofreu o castigo para que fôssemos restaurados e recebeu açoites para que fôssemos curados. v.5

Espantada, quase deixei meu lápis cair. Não esperava encontrar uma ilustração da salvação na floresta. Na goma elemi vi a presença de Jesus. Ele é o remédio pronto para qualquer lugar em que o veneno do pecado é encontrado. Como a casca vermelha daquela árvore, o sangue de Jesus traz cura.

O profeta Isaías entendeu que a humanidade precisava de cura. A erupção do pecado nos infectou. Isaías prometeu que a nossa cura viria através do "homem de dores" que levaria nossa enfermidade sobre si mesmo (ISAÍAS 53:3). Esse homem era Jesus. Estávamos doentes, mas Cristo estava disposto a ser ferido em nosso lugar. Quando cremos nele, somos curados da doença do pecado (v.5). Pode levar a vida inteira até aprendermos a viver como pessoas curadas, reconhecermos nossos pecados e rejeitá-los em favor de nossa nova identidade, mas, por meio de Jesus, somos capacitados.

ALP

Quais imagens no mundo natural refletem a salvação que Deus nos oferece?

Onde quer que o pecado esteja, Jesus está pronto para salvar.

Você é o que você faz?

Normalmente, quando pedimos que alguém se apresente, ele começará dizendo o que faz na vida. Ao escolhermos o que define nossa identidade, podemos optar pelo caminho mais comum e decidir nos definir pelo que fazemos. O problema é que, se formos derivar nossa identidade do que fazemos, podemos mergulhar num poço de depressão, ou num poço de ilusão para evitar a depressão. Se eu acertar 10 vezes e errar uma, serei conhecido como aquele que falhou.

LEITURA:
1 Coríntios 1:26-31

Deus escolheu coisas desprezadas pelo mundo, tidas como insignificantes... v.28

Neste texto de 1 Coríntios, Paulo dizia em outras palavras: "Cai na real! Vocês não são 'nata'. Deus não chamou os melhores". Por quê? Para que ninguém se orgulhe. O Senhor chama pessoas *quebradas*, porque neste mundo *quebrado*, todos estão *quebrados*. Quem se acha "melhor" se autoengana.

É na minha identidade em Cristo que me encontro, e é ela que transforma meu comportamento. Ou seja, não é o que faço que determina quem sou; mas quem sou determina meu comportamento. Essa é a grande virada do evangelho!

Paulo enfatiza que Deus chamou aqueles que "não são", pois a Sua intenção é que sejamos motivo de glória para Ele. Somos completos nele e nos alegramos em refletir a Sua beleza.

Como os planetas, cumprimos nosso papel gravitando ao redor da única Estrela que tem brilho próprio. Seremos plenos ao permitir que a nossa identidade em Cristo se reflita em nossa história.

DCG

É em nossa fraqueza que a beleza de Deus brilha mais plenamente.

Pai, ensina-nos a externar aquilo que estás fazendo em nosso coração.

Captura de raposas

A primeira vez que um morcego invadiu a nossa casa, pensamos que isso tinha sido um golpe de sorte. Mas, depois de uma segunda visita noturna, li sobre as pequenas criaturas e descobri que elas não precisam de muita abertura para visitar os humanos. Na verdade, se encontrarem um espaço tão pequeno quanto o lado de uma moeda, elas se infiltrarão. Por isso, carreguei minha pistola de calafetação e saí em missão, rodeei a casa e fechei todas as pequenas aberturas que encontrei.

LEITURA:
Efésios 5:1-13

Peguem todas as raposas, [...] antes que destruam o vinhedo do amor...

Cântico dos Cânticos 2:15

Em Cântico dos Cânticos, Salomão menciona outro mamífero problemático. Ele escreve sobre o perigo das "raposinhas", que podem "destruir os vinhedos". Simbolicamente, ele está falando de ameaças que podem surgir em um relacionamento e arruiná-lo. Não quero ofender os que gostam de morcegos ou de raposas, mas manter os morcegos fora de casa e as raposas fora do vinhedo é um pouco como lidar com o pecado em nossa vida (EFÉSIOS 5:3). Pela graça de Deus, o Espírito Santo age em nós para que não tenhamos que seguir "...mais nossa natureza humana, mas sim o Espírito" (ROMANOS 8:4). Pelo poder do Espírito, podemos resistir à tentação de pecar.

Louve a Deus que, em Cristo, agora somos "luz no Senhor" e podemos viver de maneira que o "agrada" (EFÉSIOS 5:8-10). O Espírito nos ajuda a pegar aquelas raposinhas.

JDB

Quando tentado a pecar, de que maneira você se apoia no poder do Espírito Santo para resistir ao pecado?

Senhor, tu conheces minhas fraquezas. Fortalece-me para resistir ao pecado e não prejudicar meu relacionamento contigo e com os outros.

Além do alcance do amor

Mary Lee é um grande tubarão branco fêmea de 4,9 metros e 1,5 tonelada acompanhada por oceanógrafos ao largo da costa leste dos EUA desde 2012. O transmissor preso à sua barbatana dorsal era rastreado por satélite quando ela vinha à superfície. Até 2017, os movimentos de Mary Lee foram observados online por todos: de pesquisadores aos surfistas, ao longo da costa. Ela foi rastreada por quase 65 mil quilômetros até o seu sinal parar, provavelmente porque a bateria de seu transmissor expirou.

LEITURA:
Salmo 139:1-10

Como são grandes as riquezas, a sabedoria e o conhecimento de Deus! Romanos 11:33

Até agora o conhecimento humano e a tecnologia só alcançam isso. Os "seguidores" de Mary Lee perderam a noção do local onde ela se encontra, mas jamais podemos evitar o conhecimento de Deus sobre cada momento de nossa vida. Davi orou: "É impossível escapar do teu Espírito; não há como fugir da tua presença. Se subo aos céus, lá estás; se desço ao mundo dos mortos, lá estás também" (vv.7,8). "Esse conhecimento é maravilhoso demais para mim", ele exclama com gratidão (v.6).

Deus escolhe nos conhecer porque nos ama e se importa o suficiente não apenas para observar a nossa vida, mas também habitar em nós e nos transformar. Ele se aproximou de nós através da vida, morte e ressurreição de Jesus, para que em retorno pudéssemos conhecê-lo e amá-lo por toda a eternidade. Jamais iremos além do alcance do amor de Deus.

JBB

Saber que Deus o ama o encoraja?
Como espalhar o Seu amor hoje?

Pai, obrigado por sempre me observares. Ajuda-me a viver com consciência cada vez maior da Tua presença e amor perfeito.

Ele acalma as tempestades

João compartilhava furiosamente sobre os problemas que encontrava com sua equipe de trabalho: divisão, atitudes de julgamento e mal-entendidos. Depois de uma hora ouvindo pacientemente suas preocupações, sugeri: "Vamos perguntar a Jesus o que Ele quer que façamos nesta situação". Ficamos em silêncio por 5 minutos e algo incrível aconteceu. Sentimos que a paz de Deus nos envolveu como um manto suave. Ficamos mais calmos ao experimentar a Sua presença e orientação e nos sentimos confiantes para enfrentar as dificuldades.

LEITURA:
Mateus 14:23-33

Imediatamente, porém, Jesus lhes disse: "Não tenham medo! Coragem, sou eu!". v.27

Pedro, um dos discípulos de Jesus, precisava da presença reconfortante de Deus. Certa noite, ele e os outros discípulos navegavam pelo mar da Galileia, quando uma forte tempestade surgiu. De repente, Jesus apareceu andando sobre as águas! Naturalmente, isso pegou os discípulos de surpresa. Jesus assegurou-lhes: "Não tenham medo! Coragem, sou eu" (v.27). Pedro impulsivamente perguntou a Jesus se poderia se juntar a Ele e, saindo do barco, caminhou em direção a Jesus. Mas Pedro desviou sua confiança, tomou consciência da perigosa e humanamente impossível circunstância em que estava e começou a afundar. Ele clamou: "Senhor, salva-me!". E Jesus amorosamente o resgatou (vv.30,31).

Como Pedro, podemos aprender que Jesus, o Filho de Deus, está conosco mesmo nas tempestades da vida!

EPE

O que você pode fazer para mudar o seu foco da tempestade Àquele que a acalma?

Jesus, obrigado por teres o poder e a autoridade para acalmares as tempestades em nossa vida.

Confie na sua armadura

Eu era um jovem escritor e me sentia inseguro quando participava de oficinas de redação. Ao redor via apenas salas cheias de bons escritores, pessoas com treinamento formal ou muita experiência, se me permite. Eu não tinha nenhum dos dois, mas tinha o ouvido educado pela linguagem, tom e cadência da versão bíblica *King James*. Era a minha defesa, por assim dizer, era o que eu sabia fazer, e permitir que essa versão bíblica modelasse o meu estilo de escrita e opinião tornou-se uma alegria para mim, e espero que a outros também.

LEITURA:
1 Samuel 17:34-39

"Está bem, então vá", disse. "E que o SENHOR esteja com você!" v.37

Davi não nos passou a impressão de insegurança quando se recusou a usar a armadura de Saul para combater Golias (vv.38,39). Ele simplesmente nem conseguia se mexer, no entanto, percebeu que a armadura de um homem pode ser a prisão do outro e disse: "Não consigo andar com tudo isso" (v.39). Davi confiava no que conhecia. Deus o preparara com o que era necessário para esse momento (vv.34,35). Ele estava acostumado com a funda e as pedras, sua armadura, e, naquele dia, Deus as usou para trazer alegria ao exército de Israel.

Você já se sentiu inseguro e pensou: *Se eu tivesse o que outra pessoa tem, então minha vida seria diferente*? Reflita sobre os dons ou experiências que Deus deu especificamente a você. Confie na "armadura" que Deus lhe concedeu.

JB

Você já invejou a armadura de outro?
De que maneira a sua armadura pode ser exatamente
o que você precisa hoje?

Senhor, às vezes é fácil sentir-me inseguro.
Ajuda-me a confiar que me deste exatamente o que preciso.

Faça o que diz

Bruno, apesar de preparado para ajudar no casamento de seu irmão, não compareceu. Os familiares ficaram desapontados, incluindo sua irmã Jasmine, que nessa ocasião leu a passagem bíblica sobre o amor em 1 Coríntios 13. Mas passado o casamento, quando o pai lhe pediu que entregasse um presente de aniversário para Bruno, ela hesitou, pois achou mais difícil viver as palavras sobre o amor do que lê-las. No entanto, antes que a noite terminasse, ela admitiu: "Não posso ler as Escrituras sobre o amor e deixar de praticá-lo".

LEITURA:
Tiago 1:22-25

Ainda mais felizes são os que ouvem a palavra de Deus e a praticam. Lucas 11:28

Você já leu ou ouviu uma passagem bíblica e sentiu-se condenado por achar difícil praticá-la? Você não está só. É mais fácil ler e ouvir a Palavra de Deus do que obedecê-la. Por isso o desafio de Tiago é tão apropriado: "Não se limitem, porém, a ouvir a palavra; ponham-na em prática. Do contrário, só enganarão a si mesmos" (1:22). Sua ilustração com o espelho nos faz sorrir porque sabemos o que significa observar algo em nós mesmos que precisa de atenção. Mas enganamo-nos se cremos que só observar já é o suficiente. Quando Tiago nos aconselha a "observar atentamente" e a perseverar na "lei perfeita" de Deus (v.25), encoraja-nos a fazer o que Jasmine sentiu-se compelida a fazer — praticá-la. A Palavra de Deus exige isso e Deus não merece nada menos. *ALJ*

Sua vida foi enriquecida ao fazer mudanças depois de buscar atentamente às Escrituras? Como?

Senhor, ajuda-me a entender o que significa olhar atentamente para a Tua Palavra e também a praticá-la.

Deus e os hipócritas

"**Ficaria muito desapontado** se um membro de nossa equipe fizesse isso", disse um jogador referindo-se a outro jogador que trapaceara. Mas, apenas dois anos depois, esse mesmo jogador foi pego em escândalo quase idêntico.

LEITURA:
Gênesis 38:16-26

Ela é mais justa que eu... Gênesis 38:26

Pouco nos incomoda mais do que a hipocrisia. Mas, na história de Judá, o comportamento hipócrita dele teve consequências quase mortais. Depois que dois de seus filhos morreram logo após se casarem com Tamar, Judá silenciosamente abandonou seu dever de prover as necessidades dela (vv.8-11). Desesperada, Tamar se disfarçou usando um véu de prostituta, e Judá dormiu com ela (vv.15,16). No entanto, quando Judá soube que sua nora viúva estava grávida, sua reação foi assassina. "Tragam-na para fora e queimem-na!", ordenou ele (v.24). Mas Tamar podia provar que Judá era o pai (v.25). Ele poderia ter negado a verdade. Em vez disso, admitiu sua hipocrisia e aceitou sua responsabilidade de cuidar dela, dizendo: "Ela é mais justa que eu" (v.26).

Deus entrelaçou esse capítulo sombrio da história de Judá e Tamar na Sua história de nossa redenção. Os filhos de Tamar (vv.29,30) se tornariam ancestrais de Jesus (MATEUS 1:2,3). Por que há esse relato em Gênesis 38 na Bíblia? Porque é a história do nosso coração humano hipócrita e do coração de amor, graça e misericórdia de Deus.

TLG

O que aconteceria se todos nós nos tornássemos transparentes uns com os outros?

Ajuda-me a ver, Pai, que todos nós somos hipócritas e precisamos do Teu perdão.

Abrigo da tempestade

Como diz a história, em 1763, um jovem ministro que viajava por uma estrada à beira do penhasco em Somerset, Inglaterra, entrou numa caverna para escapar dos relâmpagos e da chuva forte. Ao olhar para a Garganta de Cheddar, refletiu sobre a benção de encontrar abrigo e paz em Deus. Estando lá, começou a escrever o hino Rocha Eterna (HP NOVO CÂNTICO 136), com suas memoráveis linhas de abertura: "Rocha Eterna, meu Jesus, quero em ti me refugiar".

LEITURA:
Êxodo 33:12-23

Quando minha presença gloriosa passar, eu o colocarei numa abertura da rocha e o cobrirei com minha mão... v.22

Não sabemos se Augustus Toplady pensou na experiência de Moisés na fenda de uma rocha enquanto escrevia o hino (v.22), mas talvez sim. O relato do Êxodo fala de Moisés buscando a confirmação e a reação de Deus. Quando ele pediu a Deus para lhe revelar Sua glória, o Senhor respondeu-lhe graciosamente, sabendo que "ninguém pode [vê-lo] e continuar vivo" (v.20). Ele colocou Moisés numa fenda da rocha quando passou deixando que apenas visse as Suas costas. E Moisés reconheceu que Deus estava com ele.

Podemos confiar que, assim como Deus disse a Moisés: "Acompanharei você pessoalmente..." (v.14), assim também nós podemos encontrar refúgio nele. Podemos experimentar muitas tempestades em nossa vida, como Moisés e o jovem ministro desse texto, mas, quando clamarmos ao Senhor, Ele nos concederá a paz de Sua presença.

ABP

Em sua vida, como você vê a presença amorosa de Deus durante as tempestades? De que maneira você experimenta a Sua presença hoje?

Deus Pai, ajuda-me a confiar que estás comigo, mesmo durante as tempestades da minha vida.

Fique firme!

Meu sogro completou 78 anos e durante as homenagens lhe perguntaram: "Qual é a coisa mais importante que você aprendeu em sua vida até agora?". A resposta? "Fique firme". Pode ser tentador descartar essas palavras como simplistas, mas ele não estava enaltecendo o otimismo ou o pensamento positivo. Ele suportou dificuldades e sua determinação em insistir em manter-se firme não se fundamentou numa vaga esperança de que as coisas pudessem melhorar, mas na obra de Cristo em sua vida.

LEITURA:
Isaías 41:8-13

...Eu o fortalecerei e o ajudarei; com minha vitoriosa mão direita o sustentarei. v.10

Fique firme — a Bíblia chama isso de perseverança, a qual não é possível apenas por força de vontade. Perseveramos porque Deus prometeu, repetidamente, que está conosco, nos dará força e também realizará os Seus propósitos em nossa vida. Esta é a mensagem que Ele falou aos israelitas por meio de Isaías: "Não tenha medo, pois estou com você; não desanime, pois sou o seu Deus. Eu o fortalecerei e o ajudarei; com minha vitoriosa mão direita o sustentarei" (v.10).

O que é preciso para *ficar firme*? Isaías diz que o caráter de Deus é o fundamento para a esperança. Conhecer a bondade de Deus nos afasta do medo para que possamos nos apegar ao Pai e à promessa de que Ele proverá o que precisamos a cada dia: força, ajuda e a presença consoladora, capacitadora e defensora de Deus. *ARH*

Você experimentou a provisão de Deus em momentos de medo ou incerteza? O apoio de outros cristãos pode ajudá-lo a permanecer firme?

Pai, ajuda-nos a lembrar de Tua promessa de nos fortalecer e a confiar nela todos os dias.

Não esqueça!

Minha sobrinha, sua filha Kailyn e eu tivemos uma maravilhosa tarde de sábado juntas. Sopramos bolhas coloridas, colorimos um livro com desenhos de princesa e comemos deliciosos sanduíches. Já no carro, Kailyn chamou-me pela janela aberta dizendo: "Tia, não se esqueça de mim". Fui em direção ao carro e sussurrei: "Eu nunca poderia te esquecer e prometo que vou te ver em breve".

LEITURA:
Atos 1:1-11

...foi elevado numa nuvem, e os discípulos não conseguiram mais vê-lo. v.9

Em Atos 1, os discípulos observaram como Jesus foi "elevado numa nuvem" para o Céu (v.9). Questiono-me se eles achavam que poderiam ser esquecidos pelo seu Mestre. Mas Ele tinha acabado de prometer que lhes enviaria o Seu Espírito para viver neles e capacitá-los para lidar com a perseguição que estava por vir (v.8). E Jesus os ensinou que estava indo embora para preparar-lhes um lugar e voltaria para levá-los para estar com Ele (JOÃO 14:3). No entanto, os discípulos devem ter se perguntado por quanto tempo teriam que esperar. Talvez eles quisessem dizer: "Não nos esqueça, Jesus!".

Para nós que colocamos a nossa fé em Jesus, Ele vive em nós através do Espírito Santo. Podemos nos perguntar quando Jesus voltará para restaurar a nós e a Sua criação completamente. Mas isso vai acontecer e Ele não nos esquecerá. "Portanto, animem e edifiquem uns aos outros, como têm feito" (1 TESSALONICENSES 5:10,11).

AMC

De que maneira você sente a presença de Deus em sua vida?
O que você mais deseja na eternidade?

Jesus, estamos ansiosos pelo dia em que todas as coisas serão totalmente restauradas. Vem, Senhor Jesus!

O ator principal

Ouvi sobre um aluno em treinamento que pregou em um proeminente seminário. O estudante estava orgulhoso de si mesmo e proferiu seu sermão com eloquência e evidente paixão. Sentou-se satisfeito e o professor fez uma pausa antes de comentar: "Foi um sermão poderoso, bem esquematizado e tocante. O único problema foi Deus não ter sido o sujeito de uma única das suas frases". O professor destacou um problema com o qual todos nós lutamos algumas vezes: podemos falar como se fôssemos o ator principal (enfatizando o que fazemos, o que dizemos) quando, na verdade, Deus é o protagonista da vida. Frequentemente professamos que, de alguma maneira, Deus está "no comando", mas agimos como se todos os resultados dependessem de nós.

LEITURA:
Salmo 118:6-9,21-25

Isso é obra do SENHOR. v.23

As Escrituras insistem que Deus é o verdadeiro sujeito de nossa vida, a verdadeira força. Até mesmo nossos atos de fé necessários são feitos "em nome do SENHOR", no poder do Senhor (vv.10,11). Deus encena nossa salvação. Deus nos resgata. Deus atende às nossas necessidades. "Isso é obra do SENHOR" (v.23).

Então, desligue a pressão! Não precisamos nos preocupar, comparar, trabalhar compulsivamente ou alimentar nossas muitas ansiedades. Deus está no comando. Precisamos apenas confiar e obedecer a Sua liderança.

WC

Em que momentos você tende a pensar que é o ator principal da sua vida? Reflita sobre como Deus o convidou para permitir que Ele seja o centro de sua vida?

Deus, tenho apenas repetido que estás no comando e quero parar de agir assim. Ajuda-me a confiar em ti.

Preencha seu nome

Em ***God's Love Letters*** (Cartas de amor enviadas por Deus, inédito), Glenys Nellist convida as crianças a interagirem com o Senhor de forma bem pessoal. Seus livros incluem uma nota de Deus com um espaço para criança inserir seu nome após cada história bíblica. Personalizar as verdades bíblicas ajuda os leitores a entender que a Bíblia não é apenas um livro de histórias. Eles aprendem que o Senhor quer ter um relacionamento pessoal e que fala com os Seus filhos amados por meio das Escrituras. Comprei o livro para o meu sobrinho e preenchi com o nome dele no começo de cada nota. Encantado ao reconhecer seu nome, ele disse: "Deus também me ama!". Que conforto conhecer o profundo e completo amor pessoal de nosso amoroso Criador.

LEITURA:
Isaías 40:25-31

Ele as faz sair como um exército, uma após a outra, e chama cada uma [estrelas] pelo nome. v.26

Quando Deus falou aos israelitas através de Isaías, Ele chamou-lhes a atenção para os Céus afirmando que o Senhor o controla (v.26), determina o valor individual das estrelas e chama cada uma delas com amor. O Senhor assegurou ao Seu povo que não esquecerá nem perderá uma estrela sequer ou um filho amado que Ele criou com propósito específico e amor eterno.

Ao celebrarmos as promessas individuais e proclamações de amor do nosso Deus Todo-Poderoso dentro das Escrituras, podemos preencher nossos nomes e confiar e declarar com a alegria de uma criança: "Deus também me ama"!

XED

Como você se sente ao saber que Deus o ama e conhece as suas necessidades?

Pai, obrigado por nos assegurares que conheces nossos nomes e todas as nossas necessidades.

Vale a pena esperar

Na estação de trem de Shibuya, em Tóquio, há uma estátua em honra a um cachorro da raça Akita chamado Hachiko, que é lembrado pela fidelidade incomum a seu dono, um professor universitário que se deslocava diariamente dessa estação. O cão o acompanhava em sua caminhada matinal à estação e voltava a encontrá-lo todas as tardes, assim que o trem chegava. Um dia o professor não retornou; infelizmente, ele tinha morrido no local de trabalho. Mas, pelo resto da sua vida, mais de nove anos, Hachiko o esperava no trem da tarde. Dia após dia, independentemente do tempo, o cão aguardava fielmente o retorno do mestre.

LEITURA:
1Ts 1:1-10

...aguardamos ansiosamente a volta do Salvador, o Senhor Jesus Cristo.
Filipenses 3:20

Paulo elogiou os tessalonicenses pela fidelidade deles, citando o "trabalho fiel, seus atos em amor e sua firme esperança em nosso Senhor Jesus Cristo" (v.3). Apesar da dura oposição, eles haviam deixado os ídolos "a fim de servir ao Deus vivo e verdadeiro. Também comentam como vocês esperam do céu a vinda de Jesus..." (vv.9,10).

A viva esperança desses primeiros cristãos em seu Salvador e Seu amor por eles os inspirou a ver além de suas dificuldades e a compartilhar sua fé entusiasticamente. Estavam certos de que não havia nada melhor do que viver para Jesus. É muito bom saber que o mesmo Espírito Santo que os encorajou (v.5) ainda nos capacita a servir fielmente a Jesus enquanto aguardamos o Seu retorno. *JBB*

De que maneira você compartilha a sua esperança em Jesus?

Lindo Salvador, por favor, ajuda-me a "ser valente e corajoso e a esperar por ti!". SALMO 27:14

Cantarei de Sua força

Quando os aldeões franceses ajudaram refugiados judeus a se esconderem dos nazistas durante a Segunda Guerra Mundial, eles cantavam na densa floresta que cercava sua cidade para os refugiados saberem que era seguro sair do esconderijo. Esses bravos habitantes de Le Chambon-sur-Lignon atenderam ao chamado do pastor local André Trocmé e sua esposa, Magda, para oferecer refúgio aos judeus naquele planalto, varrido pelo vento, conhecido como "A montanha protestante". A música tornou-se uma característica da bravura deles e ajudou a salvar até 3.000 judeus da morte quase certa.

LEITURA:
Salmo 59:1,14-17

...cantarei sobre o teu poder; cada manhã, cantarei com alegria sobre o teu amor. [...] minha fortaleza. v.16

Noutro momento perigoso, Davi cantou quando o seu inimigo Saul enviou assassinos noturnos à sua casa. A canção de gratidão a Deus era o seu refúgio. Davi alegrou-se: "cantarei sobre o teu poder; cada manhã, cantarei com alegria sobre o teu amor. Pois tu tens sido minha fortaleza, lugar seguro em minha aflição" (v.16). Tal cântico não significou um "assobio no escuro" durante o perigo. O canto de Davi transmitiu sua confiança no Deus Todo-Poderoso. "...ó Deus, és minha fortaleza, o Deus que mostra amor por mim" (v.17).

O louvor de Davi e dos aldeões traz um convite para bendizermos a Deus hoje com o nosso cântico, entoando-lhe melodias apesar das preocupações da vida. Sua presença amorosa fortalecerá o nosso coração.

PR

Por que os cânticos de louvor nos inspiram a nos sentirmos mais fortes?

Querido Deus, fortalece-me com louvores que transformam os meus temores e preocupações em adoração a ti.

Orações sob o palheiro

Muitas vezes Samuel Mills e seus amigos se reuniram para orar pedindo que Deus enviasse mais pessoas a fim de compartilhar as boas-novas de Jesus. Em 1806 após voltarem de sua reunião de oração, eles foram pegos numa tempestade e se refugiaram sob um monte de feno. Sua reunião semanal de oração tornou-se então conhecida como a Reunião de Oração sob o Palheiro, que originou um movimento missionário global. Hoje, há um monumento chamado *Orações sob o palheiro* nos EUA lembrando o que Deus pode fazer através da oração.

LEITURA:
2 Coríntios 1:8-11

E vocês nos têm ajudado ao orar por nós. v.11

O Pai se alegra quando os Seus filhos se aproximam dele com um pedido comum. É como se fosse uma reunião de família quando as pessoas se juntam com o mesmo propósito e compartilham um fardo comum.

Paulo reconhece como Deus o ajudou por meio das orações dos outros durante severo sofrimento: "ele continuará a nos livrar. E vocês nos têm ajudado ao orar por nós". Deus escolheu usar as nossas orações, individuais e em grupos, para realizar Sua obra no mundo. Não admira que o verso continue: "Então muitos darão graças porque Deus, em sua bondade, respondeu a tantas orações feitas em nosso favor" (vv.10,11).

Oremos juntos para que possamos nos alegrar juntos na bondade de Deus. Nosso Pai amoroso nos espera para virmos ao Senhor e para que Ele possa agir através de nós de maneiras que vão muito além de qualquer coisa que possamos imaginar. *PFC*

A sua fé se fortalece
quando você ora com os outros?

Quando oramos juntos, trabalhamos unidos.

Ambição: vida tranquila

"O **que você quer ser** quando crescer?". Ouvimos essa pergunta quando crianças e às vezes até como adultos. É pura curiosidade e a resposta frequentemente sinaliza uma ambição. Minhas respostas se modificaram ao longo dos anos, comecei como caubói, depois motorista de caminhão, soldado e por fim, entrei na faculdade para me tornar médico. No entanto, não lembro de nenhuma vez que alguém tenha sugerido ou que considerei conscientemente uma "vida tranquila".

LEITURA:
1Ts 4:9-12

Tenham como objetivo uma vida tranquila... v.11

No entanto, isso é exatamente o que Paulo disse aos tessalonicenses. Primeiro, ele os instou a amarem uns aos outros e a família de Deus ainda mais (v.10). Em seguida, deu-lhes uma advertência geral que serviria para qualquer situação que fossem enfrentar. "Tenham como objetivo uma vida tranquila" (v.11). O que Paulo quis dizer com isso? Ele esclareceu: ocupem-se com seus próprios assuntos e trabalhem com suas próprias mãos de modo que as pessoas de fora o respeitem e você não seja dependente de ninguém (vv.11,12). Não queremos desencorajar as crianças a buscar seus dons ou paixões, mas talvez pudéssemos incentivá-las a fazer o que quer que façam, com espírito tranquilo.

Considerando o mundo em que vivemos, as palavras *ambição* e *tranquilidade* pareciam incompatíveis. Mas as Escrituras são sempre relevantes, então talvez devamos considerar como seria começar a viver com maior tranquilidade.

JB

Quem vive "uma vida tranquila"
a quem você possa imitar?

Jesus, peço-te a graça de cuidar da minha vida;
que eu não me isole e nem atrapalhe ninguém.

Verdades amargas ou doces?

Fui ao médico para examinar a mancha no meu nariz. Os resultados da biópsia voltaram dias depois com palavras que eu não queria ouvir: câncer de pele. O câncer era operável e não apresentava risco de vida, mas era uma pílula amarga de engolir.

LEITURA:
Ezequiel 2:4–3:3

Quando comi, o sabor era doce como mel em minha boca. v.3

Deus ordenou a Ezequiel que também engolisse uma pílula amarga: um rolo contendo palavras de lamento e aflição (2:10–3:1,2). Ele devia encher "seu estômago com ele" e compartilhar as palavras com o povo de Israel, a quem Deus considerou teimoso e de coração duro (2:4). Era de se esperar que um pergaminho repleto de correção parecesse uma pílula amarga. No entanto, Ezequiel o descreve como "doce como o mel" em sua boca (3:3) e parece ter adquirido o gosto pela disciplina de Deus. Em vez de ver Sua repreensão como algo a ser evitado, reconheceu que o que é bom para a alma é "doce". Deus nos instrui e corrige com bondade e ajuda-nos a viver de maneira que o honre e agrade.

Há verdades amargas para engolir, enquanto outras têm gosto doce. Se nos lembrarmos do quanto Deus nos ama, Sua verdade terá mais e mais o gosto de mel. Ele nos dá Suas palavras para o nosso bem proporcionando sabedoria e força para perdoarmos, abstermo-nos de fofocas e suportarmos golpes. Que o Senhor nos ajude a reconhecer a Sua sabedoria como um doce conselho. *KHH*

Qual verdade Deus lhe mostrou recentemente?
Você a recebeu como uma pílula amarga ou doce como o mel?

A verdade de Deus é doce.

Quando louvamos

Quando Willie, 9 anos, foi sequestrado do jardim de sua casa em 2014, ele cantou sua música gospel favorita, *Todo o louvor*, muitas vezes. Durante a provação de três horas, Willie ignorou as ordens do sequestrador para silenciar enquanto rodavam. Eventualmente, o sequestrador o deixou sair do carro ileso. Mais tarde, Willie descreveu o encontro dizendo que, enquanto sua fé vencia o medo, a música parecia incomodar o raptor.

LEITURA:
Atos 16:25-34

No mesmo instante, todas as portas se abriram e as correntes de todos os presos se soltaram. v.26

A reação do menino à sua terrível situação lembra-nos da experiência compartilhada por Paulo e Silas. Depois de serem açoitados e jogados na prisão, eles "oravam e cantavam hinos a Deus, e os outros presos ouviam. De repente, houve um forte terremoto, e até os alicerces da prisão foram sacudidos. No mesmo instante, todas as portas se abriram e as correntes de todos os presos se soltaram" (vv.25,26). Ao testemunhar tamanho poder, o carcereiro creu no Deus de Paulo e Silas, e "ele e todos os seus foram batizados" (vv.27-34). Naquela noite, foram quebradas correntes físicas e espirituais.

Nem sempre podemos experimentar um resgate visivelmente dramático como o de Paulo e Silas, ou de Willie. Mas sabemos que Deus responde aos louvores do Seu povo! Quando Ele se move, as correntes se soltam.

ROO

Quais lições os louvores e orações de Paulo e Silas nos ensinam? Como você pode aplicar esses princípios às circunstâncias difíceis que você experimenta?

Tu, porém, és santo e estás entronizado sobre os louvores de Israel. SALMO 22:3

Aço e veludo

Sobre o ex-presidente norte-americano Abraham Lincoln, o poeta Carl Sandburg escreveu: "É incomum na história da humanidade chegar à Terra um homem que seja ao mesmo tempo aço e veludo [...] que mantenha em seu coração e mente o paradoxo da terrível tempestade e da paz indescritível e perfeita". "Aço e veludo" descreve como Lincoln equilibrava o poder de seu cargo com a preocupação pelos indivíduos desejosos de liberdade.

LEITURA:
João 8:1-11

Aquele de vocês que nunca pecou atire a primeira pedra. v.7

Em toda a história, apenas Jesus Cristo equilibrou perfeitamente a força e a suavidade, o poder e a compaixão. Quando os líderes religiosos o confrontaram para que condenasse uma mulher culpada, Jesus demonstrou força e suavidade. Demonstrou força ao resistir às exigências de uma turba sedenta por sangue, fazendo-os voltar seus olhares críticos a si mesmos. Jesus lhes disse: "Aquele de vocês que nunca pecou atire a primeira pedra" (v.7). Em seguida, utilizou o "veludo" da compaixão dizendo à mulher: "Eu também não a condeno. Vá e não peque mais" (v.11).

Refletir sobre a Sua atitude de "aço e veludo" e nossas reações aos outros pode revelar a ação do Pai em nos modelar para sermos semelhantes a Jesus. Podemos demonstrar a essência de Cristo a um mundo faminto tanto pela suavidade da misericórdia quanto pelo poder da justiça.

WEC

Onde a ajuda de Deus é necessária para permitir que você demonstre Sua compaixão a outras pessoas?

Querido Pai, agradeço-te por Teu Filho, cuja força e ternura revelam perfeitamente o Teu propósito para o nosso mundo perdido.

Membros de segunda classe

Após o fim da Primeira Guerra Mundial, o presidente dos EUA, Woodrow Wilson, foi reconhecido como um dos líderes mais poderosos do mundo de então. Mas poucos sabem que, após um derrame devastador em 1919, foi sua esposa que administrou quase todos os seus assuntos determinando quais questões deveriam ser levadas à sua atenção. Os historiadores modernos acreditam que, por um curto período, Edith Wilson foi realmente a presidente dos Estados Unidos.

LEITURA:
Romanos 16:3-13

Saúdem Andrônico e Júnias, meus compatriotas judeus que estiveram comigo na prisão. São muito respeitados entre os apóstolos... v.7

Se pedissem para nomearmos os líderes da Igreja Primitiva, a maioria de nós listaria Pedro, Paulo e Timóteo como pessoas cheias de dons. Mas Paulo lista quase 40 pessoas de origens diversas: homens, mulheres, escravos, judeus e gentios que contribuíram para a vida da Igreja de diversas maneiras.

E longe de considerá-los membros de segunda classe da Igreja, fica claro que Paulo tinha a mais alta consideração com essas pessoas. Ele os descreve como respeitados entre os apóstolos (v.7) — pessoas destacadas por seu serviço a Jesus.

Muitos de nós sentimos que somos muito comuns para sermos líderes na igreja local. Mas a verdade é que cada um de nós tem dons que podem ser usados para servir e ajudar aos outros. Na força de Deus, vamos usar nossos dons para a Sua honra! *PC*

Como membro do Corpo de Cristo, por que você nunca deve se sentir sem importância? De quais maneiras você pode servir às pessoas em sua igreja?

Jesus, ajuda-me a lembrar-me de que sou parte importante da Tua Igreja!

Uma festa de amor

No filme ***A Festa de Babette*** (Oscar 1987), uma refugiada francesa vai a uma aldeia costeira onde duas irmãs idosas que são líderes de uma comunidade religiosa a aceitam em casa e por catorze anos, Babette lhes serve de ajudante doméstica. Quando Babette recebe uma grande soma de dinheiro como herança, convida os 12 membros da congregação para uma refeição francesa extravagante: caviar, codorna em massa folhada e muito mais.

LEITURA:
João 6:47-59

Eu sou o pão vivo que desceu do céu. v.51

Enquanto degustam os pratos, os convidados relaxam; uns encontram o perdão, reacendem o amor e outros relembram os milagres e as verdades que aprenderam na infância. "Lembram-se do que nos foi ensinado?" diziam. "Filhinhos, amem-se uns aos outros". Ao final da refeição, Babette revela às irmãs que gastou tudo o que tinha com a comida. Ela dera tudo, inclusive qualquer chance de voltar a ser chef famosa em Paris, para que os seus amigos ao comer pudessem abrir seus corações.

Jesus veio à Terra como estrangeiro e servo, e deu tudo para satisfazer a nossa fome. Ele lembra os Seus ouvintes de que, quando os ancestrais deles vagavam famintos no deserto, Deus lhes providenciou o maná e codornas (ÊXODO 16). Aquele alimento os satisfez por um tempo, mas Jesus promete que aquele que o aceita como o "pão da vida [...] viverá para sempre" (vv.48,51). Seu sacrifício satisfaz nossos desejos espirituais.

ALP

Como Deus satisfez sua fome?
O que significa "doar sacrificialmente"?

Jesus entregou a Sua vida por nós para ser o nosso alimento espiritual nessa nova e eterna vida junto a Ele.

Boas notícias

O anúncio trouxe um sorriso ao meu rosto: "As meias mais confortáveis da história dos pés". Na sequência, estendendo sua alegação de notícias ainda melhores para os pés, o publicitário disse que sendo as meias o item de vestuário mais solicitado em abrigos, para cada par de meias compradas, a empresa doaria um par para alguém em necessidade.

LEITURA:
João 5:1-9

Ele livrou minha alma da morte. [...] Por isso, andarei na presença do SENHOR enquanto viver aqui na terra. Salmo 116:8,9

Imagine o sorriso quando Jesus curou os pés de um homem que não conseguia andar por 38 anos (vv.2-8). Agora imagine o olhar oposto nos rostos dos funcionários do Templo que não se impressionaram com o cuidado de Jesus pelos pés ou pelo coração de alguém que ficou sem ajuda por tanto tempo. Eles acusaram o homem curado e Jesus de violarem uma lei religiosa que exigia que nenhum trabalho fosse feito no sábado (vv.9,10,16,17). Eles viram apenas ordenanças onde Jesus viu a necessidade de misericórdia.

Nesse ponto, o homem nem sabia quem tinha curado os seus pés. Só mais tarde ele seria capaz de dizer que fora Jesus quem o havia curado (vv.13-15) — o mesmo Jesus que permitiria que Seus próprios pés fossem pregados no madeiro para oferecer a esse homem, e a nós, a melhor notícia da história: a cura de corpos feridos, mentes e corações.

MRD

Quais necessidades você vê nas pessoas ao seu redor?
De que maneiras você tem visto
Jesus satisfazer suas próprias necessidades?

Conte a alguém como Jesus transformou a sua vida.

Este sou eu

A **canção** ***This Is Me*** (Este sou eu) do filme *O rei do show* é baseada na vida de P. T. Barnum e seu circo itinerante. É cantada pelos personagens que sofreram provocações e abusos verbais por não estarem em conformidade com as normas sociais e descrevem as palavras como balas destrutivas e facas que deixam cicatrizes. Suas palavras refletem sobre quantas pessoas suportam as feridas invisíveis, mas verdadeiras, causadas por palavras ferinas.

LEITURA:
Tiago 3:7-12

E, assim, bênção e maldição saem da mesma boca. Meus irmãos, isso não está certo! v.10

Tiago entendeu o perigo potencial de as palavras causarem danos destrutivos e duradouros, chamando a língua de "incontrolável e perversa, cheia de veneno mortífero". Com essa comparação surpreendentemente forte, enfatizou a urgente necessidade de os cristãos reconhecerem o imenso poder de suas palavras. Mais ainda, ele destacou a inconsistência de louvar a Deus num momento e ferir pessoas criadas à imagem de Deus no próximo (vv.8-10).

A música *This Is Me* desafia a veracidade dos ataques verbais insistindo que todos nós somos gloriosos. A Bíblia estabelece a dignidade e a beleza que são únicas de cada ser humano, não por causa da aparência externa ou de qualquer coisa que tenhamos feito, mas porque cada um de nós é lindamente projetado por Deus — somos Suas obras-primas (SALMO 139:14). As nossas palavras ditas uns aos outros e sobre o outro têm o poder de reforçar essa verdade encorajadora.

LMS

Como você pode encorajar
uma obra-prima de Deus ainda hoje?

Deus Criador, ajuda-nos a usar nossas palavras em louvor a ti e para encorajar Tuas obras-primas.

Apenas um toque

Foi apenas um toque, mas para Célio fez toda a diferença. Sua pequena equipe se preparava para fazer um trabalho de caridade numa região conhecida pela hostilidade aos cristãos e seu nível de estresse começou a aumentar. Quando ele compartilhou suas preocupações com um companheiro da equipe, seu amigo parou, colocou a mão em seu ombro e compartilhou algumas palavras encorajadoras com ele. Célio viu nesse breve toque um ponto de virada, um poderoso lembrete da simples verdade de que Deus estava com ele.

LEITURA:
Apocalipse 1:9-18

Ele, porém, colocou a mão direita sobre mim e disse: "Não tenha medo! Eu sou o Primeiro e o Último". v.17

João, o amigo íntimo e discípulo de Jesus, havia sido banido para a desolada ilha de Patmos por pregar o evangelho quando ouviu "uma forte voz, como um toque de trombeta" (1:10). Esse som foi seguido por uma surpreendente visão do próprio Senhor, e João caiu "a seus pés como morto". Porém, naquele momento assustador, ele recebeu consolo e coragem. João escreveu: "Ele, porém, colocou a mão direita sobre mim e disse: "Não tenha medo! Eu sou o Primeiro e o Último" (v.17).

Deus nos tira da nossa zona de conforto para nos mostrar coisas novas, para nos expandir e para nos ajudar a crescer. Mas Ele também traz coragem e conforto para passarmos por todas as situações. Ele não nos deixará sozinhos em nossas provações. Ele tem tudo sob controle. Ele nos tem em Suas mãos. *TLG*

De que maneira Deus o tira da zona de conforto?
Quais amigos Ele lhe deu para você apoiar e confortar?

Senhor, ajuda-me a reconhecer Tua presença e Teu toque em meio às aflições.

Entrelaçados

LEITURA:
Eclesiastes 4:9-12

...uma corda trançada com três fios não arrebenta facilmente. v.12

Uma amiga me deu uma planta que possuía por mais de 40 anos. A planta tinha a minha altura e produzia folhas grandes de três caules separados. Com o tempo, o peso das folhas fez os três caules se curvarem ao solo. Para endireitá-los, calcei o vaso da planta e o coloquei perto da janela para que a luz do sol atraísse as folhas para cima e ajudasse a curar a má postura dos caules. Pouco depois de receber a planta, vi outra igual numa sala de espera de uma empresa local. Também crescia a partir de três troncos longos e finos, mas eles tinham sido trançados para formar um núcleo maior e mais sólido. Esta planta ficava ereta sem qualquer ajuda.

Duas pessoas podem permanecer no mesmo "vaso" por anos, mas se distanciarem e experimentarem menos dos benefícios que Deus quer que usufruam. No entanto, quando suas vidas estão entrelaçadas com Deus, há maior estabilidade e proximidade. Seu relacionamento ficará mais forte: "uma corda trançada com três fios não arrebenta facilmente" (v.12).

Como plantas de casa, os casamentos e amizades requerem algum cuidado. Cuidar desses relacionamentos envolve "enxertar-se" espiritualmente para que Deus esteja presente no centro de cada elo importante. Ele é um suprimento infinito de amor e graça, e é isso o que mais precisamos para permanecermos felizes e unidos uns aos outros.

JBS

De que maneira os seus relacionamentos podem ser transformados se a sua prioridade for servir e adorar a Deus juntos?

Deus, mostra-me como te honrar e confiar em ti em todos os aspectos da minha vida.

Sementes da graça divina

Por quase quatro décadas, um homem na Índia trabalhou para trazer vida nova a um solo devastado e arenoso. Vendo como a erosão e as mudanças nos ecossistemas haviam destruído a ilha que ele amava, começou a plantar uma árvore por vez, bambu e algodão. Hoje, florestas exuberantes e abundante vida silvestre recobrem essa terra. No entanto, ele insiste que o renascimento não foi algo que ele próprio fez acontecer. Reconhecendo a maneira surpreendente como o mundo natural é projetado, ele se admira de como o vento leva as sementes ao solo fértil. Aves e animais também participam da semeadura, e os rios também contribuem para o florescimento.

LEITURA:
Marcos 4:26-29

...ele dormindo ou acordado, as sementes germinam e crescem, mas ele não sabe como isso acontece. v.27

A criação funciona de maneiras que não podemos compreender ou controlar. Jesus nos ensina que esse mesmo princípio se aplica ao reino de Deus: "...é como um lavrador que lança sementes sobre a terra [...], as sementes germinam e crescem, mas ele não sabe como isso acontece (vv.26,27). Deus traz vida e cura ao mundo como puras dádivas, sem nossa manipulação. Fazemos tudo o que Deus nos pede, e depois observamos a vida surgir. Sabemos que tudo flui de Sua graça.

É tentador acreditar que somos responsáveis por mudar o caráter de alguém ou garantir resultados para os nossos fiéis esforços. No entanto, não precisamos viver sob tamanha pressão. Deus faz todas as nossas sementes crescerem. É tudo graça divina. *WC*

Quando você se sente propenso a pensar que a sua função é fazer as coisas acontecerem ou surgirem? Por que é essencial que você confie na graça de Deus em vez de em seu próprio esforço?

Deus continua a fazer crescer o Seu reino pela Sua graça.

Junte-se à equipe de rua

Os agentes de saúde de certa cidade levam os cuidados médicos às ruas para atenderem os desabrigados com remédios que tratam a dependência química. O programa começou para suprir o crescente número de desabrigados que usam drogas injetáveis. O habitual é os médicos esperarem que os pacientes venham à clínica. Ao levar os cuidados médicos aos afligidos, os pacientes não precisam superar os desafios do transporte nem precisam lembrar-se da consulta.

LEITURA:
Marcos 2;13-17

Não vim para chamar os justos, mas sim os pecadores. v.17

A disposição desses profissionais de saúde de ir a quem precisa de cuidados me lembra a maneira como Jesus nos alcançou em nossa necessidade. Em Seu ministério, Jesus procurou aqueles que a elite religiosa tinha sido rápida em ignorar: Ele comeu com "cobradores de impostos e pecadores" (v.16). Quando perguntado por que Ele faria isso, Jesus respondeu: "As pessoas saudáveis não precisam de médico, mas sim os doentes" (v.17). Ele prosseguiu dizendo que a Sua intenção era chamar os pecadores, não os justos, para ter um relacionamento com Ele.

Quando percebemos que todos nós estamos "doentes" e necessitados de um médico (ROMANOS 3:10), podemos apreciar melhor a disposição de Jesus em comer com os "cobradores de impostos e pecadores" — nós inclusive. Por sua vez, como esses agentes de saúde, Jesus nos designou como Sua "equipe de rua" para levar a Sua mensagem salvífica aos outros necessitados. *KHH*

Como Jesus o alcançou? A quem você pode levar a mensagem salvífica de Jesus?

Obrigado Senhor, por me encontrares assim como estou.

Seja guerreiro

Emma, 18 anos, escreve sobre Jesus nas redes sociais, e os intimidadores criticam sua alegria e amor por Cristo. Alguns *troladores* a atacaram com comentários sobre sua aparência física, outros sugeriram falta de inteligência por sua devoção a Deus. Embora as palavras indelicadas firam profundamente o coração de Emma, ela continua a espalhar o evangelho com ousadia e amor por Jesus e pelos outros. Às vezes, porém, ela fica tentada a acreditar que sua identidade e valor são determinados pelas críticas alheias. Quando isso acontece, Emma pede ajuda a Deus, ora por seus perseguidores, medita nas Escrituras e persevera com a coragem e confiança supridas pelo Espírito Santo.

LEITURA:
Juízes 6:1,11-16

O anjo do Senhor apareceu a Gideão e disse: "O Senhor está com você, guerreiro corajoso!". v.12

Gideão enfrentou atormentadores ferozes: os midianitas. Embora Deus o chamasse de "guerreiro corajoso", Gideão lutou para abandonar suas dúvidas, autolimitações e inseguranças (vv.1-15). Em ocasiões diferentes, ele questionou a presença do Senhor e suas próprias qualificações, mas acabou se entregando com fé.

Se confiamos em Deus, podemos viver e crer que o que Ele diz sobre nós é verdade. Mesmo quando a perseguição nos faz duvidar de nossa identidade, nosso Pai amoroso confirma Sua presença e luta em nosso favor. Ele afirma que podemos andar como guerreiros corajosos revestidos do Seu amor absoluto, guardados por Sua graça infinita e firmados em Sua verdade confiável. *XED*

O que você pode fazer para combater os ataques verbais que o ferem?

Senhor, ajuda-nos a nos lembrar do Teu amor e a reagir como Teus filhos amados.

Uma nova estrada

As pessoas me perguntam se tenho planos para os próximos 5 anos. Como posso planejar 5 anos "numa estrada" que jamais viajei? Lembro-me da década de 1960 quando era capelão dos estudantes na Universidade de Stanford. Diverti-me muito durante minha graduação em Educação Física, mas nunca fui "um acadêmico". Sentia-me completamente inadequado em minha nova posição. Na maioria dos dias, eu vagava pelo campus como um cego tateando na escuridão, pedindo a Deus que me mostrasse o que fazer. Certo dia, um estudante "do nada" me pediu para liderar um estudo bíblico com seu grupo de convivência na universidade. Foi um começo.

LEITURA:
Isaías 42:10-17

Conduzirei este povo cego por um novo caminho e o guiarei por um rumo desconhecido. v.16

Deus não está parado numa convergência apontando o caminho; Ele é o guia, não um poste de sinalização. O Senhor anda conosco, levando-nos por caminhos que nunca imaginamos. Tudo o que temos a fazer é andar ao lado dele. O caminho não será fácil; haverá "trechos difíceis" ao longo da estrada. Mas Deus prometeu que transformará "em luz a escuridão" e não nos abandonará (v.16). Ele estará conosco até o fim.

Paulo disse que Deus "é capaz de realizar infinitamente mais do que poderíamos pedir ou imaginar" (EFÉSIOS 3:20). Podemos planejar e imaginar, mas a imaginação de nosso Senhor transcende os nossos planos. Devemos entregar nossos planos a Deus e ver o que Ele tem em mente.

DHR

Deus transformou a sua escuridão em luz?
Qual tem sido sua maior alegria ao andar com Ele?

Jesus, Teus planos para mim vão muito além da minha imaginação. Ajuda-me a seguir o Teu exemplo.

Uma luz na escuridão

No livro *These are the generations* (Estas são as gerações), o Sr. Bae descreve a fidelidade de Deus e o poder do evangelho para adentrar nas trevas. Seu avô, pais e a própria família foram perseguidos por compartilhar sua fé em Cristo. Mas, quando o Sr. Bae foi preso por contar a um amigo sobre Deus, sua fé cresceu. Ocorreu o mesmo com os pais dele ao serem sentenciados a um campo de concentração, eles continuaram a compartilhar o amor de Cristo mesmo naquele local. A promessa em João 1:5 "A luz brilha na escuridão, e a escuridão nunca conseguiu apagá-la" tornou-se verdade para o Sr. Bae.

LEITURA:
João 1:5; 16:1-11,33

Aqui no mundo vocês terão aflições, mas animem-se, pois eu venci o mundo. v.33

Antes da prisão e crucificação, Jesus advertiu os Seus discípulos sobre o que enfrentariam: seriam rejeitados por pessoas que fariam "isso porque nunca conheceram nem o Pai nem a [Ele]" (16:3). Mas Jesus ofereceu-lhes conforto: "Aqui no mundo vocês terão aflições, mas animem-se, pois eu venci o mundo" (v.33).

Embora muitos cristãos não tenham sofrido a perseguição que a família do Sr. Bae suportou, podemos esperar enfrentar problemas. Mas não precisamos ceder ao desânimo ou ao ressentimento. Temos um Encorajador — o Espírito Santo, que Jesus nos enviou. Podemos buscá-lo pedindo orientação e conforto (v.7). O poder da presença de Deus pode nos manter firmes em tempos sombrios.

LMW

Você já enfrentou problemas por ser cristão?
Qual a sua primeira reação em tempos difíceis?

Pai Celestial, por Tua graça, protege os Teus filhos que sofrem perseguições.

Histórias de cicatrizes

A borboleta pousava e saía dos amores-perfeitos do jardim de minha mãe. Eu era criança e queria pegá-la. Corri do nosso quintal até a cozinha e peguei um frasco de vidro, mas, no meu retorno apressado, tropecei e bati no chão de concreto com força. O frasco esmagou o meu pulso deixando um corte feio que precisou de 18 pontos para fechar. Hoje a cicatriz rasteja como uma lagarta no meu pulso, contando a história de ferimentos e curas.

LEITURA:
João 20:24-29

...veja minhas mãos. Ponha sua mão na marca em meu lado. Não seja incrédulo. Creia! v.27

Quando Jesus apareceu aos discípulos após a Sua morte, Ele tinha as Suas cicatrizes. João relata que Tomé quis ver "as marcas dos pregos" e que Jesus o convidou a pôr seus dedos em suas cicatrizes (vv.25,27). Para demonstrar que Ele era o mesmo Jesus, Cristo ressuscitou dos mortos com as cicatrizes de Seu sofrimento ainda visíveis.

As cicatrizes de Jesus provam que Ele é o Salvador e relatam a história da nossa salvação. As marcas que foram perfuradas em Suas mãos, pés e em Seu lado revelam uma história de dor infligida, suportada e depois curada que pertenceria a nós. Jesus fez isso para que pudéssemos ser restaurados e curados por Ele. Você já refletiu sobre a história que as cicatrizes de Cristo contam? *ELM*

Como as cicatrizes do Salvador prometem cura
para as feridas que sofremos?
Quais as dores que você apresentará a Ele?

Jesus, amo a história que as Tuas cicatrizes revelam a mim e ao mundo. Ensina-me mais e mais através delas.

A porta da reconciliação

Na catedral de St. Patrick, em Dublin, Irlanda, há uma porta que conta que em 1492 as famílias Butler e FitzGerald começaram a brigar pelo controle da região. A luta se intensificou, e os Butler se refugiaram na catedral. Quando os FitzGerald chegaram para pedir trégua, os Butler tiveram medo de abrir a porta. Então os FitzGerald abriram um buraco nela e seu líder ofereceu sua mão em paz. As famílias se reconciliaram e os adversários se tornaram amigos.

LEITURA:
2 Coríntios 5:14-21

E tudo isso vem de Deus, aquele que nos trouxe de volta para si por meio de Cristo... v.18

O apóstolo Paulo escreveu apaixonadamente em sua carta à igreja em Corinto que Deus também tem uma porta de reconciliação. Por iniciativa divina e por Seu infinito amor, Deus trocou o relacionamento interrompido com os humanos por um relacionamento restaurado através da morte de Cristo na cruz. Estávamos longe de Deus, mas, em Sua misericórdia, Ele nos aproximou de si mesmo. O Senhor nos oferece a restauração consigo mesmo "não levando mais em conta os pecados das pessoas" (v.19). A justiça se cumpriu quando "Deus fez de Cristo, aquele que nunca pecou, a oferta por nosso pecado, para que por meio dele fôssemos declarados justos diante de Deus" (v.21).

Quando aceitamos a mão de Deus em oferta de paz, recebemos a importante tarefa de levar essa mensagem a outras pessoas. Representamos o incrível e amoroso Deus que oferece perdão completo e restauração a todos que creem. *EPE*

O que a oferta de reconciliação de Deus significa para você?

Deus, sou grato pelo sacrifício de Teu amado Filho, Jesus. Ele é o caminho que me conduz a ti.

Nosso lugar de paz

Quando o furacão se aproximou com força devastadora, minha filha se preparou para deixar sua casa. Ela aguardou até o último momento esperando que a tempestade se afastasse. Mas agora ela olhava os documentos, fotos e pertences importantes para ver o que levar com ela. "Não esperava que fosse tão difícil", ela me disse mais tarde, "mas não sabia se algo estaria ainda lá quando eu voltasse".

LEITURA:
Salmo 46:1-11

Deus é o nosso refúgio e nossa força. v.1

As tempestades da vida vêm como furacões, tornados, terremotos, inundações, problemas inesperados no casamento ou com crianças, a súbita perda de saúde ou finanças. O que valorizamos pode ser levado num momento.

Em meio às tempestades, a Bíblia nos indica o lugar mais seguro: "Deus é nosso refúgio e nossa força, sempre pronto a nos socorrer em tempos de aflição. [...] não temeremos quando vierem terremotos e montes desabarem no mar" (vv.1,2).

Os escritores desse salmo descendiam de um homem que gerações anteriores servira a Deus, mas depois se rebelara contra Ele e perecera num terremoto (NÚMEROS 26:9-11). A visão que eles compartilham mostra humildade e a compreensão profunda da enorme compaixão e amor redentor de Deus.

Problemas vêm, mas Deus supera todos eles. Os que buscam o Salvador descobrem que Ele não pode ser abalado. Encontramos o nosso lugar de paz em Seus braços de amor eterno. *JBB*

Em meio às tempestades imprevisíveis da vida, como Deus lhe dá paz? Como você pretende buscá-lo hoje?

Ó Deus, ajuda-me a colocar o meu temor em Tuas mãos e a descansar em Teu infalível amor.

Nova humanidade

Ao visitar a galeria *Tate Modern*, em Londres, uma peça de arte chamou minha atenção. Era uma torre gigante feita de centenas de rádios antigos que fora criada pelo artista brasileiro Cildo Meireles. Cada rádio estava ligado e sintonizado numa estação diferente, criando uma cacofonia de fala confusa e indecifrável. Meireles chamou a escultura de *Babel*.

LEITURA:
Atos 2:1-12

Quando ouviram o som das vozes, vieram correndo [...] pois cada um deles ouvia em seu próprio idioma. v.6

O título é apropriado. Na torre original, Deus frustrou a tentativa da humanidade de alcançar o céu confundindo as línguas da época (GÊNESIS 11:1-9). Incapazes de se comunicar uns com os outros, a humanidade se dividiu em tribos com várias línguas diferentes (vv.10-26). Separados por línguas, esforçamo-nos para nos entender desde então.

Há uma segunda parte na história. Quando o Espírito Santo veio sobre os primeiros cristãos no Pentecostes, Ele os capacitou a louvarem a Deus nas várias línguas das pessoas que visitavam Jerusalém naquele dia. Através desse milagre, todos ouviram a mesma mensagem independentemente da nacionalidade ou idioma. A confusão de Babel fora revertida.

Em um mundo de divisão étnica e cultural, isso é uma excelente notícia. Na pessoa de Jesus, Deus está formando uma nova humanidade de toda nação, tribo e língua (APOCALIPSE 7:9). Naquela galeria, imaginei os rádios sintonizando um novo sinal e tocando a mesma música para todos ali: "A graça eterna de Jesus". *SMV*

Como você pode ajudar o mundo a criar harmonia?

Deus está destruindo as barreiras para formar uma nova humanidade.

Não haverá temor

A polícia etíope a encontrou uma semana depois de seu sequestro. Três leões de juba negra a cercavam, protegendo-a como se ela lhes pertencesse. A menina de 12 anos tinha sido raptada, levada à floresta e espancada por sete homens. Uma pequena alcateia de leões ouviu os gritos dela e afugentou os atacantes. O sargento da polícia disse ao repórter que os leões a protegeram até que a encontrassem e então a deixaram como um presente antes de voltarem à floresta.

LEITURA:
Sofonias 3:9-17

Comerão e dormirão em segurança, e não haverá quem os atemorize. v.13

Há dias em que a violência e o mal, como o infligido a essa jovem, tiram a nossa esperança e nos aterrorizam. O povo de Judá experimentou isso quando foram invadidos por exércitos cruéis e sentiram-se incapazes de imaginar qualquer possibilidade de fuga. O medo os consumiu. No entanto, Deus sempre renovou Sua contínua presença: "O SENHOR, o rei de Israel, estará em seu meio, e você nunca mais temerá a calamidade" (v.15). Mesmo quando as catástrofes são o resultado de nossa rebelião, Deus ainda nos socorre. "...o SENHOR, seu Deus, está em seu meio; ele é um Salvador poderoso" (v.17).

Quaisquer que sejam os problemas, sejam quais forem os males, Jesus — o Leão de Judá — está conosco (APOCALIPSE 5:5). Não importa o quão sós nos sentimos, nosso poderoso Salvador está conosco. Não importa que medos nos assolam, nosso Deus nos assegura de que Ele está ao nosso lado.

WC

A promessa de Deus de estar ao seu lado o encoraja?

Poderoso Deus, preciso de ti para estares comigo e para superar os meus temores. Confio em ti.

Aja imediatamente

Quando foi a última vez que você se sentiu compelido a ajudar alguém, e acabou deixando o momento passar sem reação? No livro *The 10-Second Rule* (A regra dos 10 segundos), Clare De Graaf sugere que as nossas "inspirações" diárias podem ser uma das maneiras pelas quais Deus nos chama a uma caminhada espiritual mais profunda, a uma vida de obediência movida pelo amor a Ele. Clare o incentiva a simplesmente "agir sobre o que você está quase certo de que Jesus quer que faça e a fazê-lo imediatamente, antes de mudar de ideia".

LEITURA:
João 14:15-21

Se vocês me amam, obedeçam a meus mandamentos. v.15

Jesus diz: "Se vocês me amam, obedeçam a meus mandamentos" (v.15). Podemos pensar: *Eu o amo, mas como posso estar certo da Sua vontade e segui-la*? Em Sua sabedoria, Jesus concedeu o que precisamos para entender melhor e seguir a sabedoria encontrada na Bíblia. Certa vez, Ele disse: "E eu pedirei ao Pai, e ele lhes dará outro Encorajador, que nunca os deixará. É o Espírito da verdade" (vv.16,17). É pela obra do Espírito, que está conosco e em nós, que podemos aprender a obedecer a Jesus e Seus mandamentos (v.15) reagindo aos sussurros ouvidos durante todo o dia (v.17).

O Espírito nos encoraja a agir com fé e confiança, e isso honrará a Deus e revelará o nosso amor por Ele e pelos outros (v.21). *ROS*

Por que é importante dar continuidade às "inspirações" que estão de acordo com as Escrituras? Como ser mais obediente a Jesus pelo poder do Espírito Santo?

O Espírito Santo concede o que precisamos para seguir a Jesus em obediência.

Nunca perca a esperança

Minha amiga recebeu um diagnóstico de câncer e o médico a aconselhou a colocar seus assuntos em ordem. Ela me ligou, soluçando, preocupada com o marido e os filhos pequenos. Compartilhei seu pedido urgente de oração com amigos em comum. Alegramo-nos quando outro médico a incentivou a nunca perder a esperança e confirmou que sua equipe faria o possível para ajudá-la. Embora alguns dias fossem mais difíceis do que outros, ela se concentrou em Deus, e não nas probabilidades que agiam contra ela e nunca desistiu.

LEITURA:
Lucas 8:40-48

Então [Jesus] disse: "Filha, sua fé a curou. Vá em paz". v.48

Essa fé perseverante me lembra da mulher desesperada em Lucas 8. Cansada por 12 anos de sofrimento contínuo, decepção e isolamento, aproximou-se de Jesus por trás e estendeu a mão em direção à bainha de Seu manto. Esse ato de fé trouxe-lhe a cura imediata. Ela esperou e creu persistentemente que Jesus era capaz de fazer o que os outros não puderam, por mais impossível que parecesse a sua situação (vv.43,44).

Podemos sentir dores que parecem intermináveis, situações sem esperança ou esperas quase insuportáveis. Suportar momentos em que as probabilidades contra nós são intransponíveis sem experimentar a cura que ansiamos enquanto continuamos a confiar em Cristo. Mesmo assim, Jesus nos convida a buscá-lo, confiar nele e jamais perder a esperança, a crer que Ele é sempre capaz e confiável e que está ao nosso alcance.

XED

Você confia em Jesus apesar dos desafios?
Encontra esperança nele?

Jesus, obrigado por nos lembrares que nunca estamos fora do Teu alcance ou sem esperança. Tu fazes o que ninguém pode.

Amo isso — todo mundo!

J**enna, minha sobrinha** de 3 anos diz algo que sempre derrete o meu coração. Quando ela gosta de algo, *de verdade*, seja torta de banana, pular no trampolim ou jogar disco de *frisbee*, ela anuncia: "Amo isso — todo mundo!" Essas palavras são acompanhadas de um abraço enorme nos ares. Às vezes me pergunto: *quando foi a última vez que me atrevi a amar assim? Sem reter nada, completamente sem medo?*

LEITURA:
1 João 4:7-19

Deus é amor, e quem permanece no amor permanece em Deus, e Deus nele. v.16

João escreveu "Deus é amor" (vv.8,16). Talvez pelo fato de o amor de Deus ser o alicerce mais sólido e não a nossa ira, medo ou vergonha, é difícil para nós adultos "compreendermos a essência desse amor". O mundo nos divide em grupos com base no que mais tememos e, com frequência nos envolvemos, ignorando ou achando que são as vozes vilãs que desafiam a nossa visão preferida da realidade.

No entanto, em meio às lutas de decepção e poder (vv.5,6), o amor de Deus permanece, como luz que brilha nas trevas, convidando-nos a aprender o caminho da humildade, confiança e amor (1:7-9; 3:18). Não importa quais verdades dolorosas a luz descortina, sabemos que ainda seremos amados (4:10,18; ROMANOS 8:1).

Quando Jenna se inclina e sussurra: "amo isso, *todo* mundo!", respondo de volta, "Eu *te* amo mundo todo!" E sinto gratidão por esse lembrete gentil de que a cada momento sou envolta em ilimitado amor e graça.

MRB

Como os seus relacionamentos podem mudar se você crê que não precisa temer?

Amoroso Deus, ajuda-nos a confiar em ti e a seguir a Tua luz e amor mesmo quando o caminho estiver escuro.

Isso foi incrível!

Embora estivesse se preparando para o evento, a garota estava com medo de fazer feio. Ainda assim, ela começou a corrida com todos os outros. Mais tarde, um a um, os corredores terminaram seu percurso de três quilômetros e cruzaram a linha de chegada — todos, exceto uma corredora. Finalmente, sua mãe, que estava vendo a filha finalizar a corrida, viu uma figura solitária à distância. A mãe foi até a linha de chegada, preparando-se para confortar a filha chateada. Em vez disso, quando a garota viu sua mãe, exclamou: "Foi incrível!". O que pode ser fantástico em terminar por último? A *finalização*!

LEITURA:
Pv 12:12, 24-28

Quem trabalha com dedicação chega a ser líder, mas o preguiçoso se torna escravo. v.24

A garota conseguiu terminar algo difícil! As Escrituras honram o trabalho árduo e a diligência, um conceito frequentemente aprendido através de esportes, música, perseverança e esforço. "Quem trabalha com dedicação chega a ser líder, mas o preguiçoso se torna escravo" (12:24). Mais adiante lemos: "O trabalho árduo produz lucro, mas a conversa fiada leva à pobreza" (14:23). Esses princípios são sábios e podem nos ajudar a servir bem a Deus.

O plano de Deus para nós sempre incluiu o trabalho. Mesmo antes da queda, Adão deveria cultivar e tomar conta do jardim (GÊNESIS 2:15). Todo esforço que fizermos deve ser feito "...de bom ânimo" (COLOSSENSES 3:23). Vamos trabalhar com a força que Deus nos concede e deixar os resultados para Ele.

JDB

Em que áreas posso aprender a ser diligente e a perseverar?

Pai Celestial, seja o que for que me pedires para fazer hoje, grande ou pequeno, ajuda-me a fazê-lo.

Orações duradouras

"Orações são imortais". Essas palavras de E. M. Bounds (1835–1913) chamam atenção aos seus escritos sobre a oração e inspiram a muitos por gerações. Seus comentários sobre o poder e a natureza duradoura de nossas orações continuam com estas palavras: "Os lábios que as proferiram podem estar fechados à morte, o coração que as sentiu pode ter cessado de bater, mas as orações vivem diante de Deus e o Seu coração está posto nelas. Elas sobrevivem à vida dos que as proferiram; a uma geração, a uma idade e a um mundo".

LEITURA:
Apocalipse 8:1-5

Aceita minha oração, como incenso [...] a ti, e minhas mãos levantadas, como oferta da tarde.
Salmo 141:2

Você já se questionou se suas orações, especialmente as nascidas da dificuldade, dor e sofrimento, chegam a Deus? As reveladoras palavras de Bounds nos lembram da importância de nossas orações e, portanto, de Apocalipse 8:1-5. O cenário é o Céu (v.1), a sala do trono de Deus e o centro de controle do Universo. Anjos estão na presença do Senhor (v.2) e um anjo, como os antigos sacerdotes, oferece-lhe incenso e orações de "povo santo" (v.3). Como é essencial e encorajador abrir os olhos e ter essa imagem das orações oferecidas na Terra subindo à presença de Deus (v.4). Quando pensamos que nossa oração pode ter sido perdida em trânsito ou esquecida, o que vemos aqui nos conforta e nos compele a persistir em nossas preces, pois elas são preciosas para Deus!

ALJ

Você já se questionou se Deus o ouve? De que maneira passagens como Apocalipse 8:1-5 dão nova vida às orações?

Pai, ajuda-me a descansar em ti sabendo que os Teus ouvidos estão atentos aos meus clamores.

Lava no Paraíso

Tudo está quieto, salvo por tentáculos de lava sibilando na folhagem tropical. Os moradores estão sombrios e surpresos. Na maioria dos dias, eles chamam isso de "paraíso". Agora, no entanto, as fissuras de fogo no distrito de Puna, no Havaí, lembram-lhes de que Deus criou essas ilhas através de um indomável poder vulcânico.

LEITURA:
2 Samuel 6:1-9

...aproximemo-nos com toda confiança do trono da graça, onde receberemos misericórdia...
Hebreus 4:16

Os israelitas também encontraram um poder temível. Quando o rei Davi recuperou a Arca da Aliança (vv.1,4), o povo celebrou (v.5) até um homem morrer por ter tocado na Arca para segurá-la (vv.6,7). Isso pode nos levar a pensar que Deus é tão imprevisível quanto um vulcão, pronto a criar e a destruir. No entanto, é bom lembrarmos que Deus deu instruções específicas a Israel sobre como lidar com o que fora separado para adoração a Ele (NÚMEROS 4). Israel teve o privilégio de se aproximar de Deus, mas a presença do Senhor era poderosa demais para eles se aproximarem descuidadamente.

Hebreus 12 relembra um "lugar de fogo ardente", onde Deus deu a Moisés os Dez Mandamentos. Aquele monte amedrontou a todos (vv.18-21) e o escritor contrasta aquela cena com isto: "Vocês, porém, chegaram [...] a Jesus, o mediador da nova aliança" (vv.22-24). Jesus — o próprio Filho de Deus — fez o caminho para nos aproximarmos de Seu Pai temível, mas amoroso.

TLG

Quantas vezes me sinto tentado a pensar no amor de Deus sem considerar Seu poder?
Por que o poder é um aspecto crucial do caráter de Deus?

Que bom saber que o nosso Todo-poderoso Deus nos ama com o Seu amor infinito!

A decisão pertence a Deus

Ricardo e Célia apreciaram sua ida ao restaurante *omakase* em Nova Iorque. *Omakase* é uma palavra japonesa que significa: "deixar a decisão por sua conta". Isso significa que nesses restaurantes os clientes permitem que o chef escolha a refeição a ser servida. Embora essa tenha sido a primeira vez que experimentaram tal cozinha e isso pareça arriscado, eles gostaram muito da comida que o chef escolheu e preparou para eles.

LEITURA:
Mateus 6:5-15

Seja feita a tua vontade. v.10

Essa ideia poderia ser transferida para nossa atitude com Deus em relação aos nossos pedidos de oração: "deixarei a decisão por Tua conta". Os discípulos viram que Jesus "se retirava para lugares isolados, a fim de orar" (LUCAS 5:16), então lhe pediram para ensinar-lhes a orar. Jesus lhes disse que pedissem por suas necessidades diárias, por perdão e libertação das tentações. Parte de Sua resposta também sugeriu uma atitude de rendição a Deus: "Seja feita a tua vontade, assim na terra como no céu" (MATEUS 6:10).

Podemos expor nossas necessidades a Deus porque Ele quer ouvir o que está em nosso coração e o Senhor se alegra em conceder. Mas, sendo humanos e finitos, nem sempre sabemos o que é melhor, então só faz sentido perguntar com espírito humilde, em submissão a Ele. Podemos deixar a resposta para Jesus, seguros de que Ele é confiável e escolherá preparar o que é bom para nós.

AMC

O que você quer compartilhar com Deus?
E se você entregasse isso ao Senhor?

Obrigado, Deus, por levares minhas necessidades ao Teu coração. Entrego a minha vida e a daqueles que amo ao Teu cuidado.

Nossas bênçãos, Seu amor

Em 2015, uma mulher descartou o computador de seu falecido marido num centro de reciclagem, um computador fabricado em 1976. Porém, mais importante do que *quando* foi fabricado, foi *quem* o fez. Foi um dos 200 computadores montados por Steve Jobs, fundador da Apple, e valia cerca de 250 mil de dólares! Às vezes, conhecer o verdadeiro valor de algo significa saber quem o fez.

LEITURA:
Salmo 136:1-3,10-26

Deem graças àquele que guiou seu povo pelo deserto. *Seu amor dura para sempre!* v.16

Saber que é Deus quem nos criou nos mostra como somos valiosos para Ele (GÊNESIS 1:27). O Salmo 136 registra os principais momentos do Seu povo — o antigo Israel: como eles haviam sido libertos do cativeiro no Egito (vv.11,12), guiados pelo deserto (v.16) e recebido um novo lar em Canaã (vv.21,22). Mas, cada vez que um momento da história de Israel é mencionado, repete-se esse refrão: "Seu amor dura para sempre". Esse refrão lembrava o povo de Israel de que as suas experiências não eram eventos históricos aleatórios. Cada momento tinha sido orquestrado por Deus e refletia o Seu amor duradouro por aqueles que Ele criara.

Muitas vezes, deixo passar momentos que simplesmente mostram Deus agindo e os Seus bondosos caminhos, não reconhecendo que toda dádiva perfeita vem do meu Pai celestial (TIAGO 1:17) que me criou e me ama. Que você e eu aprendamos a relacionar todas as bênçãos em nossa vida ao amor eterno de Deus por nós.

PC

Como podemos nos lembrar melhor da Fonte das bênçãos da vida? O que o impede de fazer isso?

Pai, que eu sempre reconheça que as bênçãos que me deste vêm de ti e somente de ti!

Amigos verdadeiros

No Ensino Médio, eu tinha uma "amiga de ocasião". Éramos "amigas" na igreja e ocasionalmente saímos juntas fora do ambiente escolar. Mas na escola a história era outra. Se ela me visse sozinha, poderia até me dizer um "oi"; mas somente se ninguém mais estivesse por perto. Com isso, raramente eu tentava chamar sua atenção dentro dos muros da escola, pois conhecia os limites dessa amizade.

LEITURA:
1Sm 18:1-4; 19:1-6

O amigo é sempre leal, e um irmão nasce na hora da dificuldade.
Provérbios 17:17

Provavelmente, todos nós já tivemos amizades desapontadoras ou unilaterais. Mas há outro tipo de amizade: uma que é ilimitada. É a amizade que temos com pessoas afins comprometidas em compartilhar a jornada da vida conosco.

Davi e Jônatas eram amigos assim. Jônatas era "um em espírito" com Davi e o amava "como a si mesmo" (18:1-3). Apesar de Jônatas ter sido o próximo na linha de sucessão ao trono após a morte de seu pai Saul, ele era leal a Davi, o substituto escolhido por Deus. Ajudou Davi a frustrar dois planos do rei Saul para matá-lo (19:1-6; 20:1-42).

Apesar de todas as probabilidades, Jônatas e Davi permaneceram amigos expressando essa verdade de Provérbios: "O amigo é sempre leal" (17:17). Essa amizade fiel também nos dá um vislumbre do relacionamento amoroso que Deus tem conosco (JOÃO 3:16; 15:15). Através de amizades como a deles, aprofundamos a nossa compreensão do amor de Deus.

ADK

Quem você considera um amigo verdadeiro? Por quê?
É encorajador saber que Deus é nosso amigo mais verdadeiro?

Pai celestial, abre-nos portas para amizades verdadeiras, duradouras e centradas em ti.

Círculos de alerta

As gazelas africanas formam instintivamente "círculos de alerta" quando descansam. Elas se reúnem em grupos com cada animal voltado para fora do círculo focando numa direção diferente. Isso permite que rastreiem o horizonte em 360 graus e vejam os perigos ou oportunidades que se aproximam. Não vigiam apenas a si mesmas; os membros do grupo cuidam uns dos outros. Essa é também a sabedoria de Deus para os cristãos. "Pensemos em como motivar uns aos outros na prática do amor e das boas obras. E não deixemos de nos reunir" (vv.24,25).

LEITURA:
Hebreus 10:19-25

Portanto, animem e edifiquem uns aos outros, como têm feito. 1 Tessalonicenses 5:11

O autor de Hebreus explica que Deus jamais teve a intenção de que vivêssemos isolados. Juntos somos mais fortes. Somos capazes de nos encorajarmos "mutuamente" (v.25), "para que, com o encorajamento que recebemos de Deus, possamos encorajar outros quando eles passarem por aflições" (2 CORÍNTIOS 1:4), e ajudar a ficarem alertas aos esforços do nosso inimigo, o diabo, que "anda como um leão rugindo à sua volta, à procura de alguém para devorar" (1 PEDRO 5:8).

O objetivo do nosso cuidado uns pelos outros é muito mais do que sobrevivência. É para nos tornarmos como Jesus: servos amorosos e eficazes de Deus neste mundo, pessoas que juntas aguardam com confiança a esperança de Seu reino vindouro. Todos nós precisamos de encorajamento, e Deus nos ajudará a auxiliar uns aos outros enquanto juntos nos aproximamos dele em amor.

JBB

Quem você pode encorajar com o amor de Deus?

Obrigado por Tua fidelidade, amoroso Deus.
Ajuda-me a encorajar outros a ansiarem por ti!

Conquistando a vitória

No filme *Forrest Gump*, de 1994, Forrest fica famoso por correr. Começou como corrida "até o fim da estrada" e durou 3 anos, 2 meses, 14 dias e 16 horas. Em cada chegada ao destino, definia outro e continuava a correr, ziguezagueando pelos EUA, até o dia em que perdeu a vontade de continuar. "Estar afim" foi a maneira como sua corrida começou. Forrest diz: "Naquele dia, sem nenhuma razão específica, decidi dar uma corridinha".

LEITURA:
1 Coríntios 9:19-27

Portanto, corram para vencer. v.24

Contrastando com a corrida aparentemente extravagante de Forrest, o apóstolo Paulo pede a seus leitores que sigam o seu exemplo e "...corram para vencer" (v.24). Como atletas disciplinados, nossa corrida, ou seja, a maneira como vivemos nossa vida, pode significar dizer "não" a alguns de nossos prazeres. Estar disposto a renunciar aos nossos direitos pode nos ajudar a alcançar os outros com as boas-novas do nosso resgate do pecado e da morte.

Com o nosso coração e a mente treinada para o objetivo de convidar outras pessoas para "correrem" ao nosso lado, também estamos seguros de que receberemos o prêmio final — eterna comunhão com Deus. Deus concederá a coroa do vencedor a qual durará para sempre; nós a receberemos por administrar a nossa vida com o objetivo de torná-lo conhecido, enquanto confiamos em Sua força para fazê-lo. Que motivo para correr! *KHH*

Qual é o seu "objetivo" na vida?
De que maneira ele é semelhante ou diferente do alvo de Paulo?

Jesus, ajuda-me a manter o foco na razão pela qual corro: anunciar a Tua salvação aos outros ao redor.

Pai, onde você está?

"P**apai! Onde** você está?"

Estava entrando na garagem quando minha filha, em pânico, chamou-me ao celular. Eu precisava estar em casa às 18h para levá-la a algum lugar e tinha chegado na hora certa. No entanto, a voz dela traiu sua falta de confiança. De imediato, respondi: "Estou aqui. Por que você não confia em mim?".

LEITURA:
Deuteronômio 31:1-8

Não tenha medo [...] pois o próprio SENHOR irá adiante [...] não os deixará nem os abandonará". v.8

Mas, no mesmo instante, questionei-me: *Quantas vezes meu Pai celestial poderia pedir isso a mim*? Em momentos de estresse, também sou impaciente e me esforço para confiar e acreditar que Deus cumprirá as Suas promessas. Então clamo: "Pai, onde o Senhor está?".

Em meio ao estresse e às incertezas, por vezes duvido da presença de Deus, de Sua bondade e propósitos para mim. Os israelitas também duvidaram ao se prepararem para entrar na Terra Prometida, sabendo que o seu líder Moisés ficaria para trás. Moisés procurou tranquilizar o povo de Deus dizendo: "Não tenha medo nem desanime, pois o próprio SENHOR irá adiante de vocês. Ele estará com vocês..." (v.8).

A promessa de Deus de estar sempre conosco é a pedra angular de nossa fé hoje (MATEUS 1:23; HEBREUS 13:5). De fato, Apocalipse 21:3 culmina com as palavras: "Deus habitará com eles, e eles serão seu povo. O próprio Deus estará com eles".

Onde está Deus? Ele está bem aqui, agora mesmo, ao nosso lado e sempre pronto para ouvir as nossas orações. *ARH*

Qual passagem bíblica o faz lembrar-se da veracidade da presença de Deus?

Pai, ajuda-nos a compreender o quanto tu nos amas.

Facilmente emaranhado

Anos atrás os soldados que lutaram numa selva mormacenta encontraram um problema frustrante. Sem aviso, uma trepadeira espinhosa e invasiva se grudava ao corpo e aos equipamentos deles, prendendo-os. Enquanto lutavam para se libertar, mais tentáculos da planta os enredavam. Os soldados apelidaram a erva daninha de "espere-um-minuto" porque, uma vez entrelaçados e incapazes de seguir em frente, eram forçados a gritar para outros membros da equipe: "Ei, esperem um minuto, estou preso!".

LEITURA:
Hb 2:17,18; 12:1,2

...livremo-nos de todo peso que nos torna vagarosos e do pecado que nos atrapalha... 12:1

De maneira semelhante, é difícil para os cristãos seguirem em frente quando estão emaranhados pelo pecado. A Bíblia alerta para nos livrarmos "de todo peso que nos torna vagarosos e do pecado que nos atrapalha" e a corrermos "com perseverança". Mas como lançamos fora o pecado que pesa sobre nós?

Jesus é o único que pode nos libertar do pecado sempre presente em nossa vida. Que aprendamos a manter o nosso olhar firme nele, nosso Salvador (12:2). Porque o Filho de Deus se tornou "semelhante a seus irmãos em todos os aspectos", Ele sabe o que é ser tentado – "mas nunca pecou" (2:17,18; 4:15). Sozinhos, podemos estar desesperadamente emaranhados em nosso próprio pecado, mas Deus quer que superemos a tentação. Não é na nossa própria força, mas na Sua, que podemos "nos livrar" do pecado que nos enreda e buscar a Sua justiça (1 CORÍNTIOS 10:13). *CHK*

O que você pode fazer para vencer a luta contra o pecado?

Jesus, concede-me a Tua força para vencer.
Ajuda-me a confiar em Teu poder e guia-me no caminho certo.

Amando o estranho

Depois que uma pessoa de minha família se converteu a outra religião, os amigos cristãos me incentivaram a "convencê-la" a voltar para Jesus. Primeiro procurei amar essa pessoa como Cristo o faria, inclusive em lugares públicos onde algumas pessoas franziam o cenho para suas roupas "de aparência estrangeira". Outros fizeram comentários rudes. "Vá para casa!", um homem gritou para ela, sem saber ou aparentemente se importar com o fato de ela já estar "em casa".

LEITURA:
Êxodo 23:1-9

Não maltrate nem oprima os estrangeiros. [...] vocês também foram estrangeiros na terra do Egito. 22:21

Moisés ensinou uma maneira muito mais gentil de agir em relação às pessoas cujo vestuário ou crenças são diferentes. Ensinando leis de justiça e misericórdia, Moisés instruiu os filhos de Israel: "Não explore os estrangeiros. Vocês sabem o que significa viver em terra estranha, pois foram estrangeiros no Egito" (23:9). O decreto expressa a preocupação de Deus por todos os estrangeiros, pessoas vulneráveis aos preconceitos e abusos, e esse cuidado é repetido em Êxodo 22:21 e Levítico 19:33.

Portanto, quando invisto meu tempo com essa minha parente num restaurante ou parque, caminhando juntas ou sentadas e conversando na varanda de casa, procuro demonstrar a mesma gentileza e respeito que gostaria de ter. É uma das melhores maneiras de lembrá-la do terno amor de Jesus, não a envergonhar por tê-lo rejeitado e amá-la como o Senhor nos ama com surpreendente graça.

PR

Quais atitudes você tem sobre pessoas que parecem "diferentes" ou "estrangeiras"?

Gracioso Pai, abre meu coração aos estrangeiros em minha nação, ajudando-os a encontrar o Teu Filho.

O desejo verdadeiro e profundo

O rato com voz estridente, Ripchip, talvez seja o personagem mais destemido de *As Crônicas de Nárnia* (Martins Fontes, 2010). Ele batalhou empunhando sua pequena espada e rejeitou o medo enquanto lutava no *Peregrino da Alvorada* rumo à Ilha Negra. Qual o segredo dele? Ele queria muito chegar ao país de Aslan e disse: "Esse é o desejo do meu coração". Ripchip sabia o que queria e isso o levou em direção ao seu rei.

LEITURA:
Marcos 10:46-52

"O que você quer que eu lhe faça?", perguntou Jesus. v.51

Bartimeu, um cego de Jericó, sentou-se à beira do caminho, sacudindo sua "latinha" em busca de moedas quando ouviu Jesus e a multidão se aproximando. Ele gritou: "Jesus, Filho de Davi, tenha misericórdia de mim!". A multidão tentou silenciá-lo, mas Bartimeu não se calou. Marcos relata que Jesus parou e, mesmo em meio à multidão, Ele queria ouvir Bartimeu. "O que você quer que eu lhe faça?", perguntou Jesus (v.51). A resposta parecia óbvia; certamente Jesus sabia. Mas Ele parecia acreditar que havia poder em permitir que Bartimeu expressasse seu profundo desejo. "Quero enxergar", disse Bartimeu (vv.47-51). E Jesus enviou Bartimeu para casa vendo as cores, a beleza e os rostos dos amigos pela primeira vez.

Nem todos os desejos são atendidos imediatamente, mas Bartimeu sabia o que desejava e isso o levou a Jesus. Se prestarmos atenção, perceberemos que nossos verdadeiros desejos e anseios sempre nos levam a Ele.

WC

Qual o seu desejo?
Isso pode levá-lo a aproximar-se de Jesus?

Jesus, ajuda-me a levar os meus desejos a ti.
O que busco, só tu podes satisfazer.

Produzindo até o fim

Lenore Dunlop era lúcida aos 94 anos. Seu sorriso era brilhante e muitos sentiam seu amor contagiante por Jesus. Era comum encontrá-la na companhia dos jovens da igreja e sua presença e participação traziam alegria e encorajamento. Sua vida era tão vibrante que sua morte nos pegou desprevenidos. Como corredora poderosa, ela cruzou a linha de chegada. Sua energia e zelo eram tais que, poucos antes de morrer, ela completara um curso de 16 semanas sobre levar a mensagem de Jesus ao redor do mundo.

LEITURA:
Salmo 92:12-15

Mesmo na velhice produzirão frutos; continuarão verdejantes e cheios de vida. v.14

O Salmo 92 ilustra a vida frutífera e de honra a Deus. Ele descreve o desabrochar, o florescer e os frutos da vida daquele que está enraizado no relacionamento correto com Deus (vv.12,13,15). As duas árvores retratadas eram respectivamente valorizadas por suas frutas e madeira, respectivamente; com estas, o salmista capta uma sensação de vitalidade, prosperidade e utilidade. Quando vemos amadurecerem e florescerem, em nossa vida, os frutos do amor, do compartilhar, do ajudar e de conduzir outros a Cristo, devemos nos alegrar.

Mesmo para os que podem ser rotulados como "sênior" ou "experiente", nunca é tarde demais para criar raízes e dar frutos. A vida de Lenore estava profundamente enraizada em Deus através de Jesus, e ela testemunhou a bondade do Senhor (v.15). O nosso fruto também pode fazer o mesmo.

ALJ

Sua vida reflete o fruto encontrado no relacionamento crescente com Jesus?

Pai, concede-me forças para dar frutos que demonstrem que estou enraizado em Teu Filho Jesus.

Sobrecarregada, mas leve

Acordei e ainda estava escuro. Eu não tinha dormido mais de 30 minutos e sentia que o sono demoraria a retornar. O marido de uma amiga estava no hospital e tinha recebido a temida notícia: "O câncer voltou e está no cérebro e coluna vertebral". Todo o meu ser se contorcia por eles. Que carga pesada! No entanto, de alguma forma, meu espírito se alegrara pela minha vigília sagrada de oração. Você poderia até dizer que meu fardo por eles se tornara belamente *leve. Como isso tinha acontecido*?

LEITURA:
Mateus 11:28–30

Meu jugo é fácil de carregar, e o fardo que lhes dou é leve. v.30

Jesus promete descanso para a nossa alma cansada. Estranhamente, recebemos o Seu descanso quando nos curvamos sob o Seu jugo e tomamos o Seu fardo. Ele esclarece isso: "Meu jugo é fácil de carregar, e o fardo que lhes dou é leve" (vv.28-30). Quando permitimos que Jesus nos livre do nosso fardo e depois tomamos o Seu jugo, revestimo-nos de Sua armadura, andamos nele e o obedecemos. Quando suportamos o Seu fardo, compartilhamos os Seus sofrimentos, o que, em última análise, nos permite compartilhar do Seu consolo também (2 CORÍNTIOS 1:5).

Minha preocupação pelos meus amigos era um fardo pesado. No entanto, senti-me grata por Deus permitir que em oração eu os levasse à Sua Presença. Aos poucos, voltei a dormir e, mais tarde, acordei com o mesmo maravilhoso fardo, mas agora sob o jugo suave e o leve fardo de andar com Jesus. *ELM*

Qual fardo você está carregando?
Como entregá-lo a Jesus?

Querido Jesus, por favor, leva a minha pesada carga e concede-me o Teu leve fardo para este mundo.

O irmão mais velho

O **autor Henri Nouwen** relembra a sua visita a um museu na Rússia, onde passou horas refletindo sobre o retrato do filho pródigo feito por Rembrandt. No decorrer do dia, as mudanças na iluminação natural deixaram Nouwen com a impressão de que ele via tantas pinturas diferentes quanto as nuances de luz. Cada alteração parecia revelar algo mais sobre o amor de um pai por seu filho fracassado. Nouwen descreve como, por volta das 16 horas, três figuras da pintura pareciam "saltar da tela". Uma delas era o filho mais velho, que se ressentia da disposição de seu pai em lançar o tapete vermelho para o retorno de seu irmão mais novo, o pródigo. Afinal, ele não tinha desperdiçado parte da fortuna da família, causando-lhes dor e constrangimento no processo (vv.28-30)?

LEITURA:
Lucas 15:11-13,17-24

Os fariseus e mestres da lei o criticavam, dizendo: "Ele se reúne com pecadores e até come com eles!". v.2

As outras duas figuras lembraram Nouwen dos líderes religiosos que estavam presentes quando Jesus contou a Sua parábola. Em segundo plano estavam os que murmuraram sobre os pecadores que Jesus estava atraindo (vv.1,2). Nouwen se viu em todos eles, na vida desperdiçada do filho mais novo, no invejoso irmão mais velho, nos líderes religiosos e no coração do Pai que é grande o suficiente para qualquer um e para todos.

E nós? Podemos nos ver refletidos na pintura de Rembrandt? De alguma forma, toda história que Jesus contou é sobre nós. *MRD*

À medida que a "luz" de sua vida muda, em qual estágio da parábola você se encontra?

Pai celestial, por favor, ajuda-me a ver-me não apenas pelo que sou, mas pelo quanto tu me amas.

A melhor aprovação

Quando o lendário compositor Giuseppe Verdi (1813–1901) era jovem, o desejo por aprovação o levou ao sucesso. Warren Wiersbe escreveu sobre ele: "Quando Verdi produziu sua primeira ópera em Florença, o compositor ficou sozinho nas sombras e fixou seu olhar no rosto de um homem na plateia — o grande Rossini. Não lhe importava se as pessoas no salão o aplaudissem ou zombassem dele; tudo o que desejava era o sorriso de aprovação do músico mestre".

LEITURA:
1Ts 2:1-4

Nosso propósito não é agradar as pessoas, mas a Deus, que examina as intenções de nosso coração. v.4

De quem é a aprovação que procuramos? Pai, mãe? Chefe? Da pessoa amada? Para Paulo, havia apenas uma resposta. Ele escreveu: "...falamos como mensageiros aprovados por Deus, aos quais foram confiadas as boas-novas. Nosso propósito não é agradar as pessoas, mas a Deus, que examina as intenções de nosso coração" (v.4).

O que significa buscar a aprovação de Deus? No mínimo, envolve duas coisas: abandonar o desejo pela aprovação alheia e permitir que o Seu Espírito nos torne mais semelhantes a Cristo que nos amou e se entregou por nós. Quando nos rendermos aos Seus propósitos perfeitos em nós e através de nós, poderemos vislumbrar o dia em que veremos o sorriso da Sua aprovação e isso é o que mais importa.

WEC

De quem você busca a aprovação e por que essa validação lhe é tão importante? De que maneira a aprovação de Deus o satisfará com maior profundidade?

Pai, ajuda-me a elevar os meus olhos a ti, pois sei que me conheces e me amas.

Falar sobre Deus

Um estudo realizado em 2018 descobriu que a maioria dos americanos não gosta de falar sobre Deus. Apenas 7% dos entrevistados afirmaram que falam sobre assuntos espirituais regularmente. Os cristãos não são diferentes. Somente 13% dos frequentadores regulares de igrejas dizem ter uma conversa espiritual uma vez por semana. Talvez não o surpreenda que as conversas espirituais estejam em declínio. Falar sobre Deus pode ser perigoso. Seja pelo clima político polarizado, pois a discordância pode causar brechas num relacionamento, ou porque uma conversa espiritual pode fazer você perceber uma mudança necessária em sua vida. Essas conversas podem parecer de alto risco.

LEITURA:
Dt 11:13-21

Gravem estas minhas palavras no coração e na mente. Amarrem-nas às mãos e prendam-nas à testa como lembrança. v.18

Mas, nas instruções dadas ao povo de Deus, os israelitas, no livro de Deuteronômio, o ato de falar sobre Deus podia ser algo normal e natural do dia a dia. Eles deviam gravar Suas palavras e exibi-las em lugares onde pudessem ser sempre vistas. A lei dizia para ensinar as instruções de Deus aos seus filhos em todo o tempo “quando estiverem em casa e quando estiverem caminhando, quando se deitarem e quando se levantarem” (v.19).

Deus nos chama para conversar. Aproveite a oportunidade, confie no Espírito e tente transformar suas conversas em algo mais profundo. Deus abençoará nossas comunidades ao falarmos sobre Suas palavras e as praticamos.

ALP

Quais desafios e bênçãos resultaram de suas “conversas espirituais” com amigos?

Deus, podemos compartilhar os Teus atributos com outras pessoas. Guia-nos em nossas interações com elas.

O tesouro especial de Deus

Imagine uma vasta sala real e no trono encontra-se o rei, cercado por todos os tipos de atendentes e cada um dando o melhor de si. Agora imagine uma caixa que fica aos pés do rei. De tempos em tempos, o rei se abaixa e passa as mãos pelo conteúdo. E o que tem na caixa? Joias, ouro e pedras preciosas ao gosto do soberano. Essa caixa contém os tesouros dele, uma coleção que lhe traz muita alegria. Você consegue imaginar isso?

LEITURA:
1 Pedro 2:4-10

Vocês, porém, são [...] propriedade exclusiva de Deus. v.9

A palavra hebraica para esse tesouro é *segulah* e significa "tesouro especial". É encontrada no Antigo Testamento (ÊXODO 19:5; DEUTERONÔMIO 7:6; SALMO 135:4) referindo-se à nação de Israel. Mas Pedro usa essa mesma palavra no Novo Testamento para descrever o "povo de Deus", como aqueles que "receberam misericórdia" (v.10). Uma parte dessa coleção de tesouros agora se estende para além da nação de Israel. Em outras palavras, Pedro está se referindo aos que acreditam em Jesus, tanto judeus quanto gentios e escreve: "Vocês, porém, são [...] propriedade exclusiva de Deus" (v.9).

Imagine isso! O grande e poderoso Rei do Céu o considera entre os Seus tesouros especiais. Ele o resgatou da força do pecado e da morte e afirma que você lhe pertence. A voz do Rei diz: "Esse eu amo. Esse é meu".

JB

Você consegue se lembrar de um momento
em que alguém realmente o chamou de "tesouro especial"?
Que efeito isso teve em você?
O que significa saber que você é precioso para Deus?

Rei dos Céus, tu me chamas de "tesouro especial".
Sei que nada fiz por merecer, mas sou muito grato a ti.

Ele conseguiu

O pastor Watson Jones se lembra de quando aprendeu a andar de bicicleta. Seu pai andava ao seu lado quando Jones viu umas meninas sentadas numa varanda. "Papai, consegui!", ele falou. Mas ainda não tinha aprendido e percebeu tarde demais que não aprendera a se equilibrar sem o aperto firme de seu pai. Jones não tinha crescido tanto quanto pensava.

LEITURA:
2 Pedro 3:14-18

Antes, cresçam na graça e no conhecimento de nosso Senhor e Salvador Jesus Cristo. v.18

Nosso Pai celestial anseia que cresçamos e "amadureçamos, chegando à completa medida da estatura de Cristo" (EFÉSIOS 4:13). Mas a maturidade espiritual é diferente da maturidade natural. Os pais criam seus filhos para se tornarem independentes, não precisarem mais deles. Nosso Pai divino nos ensina a dependermos mais e mais dele diariamente.

Pedro começa sua carta prometendo "graça e paz [...] no conhecimento de Deus e de Jesus, nosso Senhor", e a encerra nos exortando a crescer na mesma "graça e no conhecimento de nosso Senhor e Salvador Jesus Cristo" (2 PEDRO 1:2; 3:18). Os cristãos maduros dependem sempre de Jesus.

Watson adverte: "Alguns de nós estão ocupados retirando as mãos de Jesus da direção da nossa vida". Como se não precisássemos das Suas mãos fortes para nos amparar, segurar e abraçar quando vacilamos e fracassamos. Não conseguimos sem dependermos de Cristo. Só crescemos quando firmamos profundamente as nossas raízes na graça e no conhecimento de Cristo. *MEW*

A sua dependência em Cristo é um sinal de maturidade? Como?

Jesus, sou grato por andares ao meu lado enquanto cresço no meu relacionamento contigo.

Ganancioso insaciável

Na antiga fábula de Esopo *O menino e a jarra de nozes*, um garoto enfia a mão em um pote de nozes e agarra um grande punhado delas. Mas a mão dele está tão cheia que fica presa no jarro. Não querendo perder nem um pouco de suas nozes, o menino começa a chorar. A mãe o aconselha a soltar algumas nozes para que a mão passe pelo bocal da jarra. A ganância é má conselheira.

LEITURA:
Eclesiastes 4:4-8

É melhor ter um punhado com tranquilidade que dois punhados com trabalho árduo e correr atrás do vento. v.6

O sábio Mestre de Eclesiastes ilustra essa moral com uma lição sobre as mãos e o que elas dizem sobre nós. Ele comparou e contrastou o preguiçoso com o ganancioso quando escreveu: "Os tolos cruzam os braços e se arruínam. [...] É melhor ter um punhado com tranquilidade que dois punhados com trabalho árduo e correr atrás do vento" (vv.5,6). Enquanto os preguiçosos procrastinam até se arruinarem, aqueles que buscam riquezas percebem que seus esforços não fazem "sentido, e é tudo angustiante" (v.8).

De acordo com o Mestre, o estado desejado é relaxar da labuta do ganancioso para encontrar contentamento naquilo que realmente nos pertence. Pois aquilo que é nosso sempre o será. Como Jesus disse: "Que vantagem há em ganhar o mundo inteiro, mas perder a vida?" (MARCOS 8:36).

ROO

Quais objetivos você busca alcançar?
Como você pode aplicar as sábias palavras de Eclesiastes para encontrar tranquilidade?

Deus, obrigado por Tua provisão e presença fiel em minha vida. Ajuda-me a viver da maneira que te agrada manifestando verdadeira gratidão a ti.

Um sincero obrigado

Preparando o meu filho Xavier para a primeira entrevista de emprego, Alan, meu marido, entregou-lhe um pacote de cartões de agradecimento para ele enviar após se encontrar com possíveis empregadores. Alan então fingiu ser um entrevistador experiente. Após o ensaio, Xavier colocou várias cópias de seu currículo numa pasta e sorriu quando o pai o lembrou dos cartões. "Eu sei que um bilhete de sincero agradecimento me destacará dos demais candidatos", disse ele. Quando o gerente o contratou e recebeu um desses cartões de gratidão agradeceu-lhe pelo primeiro cartão de reconhecimento escrito à mão que recebera em anos.

LEITURA:
Salmo 9:1-2,7-10

Eu te louvarei, SENHOR, de todo o meu coração; anunciarei as maravilhas que fizeste. v.1

Agradecer causa um impacto duradouro. As orações sinceras e a adoração grata foram preservadas no livro de Salmos. Embora haja 150 salmos, estes dois versos refletem agradecimento: "Eu te louvarei, SENHOR, de todo o meu coração; anunciarei as maravilhas que fizeste. Por causa de ti, me alegrarei e celebrarei; cantarei louvores ao teu nome, ó Altíssimo" (vv.1,2).

Jamais conseguiremos expressar totalmente a nossa gratidão por *todas* as maravilhosas ações de Deus. Podemos começar com gratidão sincera em nossas orações e nutrir um estilo de vida de grata adoração, louvando a Deus e reconhecendo tudo o que Ele fez e tudo o que Ele promete que fará.

XED

O que você quer agradecer a Deus?
Agradecer pelo que Ele fez em sua vida o ajuda a cultivar o espírito de gratidão em todas as circunstâncias?

Deus, tu és generoso e amoroso. Ajuda-nos a reconhecer as Tuas maravilhosas maneiras de agir.

Materiais perigosos

Ouvi o forte som da sirene e suas luzes piscavam através do meu para-brisa. Elas iluminavam as palavras "materiais perigosos" na lateral do caminhão. Soube depois que seguiam para um laboratório de ciências, onde um recipiente de 400 litros de ácido sulfúrico tinha começado a vazar. O esquadrão de segurança teve que conter essa substância imediatamente devido a sua capacidade de danificar o que quer que entrasse em contato com o ácido. Pensando sobre isso, perguntava-me o que aconteceria se as sirenes tocassem toda vez que uma palavra dura ou crítica "vazasse" da minha boca? Infelizmente, haveria muito barulho ao meu redor.

LEITURA:
Isaías 6:1-10

Veja, esta brasa tocou seus lábios. Sua culpa foi removida, e seus pecados foram perdoados. v.7

O profeta Isaías compartilhou essa percepção sobre o seu pecado. Quando ele contemplou a glória de Deus numa visão, sentiu-se dominado por sua indignidade. Isaías reconheceu que era "um homem de lábios impuros" vivendo com pessoas que compartilhavam o mesmo problema (v.5). O que aconteceu na sequência me dá esperança. Um anjo tocou seus lábios com brasa ardente e lhe disse: "Sua culpa foi removida, e seus pecados foram perdoados" (v.7).

Em cada momento fazemos escolhas com nossas palavras: escritas e faladas. Elas têm conteúdo "perigoso"? Permitiremos que a glória de Deus nos convença e Sua graça nos cure para que possamos honrá-lo com tudo o que expressamos?

JBS

Por que as suas palavras têm efeito sobre os outros?
Em que aspecto Deus pode mudar o seu discurso?

Deus querido, ajuda-me a ver como minhas palavras afetam outras pessoas. Mostra-me como encorajá-las.

Cuidadosamente trabalhada

No *YouTube*, Alan Glustoff, produtor de queijo, descreve o processo para aumentar o sabor e a textura do queijo em sua fase de maturação. Antes de ser enviado ao mercado, cada lote de queijo permanece nas prateleiras numa caverna subterrânea por seis a doze meses. Neste ambiente úmido, o queijo cuidadosamente matura. Ele explica que fazem o melhor para prover o ambiente adequado para o queijo maturar e desenvolver seu verdadeiro potencial.

LEITURA:
Efésios 4:11-14

Ele designou [...] apóstolos [...] profetas [...] evangelistas [...] pastores e mestres [para] preparar o povo santo. vv.11,12

A paixão dele por desenvolver o potencial do queijo que produziu me lembrou do amor de Deus por despertar o "verdadeiro potencial" de Seus filhos para que se tornem frutíferos e desenvolvidos. Paulo descreve as pessoas envolvidas nesse processo: apóstolos, profetas, evangelistas, pastores e mestres (v.11). Pessoas com esses dons ajudam a estimular o crescimento de cada cristão e a incentivar atos de serviço: a "obra" (v.12). O objetivo é que "amadureçamos, chegando à completa medida da estatura de Cristo" (v.13).

O crescimento espiritual acontece através do poder do Espírito Santo à medida que nos submetemos ao Seu processo de amadurecimento. Quando seguimos a orientação das pessoas que Ele coloca em nossa vida, tornamo-nos mais eficazes quando o Senhor nos envia para servir.

LMW

Quem foi a pessoa mais influente para o seu crescimento espiritual?
De que maneiras você foi desafiado a crescer?
Como você pode incentivar o crescimento de outra pessoa?

Deus amoroso, agradeço-te pela maneira carinhosa de me ajudares a crescer.

Aprendendo a confiar em Deus

Certa manhã de 31 de dezembro, enquanto eu fazia esteira na academia, a TV transmitia a retrospectiva daquele ano. Eu nunca havia visto um ano como aquele! Emocionei-me ao ver os terremotos, maremotos, enchentes, seca, falta de alimentos, crise no mundo muçulmano gerando o consequente êxodo humano e cristãos decapitados em praias ensanguentadas. Se olharmos só para esses eventos, dá vontade de desistir.

LEITURA:
Filipenses 4:1-20

E esse mesmo Deus que cuida de mim lhes suprirá todas as necessidades... (v.19)

Um novo ano se aproxima, e precisamos avançar aprendendo a confiar em Deus. A Bíblia diz que Deus quer atender as nossas necessidades. Paulo diz que Deus "suprirá *todas* as necessidades" (v.19). Todas! Um dos Seus nomes bíblicos é Jeová-Jiré, Deus Provedor.

No entanto, cada promessa de Deus tem uma condição que, nesse caso, é a confiança. Porém, para que ela se desenvolva é preciso de prática. De que vale estudar o ano inteiro sobre musculação e nunca levantar um peso? As lutas são pesos que nos permitem exercer a confiança. Então, as dificuldades formam uma academia completa, e o circuito é pesado. Mas, se perseverarmos, sairemos dele vencedores.

O futuro nos aguarda com pressões. Precisamos conscientemente diminuir o ritmo e esperar no Senhor. Ele fará milagres. Não permitamos que a agitação desta era nos afaste de Deus. Corramos para Ele como nosso primeiro recurso, e Ele suprirá todas as nossas necessidades.

PM

Pai, perdoa-me por todas as vezes que tentei resolver meus problemas do meu jeito em vez de confiar em ti.

Nas provações, volte-se para Deus antes de tudo.

O outro lado do amor

As estalagens romanas durante a época de Cristo tinham reputação tão ruim que os rabinos nem sequer permitiam que o gado fosse deixado nelas. Diante de condições tão ruins, os viajantes cristãos geralmente procuravam outros crentes para conseguir hospedagem.

LEITURA:
2 João 1:1-11

Graça, misericórdia e paz que vêm de Deus, o Pai, e de Jesus Cristo, o Filho do Pai, estarão conosco... v.3

Entre esses primeiros viajantes, havia falsos mestres que negavam que Jesus era o Messias. Por esse motivo, a carta de 2 João diz aos leitores que há um momento em que é necessário *recusar* a hospitalidade. João havia escrito em sua carta anterior: "Quem nega o Pai e o Filho é o anticristo" (1 JOÃO 2:22). Em 2 João ele explicou isso dizendo a seus leitores que quem acredita que Jesus é o Messias "tem ligação com o Pai e também com o Filho" (v.9). E avisou: "Se alguém for a suas reuniões e não ensinar a verdade de Cristo, não o convidem a entrar em sua casa" (v.10). Estender a sua hospitalidade a quem prega um falso evangelho, na verdade, ajudaria a manter as pessoas distantes de Deus.

A segunda carta de João nos mostra um "outro lado" do amor de Deus. Servimos ao Deus que acolhe todos de braços abertos. Mas esse amor genuíno não acolherá os que enganosamente prejudicam a si mesmos e aos outros. Deus coloca os Seus braços em torno dos arrependidos que vêm a Ele, no entanto, o Senhor nunca aceita a mentira.

TLG

Você reflete o amor de Deus em seus relacionamentos?
Quais problemas você precisa enfrentar em sua vida?

Pai, ajuda-nos a estender o Teu amor aos outros com a graça inabalável que vem somente do Teu Espírito.

O envelope perdido

Estávamos a caminho de casa após uma visita aos familiares em outro estado e paramos para abastecer. Quando eu colocava gasolina em nosso carro notei um envelope sujo e volumoso no chão. Apanhei-o com sujeira e tudo e olhei em seu interior. Para minha surpresa, continha aproximadamente 400 reais. Alguém o perdera e naquele exato momento talvez o procurasse desesperadamente. Dei o nosso número de telefone para os atendentes no posto de gasolina, caso alguém voltasse procurando por ele. Mas ninguém nunca ligou.

LEITURA:
Mateus 6:19-21

Ajuntem seus tesouros no céu, onde traças e ferrugem não destroem, e onde ladrões não arrombam... v.20

Alguém tinha esse dinheiro e o perdeu. Geralmente, isso acontece com os tesouros terrenos. Podem ser perdidos, roubados ou até mesmo desperdiçados. Podem ser perdidos em investimentos ruins ou mesmo num mercado monetário sobre o qual não temos controle. Mas não é assim com o tesouro celestial que temos em Jesus: o relacionamento restaurado com Deus e a promessa da vida eterna. Não podemos perdê-lo nem no posto de gasolina nem noutro lugar qualquer.

É por isso que Cristo nos disse para juntarmos "tesouros no céu" (MATEUS 6:20). Fazemos isso quando nos tornamos "ricos em boas obras" (1 TIMÓTEO 6:18) ou "ricos na fé" (TIAGO 2:5) ajudando os outros com amor e compartilhando Jesus com eles. À medida que Deus nos guia e fortalece podemos ajuntar "tesouros no céu" mesmo enquanto aguardamos o nosso futuro eterno com Ele. *JDB*

O que você pode fazer esta semana que tem implicações eternas?

Querido Deus, sou grato por tudo o que me deste. Ajuda-me a armazenar tesouros eternos e celestiais.

Livre de condenação

Um casal dirigia seu trailer pelo norte da Califórnia quando ouviram o pneu estourar e o metal da roda raspar o asfalto. As faíscas iniciaram o incêndio florestal de *Carr* de 2018, que queimou quase 230.000 acres, destruiu mais de 1.000 casas e causou a morte de várias pessoas. Quando os sobreviventes souberam que esse casal fora tomado pela tristeza, abriram uma página no *Facebook* para manifestar "graça e estender bondade pela vergonha e desespero" que os envolvia. Uma mulher postou: "Sou alguém que perdeu a casa neste incêndio e preciso que saibam que nem a minha família nem as outras os culpam. Os acidentes acontecem. Desejo realmente que essas postagens gentis aliviem o seu fardo. Superaremos juntos".

LEITURA:
1 João 3:19-24

...ainda que a consciência nos condene, Deus é maior que nossa consciência e sabe todas as coisas. v.20

A condenação e o medo de que fizemos algo irrecuperável pode destruir nossa alma. Felizmente, a Bíblia afirma: "ainda que a consciência nos condene, Deus é maior [...] e sabe todas as coisas" (v.20). Seja qual for a nossa vergonha oculta, Deus é maior do que tudo isso. Jesus nos convida para o ato de cura do arrependimento (se necessário) ou simplesmente desmascara a vergonha que nos consome. Ao encontrarmos a redenção divina "nos tranquilizaremos quando estivermos diante de Deus" (v.19).

Quaisquer que forem os arrependimentos pelo que gostaríamos de desfazer, Deus nos atrai para si e Jesus nos diz: "O seu coração está livre".

WC

O que significa para você saber que Jesus libertou seu coração?

Deus, sou grato por me dares graça para aprender e seguir em frente.

Fazendo o bem a todos

Na hora de embarcar no avião, uma jovem mãe sozinha com seus filhos tentou desesperadamente acalmar sua filha de 3 anos, que começou a chutar e a chorar quando o bebê de 4 meses também começou a chorar. O passageiro sentado ao lado se ofereceu para segurar o bebê enquanto Jessica afivelava a filha ao cinto. Recordando os seus dias como jovem pai, o viajante começou a colorir com a criança enquanto a mãe alimentava o bebê. E no voo de conexão, esse mesmo homem se ofereceu para ajudá-la, se necessário. A mãe lembrou: "Fiquei impressionada com a provisão de Deus nisso. Poderíamos sentar ao lado de qualquer um, mas estávamos sentados ao lado de um dos homens mais gentis que já conheci".

LEITURA:
2 Samuel 9:3-11

...gostaria de mostrar a bondade de Deus para com ele. v.3

Temos outro exemplo desse tipo de bondade. Depois que o rei Saul e Jônatas morreram, alguns esperavam que Davi matasse qualquer um que pudesse reivindicar o trono. Em vez disso, ele perguntou: "Resta alguém da família de Saul? Se resta, gostaria de mostrar a bondade de Deus para com ele" (v.3). Mefibosete, filho de Jônatas, foi levado a Davi, que restaurou sua herança e, calorosamente, convidou-o a compartilhar sua mesa dali em diante "como se fosse um dos seus filhos" (v.11).

Como beneficiários da imensa bondade de Deus, procuremos oportunidades para fazermos o bem aos outros (GÁLATAS 6:10). *CHK*

Que ato específico de gentileza você pode demonstrar para alguém que esteja sofrendo ou desanimado?

Pai Celestial, agradeço por Tua bondade. Ajuda-me a estendê-la aos outros.

Presentes de cima

De acordo com uma história antiga, um homem chamado Nicolau (nascido em 270 d.C.) ouviu falar de um pai que era tão pobre que não conseguia alimentar suas três filhas, muito menos prover-lhes um dote para seus futuros casamentos. Querendo ajudar esse pai, mas esperando manter sua ajuda em segredo, Nicolau jogou uma bolsa de ouro por uma janela aberta e esta caiu sobre uma meia ou sapato secando ao pé da lareira. Esse homem era conhecido como São Nicolau, que mais tarde se tornou a inspiração para o Papai Noel.

LEITURA:
Mateus 1:18-25

A virgem ficará grávida! Ela dará à luz um filho, e o chamarão Emanuel...
v.23

Quando ouvi a história desse presente vindo "do alto", pensei em Deus, o Pai, que por amor e compaixão enviou à Terra o maior presente, Seu Filho, através de um nascimento miraculoso. Segundo o evangelho de Mateus, Jesus cumpriu a profecia do Antigo Testamento de que uma virgem ficaria grávida e daria à luz um filho que eles chamariam de Emanuel, que significa "Deus conosco" (v.23).

Tão amável quanto era o presente de Nicolau, quanto mais surpreendente é o presente de Jesus. Ele deixou o Céu para se tornar um homem, morreu e ressuscitou, e é Deus vivendo conosco. Ele nos traz conforto quando estamos sofrendo e tristes; Jesus nos encoraja quando nos sentimos desanimados; Ele nos revela a verdade quando podemos ser enganados.

ABP

Como você pode compartilhar a dádiva de Jesus hoje?
Como a Sua presença o leva a compartilhar
o seu tempo, sabedoria e amor com os outros?

Jesus, obrigado pela maneira como deixaste Teu Pai para vires nascer em circunstâncias humildes.

Não esqueça o doador

Era pouco antes do Natal e seus filhos tinham dificuldades para reconhecer que deviam ser gratos. A mãe entendia como era fácil pensar daquela maneira, mas também reconhecia que queria algo melhor para preencher o interior do coração deles. Então ela teve a ideia de colocar laços vermelhos nos interruptores de luz, na despensa, na porta da geladeira, na lavadora, na secadora e nas torneiras de água. Em cada laço colocou uma nota manuscrita: "Com esse laço agradecemos a Deus por esses presentes que às vezes passam despercebidos. Deus é tão bom para a nossa família. Não nos esqueceremos de onde vêm esses presentes".

LEITURA:
Deuteronômio 6:4-12

...cuidem para não se esquecerem do SENHOR. v.12

Em Deuteronômio 6, vemos que o futuro da nação de Israel envolvia a conquista de alguns locais "com cidades grandes e prósperas". Eles se mudariam para grandes cidades que não tinham construído (v.10), ocupariam casas cheias de bens que não tinham sido produzidos por eles e se beneficiariam de cisternas e vinhedos e oliveiras que não tinham cavado nem plantado (v.11). Todas essas bênçãos poderiam ser facilmente encontradas numa única fonte — "o SENHOR, seu Deus" (v.10). E enquanto Deus amorosamente providenciava essas coisas e muitas mais, Moisés queria ter certeza de que as pessoas cuidassem de "não se esquecerem do SENHOR" (v.12).

Não percamos de vista a bondade de Deus, a fonte de todas as nossas bênçãos.

JB

Como você agradecerá a Deus por suas bênçãos hoje?

Pai amoroso, tu és a fonte de todas as bênçãos em nossa vida. Somos gratos por todas as Tuas dádivas.

Atitude de gratidão

Moro num local onde os invernos podem ser brutais, com temperaturas abaixo de zero e neve sem fim. Certo dia de frio muito intenso, enquanto eu limpava a neve pelo que me parecia ser a milésima vez, nosso carteiro fez uma pausa em suas rondas para perguntar como eu estava indo. Disse-lhe que não gostava do inverno e estava cansado de tanta neve. E comentei que o trabalho dele devia ser bastante difícil nas condições climáticas extremas. Ele respondeu: "Sim, mas pelo menos tenho um emprego, e muitas pessoas não, por isso sou grato por estar trabalhando".

LEITURA:
Colossenses 3:12-25

...que a paz de Cristo governe o seu coração, pois [...] vocês são chamados a viver em paz... v.15

Tenho que admitir que me senti culpado pela atitude de gratidão dele. Com muita facilidade podemos perder de vista tudo o que temos para agradecer quando as circunstâncias da vida se tornam desagradáveis.

Paulo disse aos seguidores de Cristo em Colossos: "Permitam que a paz de Cristo governe o seu coração, pois, como membros do mesmo corpo, vocês são chamados a viver em paz. E sejam sempre agradecidos" (v.15). Ele também escreveu: "Sejam gratos em todas as circunstâncias, pois essa é a vontade de Deus para vocês em Cristo Jesus" (1 TESSALONICENSES 5:18).

Mesmo em nossos tempos de luta e dor genuínas, podemos conhecer a paz de Deus e permitir que ela "governe" o nosso coração. E nessa paz, vamos encontrar lembretes de tudo o que nos foi dado em Cristo. Nisso, podemos verdadeiramente ser gratos. *WEC*

Qual o seu motivo de gratidão a Deus?

Deus, ajuda-me a nunca perder de vista a Tua bondade e dá-me um coração cheio de gratidão.

Nossa luz guia

Na visita ao museu, vi uma exibição de lâmpadas antigas de Israel. Decoradas com desenhos esculpidos, esses vasos de barro de formato oval tinham duas aberturas: uma para óleo e outra para o pavio. Embora os israelitas geralmente as usassem nos quartos, eram pequenas o suficiente para caber na palma da mão.

LEITURA:
2 Samuel 22:26-30

Ó, SENHOR, tu és minha lâmpada! O SENHOR ilumina minha escuridão. v.29

Talvez uma lâmpada como essa tenha inspirado o rei Davi a escrever a canção de louvor na qual disse: "Ó, SENHOR, tu és minha lâmpada! O SENHOR ilumina minha escuridão" (v.29). Davi entoou essas palavras depois que Deus lhe deu a vitória na batalha. Os inimigos de dentro e de fora de sua nação o perseguiam, com a intenção de matá-lo. Por causa de seu relacionamento com Deus, Davi não se escondeu nas sombras. Ele confrontou os inimigos com a confiança adquirida por estar na presença de Deus. Com a ajuda do Senhor, Davi podia ver as coisas claramente e tomar boas decisões por si mesmo, por suas tropas e por sua nação.

A escuridão que Davi mencionou em sua música provavelmente envolvia o medo da fraqueza, derrota e morte. Também vivemos com preocupações semelhantes e que produzem ansiedade e estresse. Quando a escuridão nos pressiona, podemos encontrar a paz por sabermos que Deus também está conosco. A chama divina do Espírito Santo habita em nós para iluminar o nosso caminho até encontrarmos Jesus face a face.

JBS

O que você pode fazer para buscar a orientação de Deus em sua vida?

Jesus, ajuda-me a lembrar que derrotaste as trevas espirituais através da Tua morte e ressurreição.

Graça no final

A **escultura** ***Ruthless Trust*** (Confiança inabalável) de Doug Merkey apresenta uma pessoa em bronze agarrando-se desesperadamente a uma cruz feita de madeira de nogueira. Ele a descreve: "É uma expressão muito simples de nossa postura firme e apropriada para a vida: intimidade e dependência total e irrestrita em Cristo e no evangelho".

LEITURA:
Marcos 5:25-34

"Filha, sua fé a curou. Vá em paz. Seu sofrimento acabou". v.34

Vemos essa confiança demonstrada nas ações e palavras da mulher sem nome na leitura de hoje. Por 12 anos, sua vida esteve em frangalhos. "Tinha passado por muitas dificuldades nas mãos de vários médicos e, [...] gastou tudo que possuía, sem melhorar. Na verdade, havia piorado. Mas tendo ouvido falar de Jesus, aproximou-se por trás dele [...] e tocou em seu manto, [...] e sentiu em seu corpo que tinha sido curada..." (vv.25-29).

Você esgotou todos os seus recursos? Pessoas ansiosas, desesperadas, perdidas e angustiadas não precisam se desesperar. O Senhor Jesus ainda responde à fé desesperada, como a dessa mulher sofrida retratada na escultura de Merkey. Charles Wesley expressou esse tipo de fé num hino: "Pai, estendo minhas mãos a ti; não há outra ajuda que eu conheça". Ele o concluiu com a oração: "Autor da fé, levanto meus olhos cansados e ansiosos a ti. Que eu possa receber essa dádiva. Sem ela, a minha alma desfalece". Você não tem esse tipo de fé? Peça a Deus para ajudá-lo a confiar nele.

ALJ

Como Deus atendeu a sua necessidade
quando você se apegou a Ele?

Pai, obrigado por Teu poder para me resgatar.
Ajuda-me a confiar em ti em todos os momentos.

Dívidas canceladas

Em 2009, certa cidade parou de cobrar das famílias os custos do encarceramento de seus filhos. Embora não cobrem novas taxas, os que as deviam antes dessa mudança na política ainda deviam liquidá-las. Porém, em 2018, todas as obrigações financeiras pendentes foram canceladas.

LEITURA:
Deuteronômio 15:1-8

...chegou o tempo do SENHOR para liberá-los das dívidas. v.2

Para alguns o cancelamento da dívida ajudou muito na luta pela sobrevivência; pois já não tinham esse ônus sobre sua propriedade ou descontos nos salários. Isso significava que podiam colocar mais alimento sobre a mesa. Foi por esse tipo de dificuldades que o Senhor pediu que as dívidas fossem perdoadas a cada sete anos (v.2). Ele não queria que as pessoas fossem prejudicadas por dívidas para sempre.

Os israelitas eram proibidos de cobrar juros sobre empréstimos a seus conterrâneos (ÊXODO 22:25). Seus motivos para emprestarem a um vizinho não era o lucro, mas para ajudar os que passavam por tempos difíceis, talvez devido à colheita ruim. As dívidas deveriam ser livremente perdoadas a cada sete anos. Consequentemente haveria menos pobreza entre as pessoas (v.4).

Hoje, não estamos mais sujeitos a essa lei. Mas Deus pode nos induzir a perdoar uma dívida de alguém que luta para recomeçar como membro contribuinte da sociedade. Quando demonstramos misericórdia e generosidade aos outros, enaltecemos o caráter de Deus e damos esperança às pessoas.

KHH

As suas “dívidas” foram perdoadas?
Você pode auxiliar alguém em necessidade?

Jesus, sou grato por te importares com os encargos financeiros que temos sob nossa responsabilidade.

Superando o medo

O medo dominou a vida de um homem por 32 anos. Com medo de ser preso por seus crimes, escondeu-se na fazenda de sua irmã, jamais saiu dali e perdeu até mesmo o funeral de sua mãe. Aos 64 anos, descobriu que não havia acusação contra ele e que estava livre para retomar a sua vida normal. Sim, a ameaça da punição existia, mas ele permitiu que o medo dela o controlasse.

LEITURA:
1 Samuel 17:4-7,45-50

Alguns povos confiam em carros [...] outros, em cavalos, mas nós confiamos no nome do SENHOR... Salmo 20:7

O medo também dominou os israelitas quando os filisteus os desafiaram no vale de Elá. A ameaça era verdadeira. Seu inimigo Golias tinha 2,90 m de altura, e sua armadura pesava 60 quilos (1 SAMUEL 17:4,5). Por 40 dias, toda manhã e toda noite, Golias desafiava o exército israelita a lutar contra ele. Mas ninguém se atrevia a avançar. Ninguém até Davi ter visitado as linhas de batalha. Ele ouviu e viu os seus insultos e se ofereceu para lutar contra Golias. Enquanto todos no exército israelita consideravam Golias grande demais para o enfrentarem, Davi, o jovem pastor, sabia que o gigante não era grande o suficiente para Deus. Davi lhe disse: "A batalha é do SENHOR, e ele entregará vocês em nossas mãos!" (v.47).

Quando o medo nos domina, sigamos o exemplo de Davi e fixemos o nosso olhar em Deus para obter a perspectiva correta do problema. A ameaça pode ser real, mas Aquele que está conosco é por nós e é maior do que quem está contra nós.

AL

Qual batalha o prejudica e o amedronta?
Você pode fixar seu olhar no Deus vivo?

Sou grato, Deus, pois tu és maior do que qualquer outro em minha vida. Confio em ti.

Suplique a Deus

Quando meu marido foi diagnosticado com câncer, eu não sabia o jeito "certo" de pedir a Deus que o curasse. Na minha visão limitada, outras pessoas no mundo tinham problemas tão sérios: guerra, fome, pobreza, desastres naturais. Porém, um dia, durante a nossa oração da manhã, ouvi meu marido humildemente pedir: "Querido Senhor, por favor, cura minha doença".

LEITURA:
Salmo 6:4-9

O SENHOR ouviu minha súplica; o SENHOR responderá à minha oração. v.9

Foi um pedido tão simples, mas sincero, que me lembrou de parar de complicar todos os pedidos de oração, pois Deus ouve perfeitamente as nossas súplicas por ajuda. Como Davi simplesmente suplicou: "Volta-te, SENHOR, e livra-me! Salva-me por causa do teu amor" (v.4). Davi declarou isso durante um tempo de confusão espiritual e desespero. A situação exata não foi explicada nesse salmo. Seus sinceros clamores, no entanto, demonstram profundo desejo de ajuda divina e restauração. "Estou exausto de tanto gemer" (v.6).

No entanto, Davi não permitiu que seus próprios limites, incluindo o pecado, impedissem-no de buscar a Deus em sua necessidade. Assim, mesmo antes de Deus responder, Davi regozijou-se: "o SENHOR ouviu meu pranto. O SENHOR ouviu minha súplica; o SENHOR responderá a minha oração" (vv.8,9).

Apesar de nossa própria confusão e incerteza, Deus ouve e aceita os pedidos sinceros dos Seus filhos. Ele está pronto para nos ouvir, especialmente quando mais precisamos dele. *PR*

O que o impede de pedir a ajuda de Deus?

Querido Senhor, concede-nos coragem para pedir a Tua ajuda divina, acreditando que nos ouves e responderás.

Jesus e a maior história

Uma bondosa amiga ofereceu-se para cuidar de nossos filhos para minha esposa e eu sairmos juntos. "Vão a um lugar chique!", ela nos disse. Em vez disso, sendo pessoas práticas, decidimos aproveitar para fazer compras. Quando voltamos, com sacolas de supermercado, nossa amiga perguntou por que não havíamos feito nada de especial. Dissemos a ela que o que torna uma data especial não é tanto o que você faz, mas com quem você está.

LEITURA:
Rute 4:13-17

...somos obra-prima de Deus, [...] a fim de realizar as boas obras que ele de antemão planejou...
Efésios 2:10

O livro de Rute parece ser bem prosaico e é um dos poucos livros da Bíblia que não registra Deus falando diretamente ou fazendo algo. Então, muitos o leem como um drama comovente, mas em grande parte humano, de duas pessoas que se unem em um relacionamento conjugal. Mas, na verdade, algo extraordinário está se desenvolvendo. No capítulo 4 lemos que Rute e Boaz geram Obede, o avô de Davi (v.17). E em Mateus 1:1 lemos que Jesus nasceu da família de Davi. É Jesus quem torna conhecida a trivial história de Rute e Boaz e revela a história extraordinária dos maravilhosos planos e propósitos de Deus em ação.

Muitas vezes vemos nossa vida da mesma maneira: como ordinária e sem propósito especial. Entretanto, quando a vemos através de Cristo, Ele concede significado eterno até mesmo às situações e relacionamentos mais comuns.

PC

Deus transformou uma situação comum em algo extraordinariamente significativo para você? Como Ele fez todos os momentos da vida serem algo sagrado e extraordinário?

Senhor Jesus, tu dás propósito e significado eternos às circunstâncias mais comuns.

Água em esperança

O **ministério de** Tom e Mark é revigorante. Isso fica claro no vídeo que eles compartilham de um grupo de crianças totalmente vestidas rindo e dançando sob a água refrescante de um chuveiro aberto, o primeiro da vida delas. Os dois trabalham com igrejas locais para instalar sistemas de filtragem de água em poços no Haiti, facilitando e prolongando vidas uma vez que evitam doenças relacionadas à água contaminada. O acesso a água limpa e fresca traz a esperança de futuro às pessoas.

LEITURA:
João 4:4-14

...Quem tem sede, venha a mim e beba. 7:37

Jesus referiu-se à "água viva" para capturar ideia semelhante a daquela fonte contínua de refrigério. Cansado e com sede, Jesus pediu água para beber a uma samaritana (4:4-8). Esse pedido os levou a uma conversa e Jesus ofereceu "água viva" a essa mulher (vv.9-15). Essa água se tornaria uma fonte de vida e esperança em *seu interior*, como "fonte que brota dentro [dela] e lhe dá a vida eterna" (v.14).

Descobrimos no evangelho de João o que é essa água viva quando Jesus disse: "Quem tem sede, venha a mim e beba!" e afirmou que "Rios de água viva brotarão do interior de quem crer em mim" (7:37-39).

Através do Espírito, os que creem nele estão unidos a Cristo e têm acesso ao poder, esperança e alegria ilimitada que são encontrados em Deus. Como a "água viva", o Espírito habita nos cristãos trazendo encorajamento e renovação. *ADK*

Jesus satisfez a sua sede
através do Seu Espírito?

***Querido Deus, obrigado por nos deixares o Teu Espírito.
Age em nós para que levemos outros à Tua presença.***

Você vale a pena!

Certa escritora descreve a depressão que enfrentou após lutar contra um estupro. A violência emocional foi mais profunda do que a luta física, pois ela sentiu que aquilo provava "quão indesejável era e que não era o tipo de garota que você gostaria de conhecer". Sentia-se indigna de amor, como alguém que os outros usam e descartam.

LEITURA:
Zacarias 11:4-13

O SENHOR me disse: "Lance isso ao oleiro!". v.13

Deus compreende. Ele amorosamente pastoreava Israel, mas, quando lhes perguntou o Seu valor: "eles me pagaram trinta moedas de prata" (v.12). Era o preço de um escravo; quanto os mestres deveriam ser reembolsados caso seu escravo morresse acidentalmente (ÊXODO 21:32). Deus foi insultado ao ser oferecido o menor valor possível. O Senhor então disse sarcasticamente: Veja "esse preço fabuloso pelo qual me avaliaram!" (v.13) e fez Zacarias lançar o dinheiro fora.

Jesus compreende. Ele não foi apenas traído por Seu amigo, mas foi traído com desprezo. Os líderes judeus o desprezaram e ofereceram 30 moedas de prata a Judas — o preço mais baixo que você poderia pagar por uma pessoa —, e Judas as aceitou (MATEUS 26:14,15; 27:9). Ele pensava tão pouco de Jesus que o vendeu por quase nada.

Se as pessoas desvalorizaram Jesus, não se surpreenda quando você é subestimado. O seu valor não é o que os outros dizem nem o que você diz. É inteiramente e somente o que Deus diz. E o Senhor acha que valeu a pena morrer por você.

MEW

Você pode ajudar alguém a entender o seu verdadeiro valor?

Sou grato por ser valorizado por ti, meu Senhor e Deus!

Senhor até dos pregos?

Ao entrar no meu carro, vi um brilho no pneu que chamou minha atenção: um prego, encravado na lateral do pneu traseiro. Escutei o assobio revelador do ar escapando. Felizmente, o buraco estava tampado, pelo menos por enquanto. Enquanto eu dirigia para uma borracharia, pensava: *Há quanto tempo esse prego está lá? Dias? Semanas? Há quanto tempo estou protegido de uma ameaça que nem sabia que existia?* Às vezes podemos viver sob a ilusão de que estamos no controle. Mas esse prego me lembrou de que *não* estamos.

LEITURA:
Salmo 18:30-36

Deus me reveste de força e remove os obstáculos de meu caminho. v.32

Felizmente, podemos confiar em Deus quando parece que a vida está fora de controle e instável. No Salmo 18, Davi louva a Deus por Seu cuidado (vv.34,35) e confessa: "Deus me reveste de força [...] Abriste um caminho largo para meus pés, de modo que não vacilem" (vv.32,36). Nesse poema de louvor, Davi celebra a presença da "mão" sustentadora de Deus (v.35). Eu pessoalmente não entro em combate como o Davi e faço todo o possível para não correr riscos desnecessários. Ainda assim, muitas vezes minha vida é caótica.

Mas posso descansar sabendo que, embora Deus não nos prometa proteção contra todas as dificuldades da vida, Ele sempre sabe onde estou. Sabe para onde estou indo e o que vou encontrar. E Ele é o Senhor de tudo isso, até mesmo dos "pregos" no caminho que trilhamos.

ARH

De que maneira Deus o protegeu de algo que você nem sabia? Como o ajudou a se livrar dessa ameaça?

Pai, ajuda-nos a lembrar diariamente que sabes cada passo que damos e a confiar na Tua provisão.

Ande no presente com Deus

Em ***Cristianismo puro e simples*** (Martins Fontes, 2014), C. S. Lewis escreveu: "Com quase toda a certeza, Deus não está *no tempo*. A vida dele não consiste em momentos que são seguidos por outros momentos [...]. Dez e meia, ou qualquer outro momento ocorrido desde a criação do mundo, é sempre um presente para Deus". Ainda assim, as esperas costumam parecer infinitas. Mas, ao aprendermos a confiar em Deus, o eterno Criador do tempo, podemos aceitar que nossa frágil existência está segura em Suas mãos.

LEITURA:
Sl 102:11-13,18-28

Os filhos de teus servos viverão em segurança, e seus descendentes prosperarão em tua presença. v.28

O salmista admite que seus dias são tão fugazes quanto "as sombras que se vão" e o capim que murcha, enquanto Deus "será lembrado por todas as gerações". Cansado do sofrimento, proclama que Deus "reinará para sempre", afirmando que o Seu poder e compaixão alcançam além do seu espaço pessoal. Mesmo em seu desespero, concentra-se no poder de Deus como Criador. Embora as Suas criações pereçam, Ele permanecerá o mesmo para sempre (vv.11-27).

Quando o tempo parece estar parado ou se arrastando, é tentador acusar Deus de atrasar ou de ser pouco receptivo. Parados, podemos nos tornar impacientes, frustrados e esquecer que Ele escolheu todas as pedras do caminho que planejou para nós. Mas o Senhor nunca nos deixa por nossa conta. Quando vivemos pela fé na *presença* de Deus, podemos andar no *presente* com Ele. *XED*

Reconhecer Deus como o Criador do tempo o ajuda a confiar nele quando o Seu tempo não atende à sua preferência?

Deus, ensina-nos a recusar as preocupações com o amanhã e a confiarmos em Tua constante presença.

Escrito no coração

Como professora universitária, muitas vezes meus alunos me solicitam cartas de recomendação para cargos de liderança, programas de estudo no exterior, cursos de pós-graduação e até empregos. Em cada uma, tenho a chance de elogiar o caráter pessoal e as qualificações.

LEITURA:
2 Coríntios 2:17–3:6

Vocês mesmos são nossa carta, escrita em nosso coração, para ser conhecida e lida por todos! 3:2

No mundo antigo, os cristãos viajavam e frequentemente levavam cartas "de recomendação" de suas igrejas. Isso lhes garantia que seriam hospedados e bem recebidos. O apóstolo Paulo não precisou de carta de recomendação quando falou à igreja em Corinto, pois eles já o conheciam. Em sua segunda carta a essa igreja, Paulo escreveu que pregou o evangelho "com sinceridade", não como "um artigo de comércio" (2:17). Mas questionou se os seus leitores pensariam que, ao defender seus motivos na pregação, ele estaria tentando escrever uma carta de recomendação de si mesmo.

Paulo disse que não precisava de tal carta, porque as pessoas da igreja em Corinto eram como se fossem as suas cartas de recomendação. A obra visível de Cristo na vida deles era como uma carta "escrita não com pena e tinta, mas com o Espírito do Deus vivo" (3:3). A vida de cada um deles testificava o verdadeiro evangelho que Paulo lhes ensinara. Eram cartas de referência que podiam ser conhecidas e lidas por todos (3:2). Ao seguirmos a Jesus, isso também se aplica a nós, pois a nossa vida conta a história da excelência do evangelho.

ALP

Quando outros leem a "carta" da sua vida,
elas poder ver Jesus?

Jesus, quero que os outros te vejam em minha vida. Que eu diminua e o Senhor cresça.

Não é possível fracassar

"**Não é possível fracassar!**" Essas palavras foram ditas por Susan B. Anthony (1820–1906), conhecida por sua postura irredutível sobre os direitos das mulheres nos EUA. Apesar de críticas constantes, uma prisão, um julgamento e veredito de culpada por votar ilegalmente, ela prometeu nunca desistir da luta para conquistar o direito de as mulheres votarem, acreditando que essa causa era justa. Embora não tenha vivido para ver o fruto de seu trabalho, sua luta foi vitoriosa. Em 1920, a 29.ª emenda à Constituição lhes deu o direito de voto.

LEITURA:
Neemias 6:1-9,16

Perceberam que a obra havia sido realizada com a ajuda de nosso Deus. v.16

O fracasso também não era opção para Neemias, até porque ele tinha um ajudante poderoso: Deus. Depois de pedir-lhe que abençoasse sua causa na reconstrução do muro de Jerusalém, ele e os que haviam voltado do exílio na Babilônia trabalharam para que isso acontecesse. O muro era necessário para manter o povo a salvo dos inimigos. Houve oposição à causa por meio de fraudes e ameaças, porém Neemias recusou-se a deixar os opositores dissuadi-lo e os informou: "Estou envolvido com uma obra muito importante" (v.3). E ele orou: "Fortalece agora as minhas mãos!" (v.9 NVI). Graças à perseverança, "o muro ficou pronto" (v.15).

Deus fortaleceu Neemias para perseverar. Você quer desistir? Peça a Deus para ajudá-lo a continuar.

LMW

Como você lida com a oposição? Por qual causa você está disposto a lutar sem se importar quão dura seja a oposição?

Deus, preciso da Tua ajuda para continuar com a tarefa que me incumbiste, custe o que custar.

O prazer do doador

Você se lembra dos Ioiôs, do Lego e dos Cubos Mágicos? O que eles têm em comum? Cada um deles estava entre os 20 presentes de Natal mais populares de todos os tempos. Também estão incluídos na lista outros favoritos como *Monopólio, Nintendo Game Boy e Wii*.

LEITURA:
Lucas 2:4-14

Hoje em Belém, a cidade de Davi, nasceu o Salvador, que é Cristo, o Senhor! v.11

Todos nós nos alegramos em dar presentes no Natal, mas isso não é nada comparado ao prazer de Deus em nos dar o primeiro presente de Natal. Esse presente veio na forma de um bebê, nascido numa manjedoura em Belém (v.7).

Apesar do Seu humilde nascimento, a chegada da Criança foi proclamada por um anjo que declarou: "Não tenham medo! Trago boas notícias, que darão grande alegria a todo o povo. Hoje em Belém, a cidade de Davi, nasceu o Salvador, que é Cristo, o Senhor!" (vv.10,11). Seguindo essa notícia magnífica, uma "hoste celestial" apareceu, "louvando a Deus e dizendo: Glória a Deus nos mais altos céus, e paz na terra àqueles de que Deus se agrada!" (vv.13,14).

Neste Natal, aproveite para dar presentes aos seus entes queridos, mas nunca perca de vista o motivo de dar: o favor espetacular de Deus em Sua criação, cristalizado no dom de Seu próprio Filho para nos salvar de nossos pecados. Nós presenteamos porque Ele nos presenteou. Que possamos adorá-lo em gratidão! *ROO*

Por que Jesus é o maior presente de Natal que você já recebeu?
Como você pode compartilhar
esse presente com os outros de forma mais eficaz?

Pai, obrigado por Jesus — o maior presente de todos!

A bênção do Pai

Recentemente, várias pessoas de nossa igreja, em especial as que tiveram relacionamentos ruins com seus pais, pediram-me que eu representasse a figura paterna amorosa e lhes abençoasse. A bênção incluía o perdão pelas formas como um pai pode ferir seus filhos, estabelecendo expectativas muito altas, sendo distantes ou falhando em ser presentes e motivadores. A bênção também enaltecia o deleite, a admiração e o amor abundante. Ao compartilhar essa bênção, chorei, meus filhos e eu ainda precisávamos receber essas palavras também.

LEITURA:
1 João 3:1-3

Vejam como é grande o amor do Pai por nós. v.1

A Bíblia fala de Deus como nosso Pai e remodela as imagens distorcidas do pai que porventura tenhamos. É perfeito e "grande o amor do Pai", Deus; nosso Pai eterno que nos tornou "filhos de Deus" (1 JOÃO 3:1). Nossa identidade como filhos e filhas de Deus nos alicerça neste mundo incerto e indutor de medo. "Somos filhos de Deus", diz João, embora "ele ainda não nos mostrou o que seremos" (v.2). Podemos verdadeiramente contar com o nosso Pai que nos ama e nunca deixa de prover por nós ao enfrentarmos os desafios. Depois de tudo dito e feito, Deus diz pelas palavras inspiradas de João que podemos ter certeza de que seremos semelhantes a Ele (v.2).

Em meio às ansiedades, dores e fracassos, nosso Pai nos abençoa com amor inesgotável e insiste em que lhe pertencemos, pois Ele nos fez Seus filhos.

WC

O que lhe vem à mente quando você reflete sobre a palavra "pai"?

***Deus, ensina-me mais sobre como tu és o meu* Pai.**
Que eu possa experimentar e conhecer o Teu cuidado.

Uma sequência de "sim"

Certo Natal, vovó me deu um lindo colar de pérolas. As belas contas brilhavam no meu pescoço até que o cordão arrebentou. Elas saltaram em todas as direções do nosso piso de madeira. Rastejando sobre as tábuas, recuperei cada minúsculo orbe. Individualmente, as pérolas eram pequenas. Mas quando colocadas lado a lado elas causavam bela impressão!

LEITURA:
Lucas 2:15-19

Maria, porém, guardava todas essas coisas no coração e refletia sobre elas. v.19

Às vezes as minhas respostas afirmativas a Deus parecem insignificantes, como aquelas pérolas individuais. Comparo-me à mãe de Jesus, que era maravilhosamente obediente. Ela respondeu "sim" quando aceitou o chamado de Deus para gerar o Messias em seu ventre e disse: "Sou serva do Senhor [...] Que aconteça comigo tudo que foi dito a meu respeito" (1:38). Maria entendia tudo o que seria exigido dela? Que à frente surgiria um "sim" ainda maior para ceder seu filho para a cruz?

Após as visitas dos anjos e pastores, Lucas nos diz que Maria "guardava todas essas coisas no coração e refletia sobre elas" (2:19). *Guardar* significa "armazenar", e *refletir* significa "meditar, pensar muito". Essa atitude de Maria é repetida em Lucas 2:51. Muitas vezes ela responderia afirmativamente durante a sua vida.

Assim como aconteceu com Maria, a chave para a nossa obediência pode ser o entrelaçamento de vários "sim" aos convites do nosso Pai, um de cada vez, até que se entrelacem como "tesouros armazenados" da vida submissa ao Senhor.

ELM

Como você pode aprender a ser mais submisso?

Querido Deus, ajuda-nos a responder, com um "sim" de cada vez, ao Teu contínuo agir em nossa vida.

Visitante para o Natal

Na véspera do Natal de 1944, o "Old Brinker" estava à beira da morte no hospital da prisão, esperando pelo culto de Natal que seria liderado por outros prisioneiros. "Quando começará a música?", ele perguntou a William McDougall, seu companheiro na prisão Muntok, em Sumatra. "Em breve", respondeu McDougall. "Bom, poderei compará-la ao cântico dos anjos", disse-lhe o moribundo.

LEITURA:
Lucas 2:25-33

Soberano Deus, agora podes levar em paz o teu servo, como prometeste. v.29

Embora Brinker tivesse se afastado de sua fé em Deus décadas antes, em seus últimos dias ele confessou seus pecados e encontrou a paz com o Senhor. Em vez de cumprimentar os outros com o olhar amargo, ele sorria. McDougall disse que "a transformação fora grande".

Brinker morreu pacificamente depois que o coro de 11 presos cantou a seu pedido, "Noite de Paz". Sabendo que Brinker mais uma vez seguia a Jesus e se uniria a Deus no Céu, McDougall observou: "Talvez a morte tenha sido muito bem-vinda para o Natal do velho companheiro".

Brinker aguardando a sua morte me faz lembrar de Simeão, um homem piedoso a quem o Espírito Santo revelou que "ele não morreria enquanto não visse o Cristo enviado pelo Senhor". Quando Simeão viu Jesus no Templo, exclamou: "agora podes levar em paz o teu servo, como prometeste. Vi a tua salvação" (vv.26,29,30).

Tal como aconteceu com Brinker, a fé salvadora em Jesus é o maior presente de Natal que podemos receber.

ABP

Como Jesus lhe traz alegria e o transforma?

Jesus, obrigado por trazeres a paz através da Tua morte e ressurreição.

O Presente Perfeito

"**Tenho um** presente para você!", meu neto de 2 anos gritou animadamente enquanto colocava uma caixa em minhas mãos. "Ele escolheu tudo sozinho", minha esposa disse sorrindo.

LEITURA:
2 Coríntios 8:1-9

Deem de graça, pois também de graça vocês receberam.
Mateus 10:8

Abri a caixa para encontrar um enfeite de Natal de seu personagem do desenho animado favorito. "Posso ver?", ele perguntou ansiosamente. Depois ele brincou com o "meu" presente pelo resto da noite. Enquanto eu o observava, sorri, pois lembrei-me dos presentes que eu tinha dado aos meus entes queridos no passado, como o álbum de música que dei ao meu irmão mais velho num Natal quando eu estava na faculdade e que eu realmente queria ouvir (e ouvi). E percebi que anos mais tarde Deus ainda estava me ensinando a ser mais altruísta.

Doar é algo que aprendemos com o tempo. Paulo escreveu: Visto que vocês se destacam em tantos aspectos [...] queríamos que também se destacassem no generoso ato de contribuir" (2 CORÍNTIOS 8:7). Há graça quando doamos entendendo que tudo o que temos procede de Deus, e Ele nos mostra que: "Há bênção maior em dar que em receber" (ATOS 20:35).

Deus generosamente nos deu o presente mais generoso de todos: Seu único Filho, que morreu na cruz por nossos pecados e ressuscitou. Qualquer um que receber esse presente supremo é imensuravelmente rico. Quando o nosso coração está focado no Senhor, as nossas mãos se abrem em amor pelos outros. *JBB*

O que você pode doar hoje?

Obrigado, Pai, por me dares o melhor presente de todos: Teu Filho! Ajuda-me a compartilhar da Tua generosidade hoje.

O grande dia final

Em *The Call of Service* (O chamado para servir), o autor Robert Coles explora as nossas razões para servir com a comovente história de uma idosa que serviu aos outros. Como motorista de ônibus, ela demonstrou muito cuidado com as crianças que transportava diariamente à escola. Interrogava-as sobre os deveres de casa e comemorava seus sucessos. Sobre a sua motivação, disse: "Quero vê-las vencendo na vida". Mas havia outra também.

LEITURA:
Efésios 2:4-10

Vocês são salvos pela graça, por meio da fé. Isso não vem de vocês; é uma dádiva de Deus. v.8

Quando jovem, as palavras de uma tia a abalaram muito. "Ela disse que devíamos fazer algo que Deus notasse ou nos perderíamos no dia final". Preocupada com a perspectiva do inferno depois do "dia do julgamento final", havia inventado maneiras de "atrair a atenção de Deus" indo à igreja para "Ele vê-la sendo leal" e trabalhando duro para servir aos outros, para que Deus pudesse "ouvir dos outros sobre ela".

Entristeci-me lendo isso. Como essa querida mulher nunca soube que já tinha a atenção de Deus (MATEUS 10:30)? Como ela não tinha ouvido que Jesus cuidou desse dia final para nós, oferecendo-nos a liberdade desse juízo para sempre (ROMANOS 8:1)? Como ela perdeu essa salvação que não pode ser comprada com boas ações, mas é uma dádiva para quem crê (EFÉSIOS 2:8,9)?

A vida, a morte e a ressurreição de Jesus cuidam do nosso futuro com Deus e nos deixam livres para servir aos outros com alegria.

SMV

Como a compreensão do evangelho nos ajuda a amar melhor ao próximo?

Deus, ajuda-me a confiar que fazes o que é necessário para que eu seja aceito por ti.

Guiado por Sua Palavra

Na BBC em Londres, o primeiro trabalho de transmissão de Paul Arnold foi fazer "o barulho de passos" em novelas de rádio. Enquanto os atores liam os roteiros, Arnold, como gerente de palco, fazia os sons dos passos com cuidado para adequar os sons à fala. Ele explicou que o principal desafio era acompanhar o ator na história, "para os dois atuarem juntos".

LEITURA:
Salmo 119:1,133-136

Firma meus passos conforme a tua palavra, para que o pecado não me domine. v.133

O autor do Salmo 119 buscou uma versão divina dessa cooperação mútua que enfatiza o viver sob os princípios da Palavra de Deus como estilo de vida. "Como são felizes os íntegros, os que seguem a lei do SENHOR!" (v.1). Guiados pelo Senhor e seguindo os Seus ensinos, podemos nos manter puros (v.9), vencer o desprezo (v.22) e escapar da ganância (v.36). O Senhor nos capacita a resistir ao pecado (v.61), encontrar amigos que temem ao Senhor (v.63) e viver em alegria (v.111).

Sobre o versículo 133, o teólogo Charles Bridges comentou: "Portanto, quando dou um passo no mundo, questiono: isso está ordenado na Palavra de Deus, que nos oferece Cristo como exemplo perfeito?".

Andando por esse caminho, mostramos Jesus ao mundo. Que o Senhor nos ajude a caminhar com Ele tão intimamente que as pessoas vislumbrem em nós o nosso Líder, Amigo e Salvador! *PR*

Você anda perto de Deus? Encontre a resposta no Salmo 119 e identifique um passo fundamental que você precisa dar. Quais os benefícios?

Querido Deus, orienta os meus passos na sabedoria das Escrituras hoje e ajuda-me a andar ao Teu lado.

A BÍBLIA em **UM ANO**
ZACARIAS 5–8; APOCALIPSE 19

Jamais esquecido

Meus filhos me encorajaram a provar que eu ainda dominava as noções básicas do piano. Sentei-me e toquei uma escala em Dó maior. Tendo tocado pouco piano por duas décadas, surpreendi-me com minhas lembranças! Encorajei-me e toquei as sete escalas, na sequência. Surpreendi--me! Anos de prática tinham gravado as notas e a técnica tão profundamente na "memória" dos meus dedos que eles sabiam instantaneamente o que fazer.

LEITURA:
Isaías 49:8-16

Mesmo que isso fosse possível, eu não me esqueceria de vocês! v.15

Há coisas que jamais podem ser esquecidas. O amor de Deus por Seus filhos está gravado mais profundamente do que qualquer das nossas "memórias". Na verdade, Deus não *pode* esquecê-las. Era isso que os israelitas precisavam ouvir quando o exílio os fez sentirem-se abandonados por Deus (ISAÍAS 49:14). A Sua resposta por meio de Isaías foi inequívoca: "não me esqueceria de vocês!" (v.15). A promessa de Deus de cuidar de Seu povo era mais indubitável do que o amor de uma mãe por seu filho. Para assegurar-lhes do Seu amor imutável, Ele lhes deu uma imagem do Seu compromisso: "escrevi seu nome na palma de minhas mãos" (v.16). Essa linda demonstração do cuidado constante de Deus por Seus filhos; seus nomes e rostos estão sempre diante dele.

Podemos facilmente nos sentir negligenciados e esquecidos, porém, é reconfortante saber que o nosso nome está escrito nas mãos de Deus, e que somos sempre lembrados, cuidados e amados por Ele.

LMS

Quando Deus o lembrou de Seu amor constante?

Jesus, obrigado por Teu constante amor e por jamais me esqueceres até quando me sinto abandonado pelos outros.

Lavado no amor

As pessoas de uma pequena igreja descobriram como expressar o amor de Deus de maneira prática. Reuniram-se numa lavanderia local para ajudar sua comunidade e se dispuseram a lavar as roupas de pessoas com necessidades financeiras. Ajudavam-nas a dobrar as roupas, e, por vezes, forneciam-lhes uma refeição quente ou sacolas com mantimentos para os mais necessitados. Um dos voluntários descobriu que a sua maior recompensa estava no "contato com as pessoas e em ouvir suas histórias". Esses voluntários queriam viver a sua fé através de palavras e ações amorosas que os ajudavam a nutrir relacionamentos genuínos com os outros.

LEITURA:
Tiago 2:14-26

Vejam que somos declarados justos pelo que fazemos, e não apenas pela fé.
Tiago 2:24

Tiago afirma que todo ato do serviço amoroso de um cristão professo é resultado da fé genuína. Ele afirma que "a fé por si mesma, a menos que produza boas obras, está morta" (vv.14-17). Declarar que cremos nos torna filhos de Deus, mas é quando o servimos servindo aos outros que agimos como cristãos que confiam e seguem a Jesus (v.24). A fé e o serviço são tão interdependentes quanto o corpo e o espírito (v.26), são uma bela demonstração do poder de Cristo enquanto Ele age em e através de nós.

Depois de aceitar pessoalmente que o sacrifício de Deus na cruz nos lava com Seu perfeito amor, podemos responder com a fé autêntica que transborda nas maneiras como servimos aos outros.

XED

Você pode demonstrar sua fé em Cristo com palavras e ações amorosas?

Jesus, por favor, inunda a nossa vida com Teu perfeito amor purificador, para que possamos compartilhar Teu amor sempre.

Uma deficiência planejada

Há uma nascente natural que se ergue no lado leste da cidade de Jerusalém. Nos tempos antigos, era o único suprimento de água da cidade e estava localizada *fora* dos muros. Por esse motivo esse era o ponto de maior vulnerabilidade de Jerusalém. A nascente exposta significava que a cidade, de outra forma impenetrável, poderia ser forçada a se render se um atacante desviasse ou represasse a nascente.

LEITURA:
Isaías 22:8-11

Em nenhum momento, pedem ajuda [...] não levam em conta aquele que há muito planejou essas coisas. v.11

O rei Ezequias solucionou isso fazendo uma represa e cavando um túnel através de 533,4 m de rocha sólida da nascente para a cidade, onde fluía para o "Poço Inferior" (2 REIS 20:20; 2 CRÔNICAS 32:2-4). Mas, em tudo isso, Ezequias não pediu "ajuda àquele que fez tudo isso; não [levou] em conta aquele que há muito planejou essas coisas" (ISAÍAS 22:11). Planejou *o quê*?

O próprio Deus "planejou" a cidade de Jerusalém de tal maneira que seu suprimento de água fosse desprotegido. A nascente do lado de fora da muralha era o lembrete constante de que os habitantes da cidade deviam depender unicamente do Senhor para sua salvação.

Será que nossas deficiências existem para o nosso bem? De fato, Paulo disse que ficava feliz por suas fraquezas, porque através delas a beleza e o poder de Jesus eram vistos nele (2 CORÍNTIOS 12:9,10). Podemos então considerar cada limitação como uma dádiva que revela Deus como a nossa força?

DHR

Como as suas deficiências o ajudam a ganhar confiança em Deus?

Deus, sou fraco, mas oro para que os outros vejam que tu és a minha força.

Fruta bonita

Rebecca Lemos-Otero fundou a *City Blossoms* (Cidade em flor) e sugere: "As crianças devem ser capazes de lançar uma semente onde quiserem [no jardim] para ver o que germina". Embora isso não seja um modelo de boa jardinagem, reflete o potencial de cada semente germinar e produzir vida. Desde 2004, eles criaram jardins para escolas e bairros em áreas de baixa renda. As crianças aprendem sobre nutrição e ganham habilidades através da jardinagem. Rebecca diz: "O espaço verde e florido numa área urbana dá condições de as crianças fazerem algo produtivo e bonito".

LEITURA:
Lucas 8:4-8,11-15

As sementes são a palavra de Deus. v.11

Jesus contou uma história sobre a dispersão de sementes que tinham o potencial de produzir um número "cem vezes maior que a quantidade semeada" (LUCAS 8:8). Essa semente foi a boa-nova de Deus plantada em solo fértil: "os que, com coração bom e receptivo, ouvem a mensagem, a aceitam e, com paciência, produzem uma grande colheita" (v.15).

Jesus disse que a única maneira de sermos frutíferos é permanecermos nele (JOÃO 15:4). Sendo ensinados por Cristo e nos apegando a Ele, o Espírito produz em nós o Seu fruto de "amor, alegria, paz, paciência, amabilidade, bondade, fidelidade, mansidão e domínio próprio" (GÁLATAS 5:22,23). O Senhor usa o fruto que Ele produz em nós para tocar a vida de outros, que então são transformados e produzem frutos de sua própria vida. *AMC*

De que maneira você permanece em Jesus?
Que fruto você quer que Ele produza em você?

Pai, produz o Teu fruto em mim para que a minha vida possa mostrar aos outros o Teu caminho.

MINISTÉRIOS PÃO DIÁRIO
NO MUNDO

No Brasil, os recursos financeiros da venda dos nossos materiais — desde agendas, calendários a devocionais e livros — são investidos em projetos, que visam levar as boas-novas de Deus às pessoas. Através do seu apoio ou pela compra de materiais, você está fazendo parte desses projetos.

LINHA DO TEMPO DO MINISTÉRIO INTERNACIONAL

1930
ESTADOS UNIDOS

1980
CANADÁ
TRINIDAD E TOBAGO
REINO UNIDO

Confiamos em Deus acima de tudo e dependemos de Sua sabedoria e poder para guiar nosso ministério.

990–1999 ▸

A
LIA
SIA
AS
S

TAILÂNDIA
HONG KONG, CHINA
JAPÃO
MALÁSIA
UCRÂNIA

MIANMAR
SRI LANKA
TAIWAN, CHINA
NIGÉRIA
LAOS

2000–2009 ▸

VIETNÃ
QUÊNIA
ÁFRICA DO SUL
ZIMBÁBUE
ARGENTINA
IRLANDA

ÍNDIA
BRASIL
COLÔMBIA
GUIANA
MÉXICO
PERU

RÚSSIA
PORTUGAL
ESPANHA
NOVA ZELÂNDIA
CAMBOJA
ORIENTE MÉDIO

2010+ ▸

HONDURAS
ALEMANHA

Nossos autores

Adam Holz

Alyson Kieda

Amy Boucher Pye

Amy L. Peterson

Anne M. Cetas

Arthur L. Jackson

Cindy Hess Kasper

Dave Branon

David Charles Gomes

David C. McCasland

David H. Roper

Elisa Morgan

Ester Pirosca Escobar

James Banks

Jeff Olson

Jennifer Benson Schuldt

Jeremias Pereira da Silva

John Blasé

Juarez Marcondes Filho

Julie Schwab

Keila Ochoa

Kirsten H. Holmberg

Lawrence Darmani

Leslie Koh

Linda Washington

Lisa Samra

Luciano Subirá

Luiz Roberto Silvado

Mart DeHaan

Marvin L. Williams

Miguel Uchôa

Mike Wittmer

Monica Brands

Ney Silva Ladeia

Paschoal Piragine Junior

Patricia Raybon

Paulo Manzoni

Peter Chin

Poh Fang Chia

Remi Oyedele

Ruth O'Reilly Smith

Samuel Mitt

Timothy L. Gustafson

William E. Crowder

Winn Collier

Xochitl Dixon

Índice temático

Índice temático

Índice temático